"十三五"国家重点出版物出版规划项目

法律科学文库
LAW SCIENCE LIBRARY

总主编　曾宪义

规制法与侵权法

朱虎 著

Regulatory Law and Tort Law

中国人民大学出版社
·北京·

法律科学文库
编委会

总主编
曾宪义

副总主编
赵秉志（常务）　王利明　史际春　刘　志

编　委
（以姓氏笔画为序）

王利明　史际春　吕世伦　刘　志　刘文华
刘春田　江　伟　许崇德　孙国华　杨大文
杨春洗　何家弘　陈光中　陈松涛　郑成思
赵中孚　赵秉志　高铭暄　程荣斌　曾宪义

总　序

曾宪义

"健全的法律制度是现代社会文明的基石",这一论断不仅已为人类社会的历史发展所证明,而且也越来越成为人们的共识。在人类历史上,建立一套完善的法律体制,依靠法治而促进社会发展、推动文明进步的例证,可以说俯拾即是。而翻开古今中外东西各民族的历史,完全摒弃法律制度而能够保持国家昌隆、社会繁荣进步的例子,却是绝难寻觅。盖因在摆脱了原始和蒙昧以后,人类社会开始以一种"重力加速度"飞速发展,人的心智日渐开放,人们的利益和追求也日益多元化。面对日益纷纭复杂的社会,"秩序"的建立和维持就成为一种必然的结果。而在建立和维持一定秩序的各种可选择方案(暴力的、伦理的、宗教的和制度的)中,制定一套法律制度,并以国家的名义予以实施、推行,无疑是一种最为简洁明快,也是最为有效的方式。随着历史的演进、社会的发展和文明的进步,作为人类重要精神成果的法律制度,也在不断嬗变演进,不断提升自身的境界,逐渐成为维持一定社会秩序、支撑社会架构的重要支柱。17世纪以后,数次发生的工业革命和技术革命,特别是20世纪中叶发生的电子信息革命,给人类社会带来了天翻地覆的变化,不仅直接改变了信息交换的规模和速度,而且彻底改变了人们的生活方式和思维方式,使人类生活进入了更为复杂和多元的全新境界。在这种背景下,宗教、道德等维系社会人心的传统方式,在新的形势面前越来越显得力不从心。而理想和实际的选择,似乎是透过建立一套理性和完善的法律体制,给多元化社会中的人们提供一套合理而可行的共同的行为规则,在保障社会共同利益的前提下,给社会成员提供一定的发挥个性的自由空间。这样,既能维持社会整体的大原则、维持社会秩序的基本和谐和稳定,又能在此基础上充分保障个人的自由和个性,发挥每一个社会成员的创造力,促进社会文明的进步。唯有如此,方能达到稳定与发展、整体与个人、精神文明与物质进步皆能并行不悖的目的。正因为如此,近代以来的数百年间,在东西方各主要国家里,伴随着社会变革的大潮,法律改革的运动也一直呈方兴未艾之势。

中国是一个具有悠久历史和灿烂文化的国度。在数千年传承不辍的中国传统文化中,尚法、重法的精神也一直占有重要的位置。但由于古代社会法律文化的精神旨趣与现代社会有很大的不同,内容博大、义理精微的中国传统法律体系无法与近现代社会观念相融,故而在19世纪中叶,随着西方列强对中国的侵略,绵延了数千年的中国古代法律制度最终解体,中国的法制也由此开始了极其艰难的近现代化的过程。如果以20世纪初叶清代的变法修律为起点的话,中国近代以来的法制变革活动已经进行了近一个世纪。在这将近百年的时间里,中国社会一直充斥着各种矛盾和斗争,道路选择、主义争执、民族救亡以及路线斗争等等,使整个中国一直处于一种骚动和不安之中。从某种意义上说,社会变革在理论上会给法制的变革提供一定的机遇,但长期的社会骚动和过于频繁的政治剧变,在客观上确实曾给法制变革工作带来过很大的影响。所以,尽管曾经有过许多的机遇,无数的仁人志士也为此付出了无穷的心力,中国近百年的法制重建的历程仍是步履维艰。直至20世纪70年代末期,"文化大革命"的宣告结束,中国人开始用理性的目光重新审视自身和周围的世界,用更加冷静和理智的头脑去思考和选择自己的发展道路,中国由此进入了具有非凡历史意义的改革开放时期。这种由经济改革带动的全方位民族复兴运动,也给蹉跎了近一个世纪的中国法制变革带来了前所未有的机遇和无限的发展空间。

应该说，自1978年中国共产党第十一届三中全会以后的20年，是中国历史上社会变化最大、也最为深刻的20年。在过去20年中，中国人民高举邓小平理论伟大旗帜，摆脱了"左"的思想的束缚，在政治、经济、文化各个领域进行全方位的改革，并取得了令世人瞩目的成就，使中国成为世界上最有希望、最为生机勃勃的地区。中国新时期的民主法制建设，也在这一时期内取得了令人惊喜的成就。在改革开放的初期，长期以来给法制建设带来巨大危害的法律虚无主义即得到根除，"加强社会主义民主，健全社会主义法制"成为一个时期内国家政治生活的重要内容。经过近二十年的努力，到90年代中期，中国法制建设的总体面貌发生了根本性的变化。从立法上看，我们的立法意识、立法技术、立法水平和立法的规模都有了大幅度的提高。从司法上看，一套以保障公民基本权利、实现司法公正为中心的现代司法诉讼体制已经初步建立，并在不断完善之中。更为可喜的是，经过近二十年的潜移默化，中国民众的法律意识、法制观念已有了普遍的增强，党的十五大确定的"依法治国""建设社会主义法治国家"的治国方略，已经成为全民的普遍共识和共同要求。这种观念的转变，为中国当前法制建设进一步完善和依法治国目标的实现提供了最为有力的思想保证。

众所周知，法律的进步和法制的完善，一方面取决于社会的客观条件和客观需要，另一方面则取决于法学研究和法学教育的发展状况。法律是一门专业性、技术性很强，同时也极具复杂性的社会科学。法律整体水平的提升，有赖于法学研究水平的提高，有赖于一批法律专家，包括法学家、法律工作者的不断努力。而国家法制总体水平的提升，也有赖于法学教育和法学人才培养的规模和质量。总而言之，社会发展的客观需要、法学研究、法学教育等几个环节是相互关联、相互促进和相互影响的。在改革开放的20年中，随着国家和社会的进步，中国的法学研究和法学教育也有了巨大的发展。经过20年的努力，中国法学界基本上清除了"左"的思想的影响，迅速完成了法学学科的总体布局和各分支学科的学科基本建设，并适应国家建设和社会发展的需要，针对法制建设的具体问题进行深入的学术研究，为国家的立法和司法工作提供了许多理论支持和制度上的建议。同时，新时期的法学教育工作也成就斐然。通过不断深入的法学教育体制改革，当前我国法学人才培养的规模和质量都有了快速的提升。一大批用新思想、新体制培养出来的新型法学人才已经成为中国法制建设的中坚，这也为中国法制建设的进一步发展提供了充足和雄厚的人才准备。从某种意义上说，在过去20年中，法学界的努力，对于中国新时期法制建设的进步，贡献甚巨。其中，法学研究工作在全民法律观念的转变、立法水平和立法效率的提升、司法制度的进一步完善等方面所发挥的积极作用，也是非常明显的。

法律是建立在经济基础之上的上层建筑，以法律制度为研究对象的法学也就成为一个实践性和针对性极强的学科。社会的发展变化，势必要对法律提出新的要求，同时也将这种新的要求反映到法学研究中来。就中国而言，经过近二十年的奋斗，改革开放的第一阶段目标已顺利实现。但随着改革的逐步深入，国家和社会的一些深层次的问题也开始显现出来，如全民道德价值的更新和重建，市场经济秩序的真正建立，国有企业制度的改革，政治体制的完善等等。同以往改革中所遇到的问题相比，这些问题往往更为复杂，牵涉面更广，解决问题的难度也更大。而且，除了观念的更新和政策的确定外，这些复杂问题的解决，最终都归结到法律制度上来。因此，一些有识之士提出，当前中国面临的难题或是急务在于两个方面：其一，凝聚民族精神，建立符合新时代要求的民族道德价值，以为全社会提供一个基本价值标准和生活方向；其二，设计出一套符合中国国情和现代社会精神的"良法美制"，以为全社会提供一系列全面、具体、明确而且合理的行为规则，将各种社会行为纳入一个有序而且高效率的轨道。实际上，如果考虑到特殊的历史文化和现实情况，我们会认识到，在当前的中国，制度的建立，亦即一套"良法美制"的建立，更应该是当务之急。建立一套完善、合理的法律体制，当然是一项极为庞大的社会工程。而其中的基础性工作，即理论的论证、框架的设计和实施中的纠偏等，都有赖于法学研究的进一步深入。这就对我国法学研究、法学教育机构和广大法律理论工作者提出了更高的要求。

中国人民大学法学院建立于1950年，是新中国诞生以后创办的第一所正规高等法学教育机构。在其成立的近半个世纪的岁月里，中国人民大学法学院以其雄厚的学术力量、严谨求实的学风、高水平的教学质量以及极为丰硕的学术研究成果，在全国法学研究和法学教育领域中处于领先行列，并已跻身于世界著名法学院之林。长期以来，中国人民大学法学院的法学家们一直以国家法学的昌隆为己任，在自己的研究领域中辛勤耕耘，撰写出版了大量的法学论著，为各个时期的法学研究和法制建设作出了突出的贡献。

鉴于当前我国法学研究所面临的新的形势，为适应国家和社会发展对法学工作提出的新要求，中国人民大学法学院和中国人民大学出版社经过研究协商，决定由中国人民大学出版社出版这套"法律科学文库"，陆续出版一大批能全面反映和代表中国人民大学法学院乃至全国法学领域高品位、高水平的学术著作。此套"法律科学文库"是一个开放型的、长期的学术出版计划，以中国人民大学法学院一批声望卓著的资深教授和著名中青年法学家为主体，并聘请其他法学研究、教学机构的著名法学家参加，组成一个严格的评审机构，每年挑选若干部具有国内高水平和有较高出版价值的法学专著，由中国人民大学出版社精心组织出版，以达到集中地出版法学精品著作、产生规模效益和名著效果的目的。

"法律科学文库"的编辑出版，是一件长期的工作。我们设想，借出版"文库"这一机会，集中推出一批高质量、高水准的法学名著，以期为国家的法制建设、社会发展和法学研究工作提供直接的理论支持和帮助。同时，我们也希望通过这种形式，给有志于法学研究的专家学者特别是中青年学者提供一个发表优秀作品的园地，从而培养出中国新时期一流的法学家。我们期望并相信，通过各方面的共同努力，力争经过若干年，"法律科学文库"能不间断地推出一流法学著作，成为中国法学研究领域中的权威性论坛和法学著作精品库。

1999 年 9 月

目 录

第一章 导论 ………………… (1)
  一、问题的提出……………… (1)
  二、既有研究的综述………… (7)
  三、本书的研究方法和论述
      框架 ………………………(16)

**第二章 规制性规范与侵权法的
基础关系** ………………(22)
  一、概念的界定 ……………(22)
  二、公私法规范之整体关系 ……(25)
  三、规制性规范与侵权法规范：协作是
      否可能 ……………………(36)
  四、规制性规范与侵权法规范：协作如
      何可能 ……………………(40)

**第三章 侵权法保护对象与规制性规范的界定
功能** ………………………(56)
  一、侵权法中的法益区分保护：思想与
      技术 ………………………(56)
  二、规制性规范对侵权法保护对象的界
      定功能 ……………………(87)

**第四章 规制性规范对侵权法保护对象的具体
界定** ………………………(99)
  一、我国实务的应用……………(100)

　　　　二、适格规制性规范之规范特征……………………………（110）
　　　　三、适格规制性规范之目的特征……………………………（130）
　　　　四、实际违反规制性规范……………………………………（155）
　　　　五、我国法中的具体适用……………………………………（162）
第五章　规制性规范违反与过错判断……………………………（170）
　　　　一、中国法实践………………………………………………（170）
　　　　二、过错判断的独立性………………………………………（176）
　　　　三、比较法观察………………………………………………（185）
　　　　四、违反规制性规范与过错判断的理论说明及适用………（200）
　　　　五、结论和我国法案例之检讨………………………………（213）
第六章　规制性规范违反与侵权责任其他构成…………………（219）
　　　　一、分析结构之初步建立……………………………………（219）
　　　　二、规制性规范违反与因果关系……………………………（222）
　　　　三、附论：过错侵权责任中违法性与过错的关系…………（226）
第七章　基本结论和结语…………………………………………（246）
　　　　一、基本结论…………………………………………………（246）
　　　　二、本书所确立之分析结构的适用范围……………………（248）
　　　　三、违反规制性规范之侵权责任构成的分析结构：
　　　　　　简单图示…………………………………………………（258）
　　　　四、结语………………………………………………………（260）

参考文献……………………………………………………………（263）
后记…………………………………………………………………（280）

详　目

第一章　导论………………………（1）
　一、问题的提出………………………（1）
　　（一）实务中的一些问题…………（2）
　　（二）问题初步总结及本书的
　　　　　研究主题……………………（6）
　二、既有研究的综述…………………（7）
　　（一）中国大陆的既有研究………（7）
　　（二）中国台湾地区的既有
　　　　　研究…………………………（10）
　　（三）德国的既有研究……………（12）
　　（四）英美的既有研究……………（13）
　　（五）欧洲《侵权与规制法》一书中所
　　　　　提出的问题框架…………（13）
　三、本书的研究方法和论述
　　　框架………………………………（16）
　　（一）研究方法……………………（16）
　　（二）论述框架……………………（19）

**第二章　规制性规范与侵权法的
　　　　　基础关系**…………………（22）
　一、概念的界定………………………（22）
　　（一）规制性规范的不同含义……（23）

1

（二）本书所采用的规制性规范概念 …………………………（24）
　二、公私法规范之整体关系 ………………………………………（25）
　　（一）风险社会语境——公法规范和私法规范的区隔 ………（25）
　　（二）"最小国家"难题——私法规范优位于公法规范 ………（30）
　　（三）规制失灵和私法价值原则——公法规范优位于
　　　　　私法规范？ ……………………………………………（32）
　　（四）公私法规范的接轨汇流 …………………………………（34）
　三、规制性规范与侵权法规范：协作是否可能 …………………（36）
　　（一）目标和手段的不同 ………………………………………（36）
　　（二）具体的比较 ………………………………………………（38）
　四、规制性规范与侵权法规范：协作如何可能 …………………（40）
　　（一）转介条款的立法设置 ……………………………………（40）
　　（二）规制性规范与私法规范关系中的司法者评价 …………（46）
　　（三）转介条款和司法者评价 …………………………………（53）
第三章　侵权法保护对象与规制性规范的界定功能 ………………（56）
　一、侵权法中的法益区分保护：思想与技术 ……………………（56）
　　（一）问题提出 …………………………………………………（56）
　　（二）法益区分保护思想及其正当化理由 ……………………（62）
　　（三）法益区分保护思想实现的规范技术 ……………………（71）
　　（四）《侵权责任法》中的法益区分保护思想与技术 ………（80）
　　（五）结论 ………………………………………………………（86）
　二、规制性规范对侵权法保护对象的界定功能 …………………（87）
　　（一）规制性规范界定侵权法保护对象的必要性 ……………（87）
　　（二）规制性规范界定侵权法保护对象的正当性 ……………（88）
　　（三）比较法经验 ………………………………………………（89）
　　（四）体系定位：独立的侵权类型？ …………………………（96）
第四章　规制性规范对侵权法保护对象的具体界定 ………………（99）
　一、我国实务的应用 ……………………………………………（100）
　　（一）法律和司法解释中的观点 ……………………………（100）
　　（二）实务案例 ………………………………………………（102）
　　（三）实务观点总结 …………………………………………（108）
　二、适格规制性规范之规范特征 ………………………………（110）

（一）形式特征……………………………………………（110）
　　（二）性质特征……………………………………………（128）
三、适格规制性规范之目的特征………………………………（130）
　　（一）目的特征之确立……………………………………（130）
　　（二）保护个人目的之概念………………………………（137）
　　（三）保护个人目的之查明与公共政策…………………（139）
四、实际违反规制性规范………………………………………（155）
　　（一）被违反规范之构成要件被充足……………………（155）
　　（二）规范的保护范围……………………………………（156）
五、我国法中的具体适用………………………………………（162）
　　（一）适用的一般程序……………………………………（162）
　　（二）对我国两个实务案例中相关问题的重新分析……（165）
　　（三）类型的规范确立……………………………………（167）

第五章　规制性规范违反与过错判断…………………………（170）
一、中国法实践…………………………………………………（170）
　　（一）医疗损害领域………………………………………（171）
　　（二）交通事故领域………………………………………（172）
　　（三）高压电触电损害赔偿………………………………（174）
　　（四）其他领域……………………………………………（175）
　　（五）问题提出……………………………………………（176）
二、过错判断的独立性…………………………………………（176）
　　（一）行为标准……………………………………………（177）
　　（二）过错判断的独立性和合法性抗辩…………………（178）
三、比较法观察…………………………………………………（185）
　　（一）德国法………………………………………………（185）
　　（二）我国台湾地区的规定………………………………（190）
　　（三）美国《侵权法重述》中的相关规定………………（193）
　　（四）比较结论……………………………………………（199）
四、违反规制性规范与过错判断的理论说明及适用…………（200）
　　（一）违反保护性规范在过错判断中的作用……………（200）
　　（二）违反保护性规范导致过失举证责任减轻的
　　　　　适用条件……………………………………………（207）

（三）违反非保护性规范在过错判断中的作用……………………(212)
　　四、结论和我国法案例之检讨………………………………………(213)
　　　（一）结论……………………………………………………………(213)
　　　（二）我国法案例的检讨……………………………………………(214)

第六章　规制性规范违反与侵权责任其他构成………………………(219)
　　一、分析结构之初步建立……………………………………………(219)
　　二、规制性规范违反与因果关系……………………………………(222)
　　　（一）概述……………………………………………………………(222)
　　　（二）法规目的理论…………………………………………………(225)
　　三、附论：过错侵权责任中违法性与过错的关系…………………(226)
　　　（一）侵权责任法的出发点和侵权责任发生基础之
　　　　　　归责体现…………………………………………………………(227)
　　　（二）归责评价因素之区分…………………………………………(230)
　　　（三）分离的归责评价因素之再统一………………………………(232)
　　　（四）通过统一的"义务违反"实现归责……………………………(237)
　　　（五）《侵权责任法》第6条第1款解释之核心……………………(243)

第七章　基本结论和结语………………………………………………(246)
　　一、基本结论…………………………………………………………(246)
　　二、本书所确立之分析结构的适用范围……………………………(248)
　　　（一）责任种类的区分………………………………………………(248)
　　　（二）责任方式的区分………………………………………………(249)
　　　（三）别无特别请求权基础存在……………………………………(255)
　　三、违反规制性规范之侵权责任构成的分析结构：
　　　　简单图示……………………………………………………………(258)
　　　四、结语………………………………………………………………(260)

参考文献………………………………………………………………(263)
后记……………………………………………………………………(280)

第一章 导论

一、问题的提出

随着产业化、城市化、全球化、网络化程度的提高，中国迅速进入风险社会，不安全的隐患无所不在[①]，避免、减弱、改造和疏导这些风险的最有效的途径大概就是规制性规范的制定。这些规制性规范存在于法律、行政法规和地方性法规之中，国务院有关部门以及省、自治区、直辖市和设区的市的人民政府还制定了大量规章。在这些为数众多的法律规范之中，不乏大量的规制性规范，涵盖了铁路、航空、道路交通、医疗、电力、建筑物、消费者保护、环境、产品等几乎所有社会经济领域，这有助于避免现代性所产生的系统风险和实现其他目的。

规制性规范可能会直接创设一些特许权利，

---

① 季卫东. 依法的风险管理. 中国改革, 2010 (1、2).

但是，构成本书研究重心的是，为了达成规制目标，降低规制成本，法律仅仅规定政府机构的许可或事后控制肯定是不够的，因此许多规制性规范为法律主体事先设定了一定的行为标准，或者是特定场合的行为标准，或者是特定主体的行为标准，由此就产生了一个问题：违反规制性规范所设定的行为标准而导致他人受损，是否必然会导致行为人承担侵权责任？换而言之，违反规制性规范对于侵权责任会发生何种影响？此种影响应通过何种技术性工具发挥作用？这些技术性工具又如何进行具体的适用，以实现侵权法中所存在的合理法政策考量？

任何一个侵权法的研究人员和实务人员都无法回避而必须直面这些问题，他们必然会注意到规制性规范对于侵权法的影响，从而必须在理论研究和实务操作中处理违反规制性规范对侵权责任所可能产生的影响。如何妥善地处理规制性规范与侵权法之间的互动关系，既涉及规制性规范所内含的规制目的的最终实现，也涉及侵权法基本框架和构思的最终实现，由此，规制性规范和侵权法之间的互动关系就成为当代中国法学所亟须研究的重要议题之一。

（一）实务中的一些问题

1. 国家环保局《关于确定环境污染损害赔偿责任问题的复函》

1991年10月10日，国家环保局针对湖北省环保局的请示，作出了《关于确定环境污染损害赔偿责任问题的复函》[（91）环法函字第104号]，其中认为：

> 根据《中华人民共和国环境保护法》第四十一条第一款的规定："造成环境污染危害的，有责任排除危害，并对直接受到损害的单位或者个人赔偿损失。"其他有关污染防治的法律法规，也有类似的规定。可见，承担污染赔偿责任的法定条件，就是排污单位造成环境污染危害，并使其他单位或者个人遭受损失。现有法律法规并未将有无过错以及污染物的排放是否超过标准，作为确定排污单位是否承担赔偿责任的条件。
>
> 至于国家或者地方规定的污染物排放标准，只是环保部门决定排污单位是否需要缴纳超标排污费和进行环境管理的依据，而不是确定排污单位是否承担赔偿责任的界限。《中华人民共和国水污染防治法实施细则》第三十六条还明确规定，缴纳排污费、超标排污费的单位或者个人，并不免除其赔偿损失的责任。

综上，此复函所持有的观点可以概括如下：规制性规范之中所规定的污染物排放标准并非排放人承担侵权赔偿责任的最终决定性标准，行政责任并不能免除民事侵权责任的承担。值得注意的有以下几点。

（1）复函根据当时的《环境保护法》第41条第1款的文义规定，运用了文义的解释方法得出侵权赔偿责任的要件并不包含违反污染物的排放标准。但其完全忽视了体系解释，因为作出此复函时仍在生效的《民法通则》第124条规定："违反国家保护环境防止污染的规定，污染环境造成他人损害的，应当依法承担民事责任。"[①] 对在文义上似乎存在矛盾的两个法条之间的适用关系未置一词，故其论证过程略有不足。

（2）复函探求了污染物排放标准规定的目的，认为此标准规定仅仅基于行政管理之目的，但并未对判断规定目的的论证方法进行充分说明。

（3）在判定污染物排放标准的目的仅仅是行政管理这个结论的基础上，复函得出侵权责任不能因行政责任的承担而被免除的结论。为进一步论证此结论的正当性，复函还同时运用了体系解释方法，认为1989年制定的《水污染防治法实施细则》第36条规定了"缴纳排污费、超标排污费或者被处以警告、罚款的单位、个人，并不免除消除污染、排除危害和赔偿损失的责任"[②]，为了维持法秩序整体体系的评价一致性，复函据此认为，缴纳排污费被处以行政责任并不能免除民事侵权责任。

最高人民法院《关于审理环境侵权责任纠纷案件适用法律若干问题的解释》（法释〔2015〕12号）第1条第1款对该问题明确予以规定："因污染环境造成损害，不论污染者有无过错，污染者应当承担侵权责任。污染者以排污符合国家或者地方污染物排放标准为由主张不承担责任的，人民法院不予支持。"

2. 魏某贵等诉北京万程世都宾馆有限责任公司人身损害赔偿纠纷案[③]

本案事实为：2004年4月15日24时许，魏某、包某梅、窦某、陈某在被告处办理了宾馆住宿登记。魏某与包某梅两个女子登记入住了

[①] 在今日，还应当注意的是《侵权责任法》第65条的规定："因污染环境造成损害，污染者应当承担侵权责任。"

[②] 本法规已被2000年制定的《中华人民共和国水污染防治法实施细则》所替代，唯后者第48条仍然保留了此规定。

[③] 北京市宣武区人民法院民事判决书（2005）宣民初字第3925号。

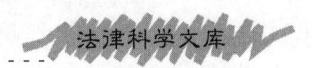

2007客房，陈某与另一男子窦某登记入住了宾馆2009客房。次日，窦某与包某梅离开被告处；陈某退了2009客房，与魏某同住2007客房。陈某当时尚不足22周岁，与魏某未办理登记结婚手续。被告发现魏某私留陈某住宿，因考虑到俩人的热恋关系，没有向公安机关报告。同年4月下旬某天凌晨1时许，二人因琐事发生争执，陈某掐死魏某。在魏某尸体高度腐烂后，陈某在2007客房卫生间内将尸体肢解后逃离现场。

法院据此认定：

> 被告作为宾馆经营者，对旅客负有安全保障义务，并应该遵守《旅馆业治安管理办法》及《北京市实施〈旅馆业治安管理办法〉细则》的规定，如建立、健全门卫、值班、情况报告等各项安全管理制度，在客房会客时间不得超过23时，除直系亲属外男女分别安置住宿，等等。

> 本案被告在发现陈某退房后留宿于其女友魏某的客房，未按照《旅馆业治安管理办法》及《北京市实施〈旅馆业治安管理办法〉细则》的规定采取管理措施，违反了该规定，在防范问题上存在过错。

在此，法院根据《旅馆业治安管理办法》（效力层级为行政法规）及《北京市实施〈旅馆业治安管理办法〉细则》（效力层级为地方政府规章）的规定，认定被告具有过错。对此判决，可以提出以下问题。

（1）违反制定法规范在本案中被判定为过失，但违反制定法规范与过错之间的关系如何？制定法规范所具有的目的是否会对于过错认定发生影响？换言之，违反制定法规范推定行为人存在过错需不需要一定的法律要件或论证结构？

（2）在本案中，行政法规与地方政府规章被认为在判定过错问题上具有同等作用，该判断是否正当，除此之外，部门规章以及其他规范性文件也应与法律、行政法规、地方政府规章等同看待吗？

3. 孙某忠诉郑州铁路分局人身损害赔偿纠纷案[①]

本案查明事实为：1995年3月29日18时许，孙某忠骑自行车从马村区返回焦作市内家中，途经待王至焦作铁路联络线李河铁路道口时，见有一列调车作业货车在此暂停，此时，铁路道口栏杆已放下，行人无法通行，孙某

---

① 河南省高级人民法院民事判决书（2002）豫法民一终字第504号。

忠见状，便从道口东部绕过铁路栏杆欲钻车通过，在孙某忠携自行车钻车过程中，该列车启动，孙某忠躲闪不及，列车将其右腿拖挂，致其受伤。

一审法院认为：

> 孙某忠还提出根据铁路技规规定，在车站内不应设置道口，在交通繁忙或通行高速列车的地方，应采用立体交叉。在《铁路道口管理暂行规定》中，虽有铁路车站内原则上不设道口的规定，但因该道口的设立有其历史形成原因，且该理由也不是造成其本人损害的直接原因，故该理由亦不能成立。

在此，一审法院虽然认为被告的行为不符合《铁路道口管理暂行规定》（效力层级为部门规章），但被告的违反行为与原告的损害之间并没有因果关系，且由于"该道口的设立有其历史形成原因"，从而似乎认为被告不具有过错，且损害与规范违反之间不存在直接的因果关系。故一审法院似乎认为，违反制定法并不必然导致过错，且违反制定法的行为与损害之间也并不必然具有因果关系。

4. 王某富诉三信律师所财产损害赔偿纠纷案①

本案事实为：经被告律师见证的遗嘱因不符合法律规定的形式要件被确认无效，致使原告作为遗嘱受益人蒙受经济损失，原告提起侵权赔偿。

二审法院经审理认为，《律师法》第27条规定："律师担任诉讼法律事务代理人或者非诉讼法律事务代理人的，应当在受委托的权限内，维护委托人的合法权益。"第49条第1款规定："律师违法执业或者因过错给当事人造成损失的，由其所在的律师事务所承担赔偿责任。律师事务所赔偿后，可以向有故意或者重大过失行为的律师追偿。"法院故作出以下判决：

> 王某富现在不能按遗嘱来继承王某智遗产的根本原因，是三信律师所没有给王某智提供完善的法律服务，以致王某智立下了无效遗嘱。三信律师所因履行自己职责中的过错，侵害了王某富依遗嘱继承王某智遗产的权利，由此给王某富造成损失，应当承担赔偿责任。

综上，原审认定事实清楚，依照《中华人民共和国民法通则》第一百零六条第二款的规定判决上诉人三信律师所赔偿被上诉人王某富因不能按遗嘱继承而遭受的财产损失，适用法律正确，处理并无不

---

① 最高人民法院公报，2005 (10).

当,应当维持。

针对此判决,以下问题值得研究。

(1) 法院认定被告的行为侵犯了原告的继承权,但是,即使《侵权责任法》第 2 条第 2 款将"继承权"作为侵权责任的保护对象,但对继承权的侵权法保护程度是否应当与对人格权和所有权等权利的保护程度相同?如果保护程度存在不同,那么何种情形下对继承权的侵犯可以受到侵权责任的保护?

(2) 法院认定被告的行为违反了《律师法》第 27 条的规定,此规定保护的人之范围依据规定的文义是"委托人",而本案原告是否属于委托人也尚值得讨论,《律师法》第 27 条的规定对于侵权责任的成立有无影响?

(3) 《律师法》第 49 条第 1 款的规定对于被告侵权责任的成立有无影响?

(二) 问题初步总结及本书的研究主题

从以上一些实务观点和案例可以看出规制性规范与侵权法之间的关系错综复杂,前者对后者有多方面的影响。在我国法律规范文本中已经有所体现的是,规制性规范对某些特殊领域的侵权责任的影响,例如,《民法通则》第 122 条规定因产品质量不合格造成他人财产、人身损害的,产品制造者、销售者应当依法承担民事责任;《侵权责任法》第 41 条规定:"因产品存在缺陷造成他人损害的,生产者应当承担侵权责任。"规制性规范对于判断产品的不合格和缺陷具有非常重要的意义。[1] 同样,《侵权责任法》第 58 条第 1 项规定,具有"违反法律、行政法规、规章以及其他有关诊疗规范的规定"的情形,则推定医疗机构有过错。

---

[1] 例如,《产品质量法》第 26 条第 2 款第 1 项规定,产品质量"不存在危及人身、财产安全的不合理的危险,有保障人体健康和人身、财产安全的国家标准、行业标准的,应当符合该标准"。第 46 条规定:"本法所称缺陷,是指产品存在危及人身、他人财产安全的不合理的危险;产品有保障人体健康和人身、财产安全的国家标准、行业标准的,是指不符合该标准。"《药品管理法》第 10 条第 1 款规定:"除中药饮片的炮制外,药品必须按照国家药品标准和国务院药品监督管理部门批准的生产工艺进行生产,生产记录必须完整准确。药品生产企业改变影响药品质量的生产工艺的,必须报原批准部门审核批准。"第 48 条第 2 款第 1 项规定,"药品所含成份与国家药品标准规定的成份不符的"为假药;第 49 条第 2 款规定:"药品成份的含量不符合国家药品标准的,为劣药。"

但本书主旨并非全面论述规制性规范和侵权法之间错综复杂的所有关系，否则难免有面面俱到但又无一深入之憾。既如此，本书研究过程中就必然会舍弃特殊的侵权领域之中的规范分析，而将论述重点置于规制性规范对于侵权责任成立和责任承担方式所具有的意义以及论证框架上。具体而言，本研究所涉及的问题大致如下。

（1）违反规制性规范应否对侵权责任成立发生影响？规制性规范对侵权责任承担方式是否具有影响？

（2）如果对上个问题的回答是肯定的，那么违反规制性规范对侵权责任成立和责任承担而言具有哪些规范功能？

（3）基于对第（2）个问题的回答，是否要根据法律位阶对规制性"法律"的范围作出区分性的限制？

（4）规制性规范的目的具有何种规范意义？规范目的又如何探寻？

（5）规制性规范要发挥其对侵权责任成立和责任承担方式的规范功能，还应具备哪些要件？

二、既有研究的综述

（一）中国大陆的既有研究

在我国，规制性规范对于私法的影响已经被注意到，但相关探讨往往集中于违反规制性规范对法律行为的影响，其中一个重要的原因在于《合同法》第52条第5项明确规定了"违反法律、行政法规的强制性规定的合同无效"。目前对此的基本结论是认为违反强制性规定的法律行为并非一概无效[1]，且这一结论已经在最高人民法院所作的司法解释中得到了明

---

[1] 关于此问题的代表性论文，参见谢鸿飞. 论法律行为生效的"适法规范"——公法对法律行为效力的影响及其限度. 中国社会科学，2007（6）；孙鹏. 私法自治与公法强制——日本强制性法规违反行为效力论之展开. 环球法律评论，2007（2）；孙鹏. 论违反强制性规定行为之效力. 法商研究，2006（5）；解亘. 论违反强制性规定契约之效力——来自日本法的启示. 中外法学，2003（1）；王轶. 强制性规范及其法律适用. 南都学坛，2010（1）；黄忠. 合同自由与公共政策——《第二次合同法重述》对违反公共政策合同效力论的展开. 环球法律评论，2010（2）；黄忠. 违法合同的效力判定路径之辨识. 法学家，2010（5）；姚明斌. "效力性"强制性规范裁判之考察与检讨. 中外法学，2016（5）。重要的专著，参见耿林. 强制规范与合同效力. 北京：中国民主法制出版社，2009；黄忠. 违法合同效力论. 北京：法律出版社，2010.

确规定①，其中所发生的变化深刻体现了法学、立法和司法之间的良好互动关系。

相对而言，对规制性规范和侵权责任之间互动关系的研究却要少得多，对此有学者评论认为："现有的学说和司法实践并非完全没有涉及，人们一般会在侵权行为要件论中笼统地主张：违反以保护他人为目的之法规的行为会构成侵权行为，不违反法律规范的加害行为依然有可能要承担侵权行为责任。不仅立场比较粗糙，而且缺乏理论上的透彻说明。"② 在具体领域中，直接涉及此问题的研究最重要的文献集中在环境侵权领域。③ 根据笔者目前所搜集到的资料，对该问题的研究主要集中在以下几个方面。第一种是规制性规范对侵权责任之影响的一般理论。例如，解亘教授遵循其既往思路，即沿着规制性规范对法律行为效力的影响上升至一般理论，再下降至着眼于功能类似的规制性规范对侵权责任的影响，对学说、判例进行了初步整理，结合日本的比较法经验，得出以下结论。

第一，站在公法与私法相互支援这样一种立场上考察管制规范对于侵权行为法的意义，才有可能深化对该问题的思考：既不至于简单地将管制规范等同于侵权法上的违法性依据或者社会生活上的注意义务依据，从而混淆公法与私法的界限；也不至于完全割裂前后者之间的密切联系。第二，就管制规范而言，对侵权行为法直接具有意义的，是以保护他人利益为目的的规范中防止侵害型的规范。第三，从

---

① 概括而言，对此存在两个限制。一是法律位阶的限制，集中体现在《合同法解释（一）》（法释〔1999〕19号）第4条的规定："合同法实施以后，人民法院确认合同无效，应当以全国人大及其常委会制定的法律和国务院制定的行政法规为依据，不得以地方性法规、行政规章为依据。"二是规范类型的限制，集中体现在《合同法解释（二）》（法释〔2009〕5号）第14条的规定："合同法第五十二条第（五）项规定的'强制性规定'，是指效力性强制性规定。"对后一个限制，最高人民法院《关于当前形势下审理民商事合同纠纷案件若干问题的指导意见》第15、16条进行了更为详细的说明。

② 解亘. 论管制规范在侵权行为法上的意义. 中国法学，2009（2）.

③ 在此领域内的相关论述请参见张新宝. 侵权责任法原理. 北京：中国人民大学出版社，2005：375-376；汪劲. 环境法学. 北京：北京大学出版社，2006：569-579；王成. 环境侵权行为构成的解释论及立法论之考察. 法学评论，2008（6）.

论证责任的角度来入手，可以更为具象地刻画出管制规范如何作用于侵权行为法。①

朱岩教授则以德国法上的违反保护他人法律作为中心，将其功能定位于"转介条款"，并细致论述其构成要件，在此基础上讨论了违反保护他人法律的侵权责任在我国侵权责任法中的解释定位。②

这个思路上的研究皆广泛借鉴比较法经验，但可能出现的问题是：（1）对规制性规范的一般理论和基础理论梳理尚较为简单；（2）由于论点的限制，没有在违反规制性规范对侵权责任之影响的实现途径这个问题上建立起细致的整体思考论证框架；（3）由于论文篇幅的限制，没有对我国《侵权责任法》的基础规范框架展开论述，从而无法充分且系统地展开有关规制性规范对侵权责任之影响各个层面的研究，同时也可能会导致论者在该议题上所提出的解释定位说服力不足。

针对上述问题，尤其是其中可能出现的第一个和第三个问题，第二种思路即在《侵权责任法》的整体框架中对规制性规范和侵权责任之间的关系予以讨论。例如，方新军教授在一系列论文中③，从作为规制法之一种的行政法与私法之间的整体关系出发，重点论证了侵权责任中权益区分保护的合理性，其中就涉及规制法与侵权责任保护对象之间的关系，并在此基础上细致区分了行政法的不同类型，极具启发性。但是，由于规制法与侵权法之间的关系服务于权益区分保护的合理性论证，因而作者可能仅注意到了规制法和侵权法之间多元关系的一个层面，且同样没有在违反规制性规范对侵权责任之影响的实现途径这个问题上建立起细致的司法实践整体论证框架。

第三种思路则重点讨论违反规制性规范对侵权责任成立要件的影响。例如，王文胜博士将视点集中于违反规制性规范所确定的行为义务与过错判定之间的关系，细致整理了我国的实务判例，并结合比较法经验，认为

---

① 解亘. 论管制规范在侵权行为法上的意义：67.
② 朱岩. 违反保护他人法律的过错责任. 法学研究，2011（2）；同样的论述，请参见朱岩. 侵权责任法通论总论（上册）：第九章.
③ 方新军. 私法和行政法在解释论上的接轨. 法学研究，2012（4）；利益保护的解释论. 华东政法大学学报，2013（6）；权益区分保护的合理性证明. 清华法学，2013（1）.

根据我国法律的现有体系，行为人违反成文法义务仍将被作为行为人存在过错的判断标准，在进行政策考量时，应将规范目的、人的范围和物的范围作为论证框架因素。① 但是，这同样仅对规制法对侵权法多元影响的一个层面展开了论述，而没有充分注意到多元影响的其他层面，且欠缺规制法与侵权法之间关系的基础性论述和整体的思考框架。

值得注意的是，由于这个论题涉及规制性规范与侵权责任之间的互动关系，故公法学者也积极参与其中。值得重视的研究是宋华琳教授的系列研究论文②，其主要论点是技术标准对私法侵权责任的构成具有非常重要的作用，技术标准可以作为一个最低基准，并集中于药品规制领域，探讨政府规制与侵权法的功能分工和互动影响。但是，由于其系列论文主要关注产品责任、环境侵权等特殊的侵权责任领域，故普遍性意义较弱，此外，也没有建立规制法和侵权法之间关系在司法实践中的整体论证框架。还有论者从行政规范对侵权法的规范效应方面展开论述，通过对司法案例的实证分析，认为在私法实践中，行政规范对侵权责任具有影响，并具体讨论影响如何发生和影响程度的问题，认为能够对侵权责任产生实际法律效果的，是可以在平等主体间创设具体法律关系的行政规范。③ 但是，其论述仍然欠缺基础理论的支撑，并且同样没有建立起司法实践中的整体论证框架。

（二）中国台湾地区的既有研究

中国台湾地区直接涉及此问题的研究以台湾地区"民法"第184条第2项所规定的"违反保护他人之法律"作为讨论中心。传统的研究主要集中于修正前的第184条第2项规定之规范功能，即其仅仅是单纯举证责任

---

① 王文胜. 论侵权法中的违反成文法义务//梁慧星主编. 民商法论丛. 第46卷. 北京：法律出版社，2010.

② 宋华琳. 论行政规则对司法的规范效应——以技术标准为中心的初步考察. 中国法学，2006（6）；论政府规制与侵权法的交错——以药品规制为例证. 比较法研究，2008（2）.

③ 贾媛媛. 行政规范对侵权责任认定之规范效应研究. 政法论坛，2012（5）.

倒置之规定抑或独立的侵权类型之规定。[1] 但自1999年以来，第184条第2项修正为"违反保护他人之法律，致生损害于他人者，负赔偿责任。但能证明其行为无过失者，不在此限"，将该条规定明确为独立的侵权行为类型。[2] 此后，上述相关争论偃旗息鼓。现讨论的重要问题集中于以下几点。

第一，第184条第2项具有何种规范功能？最为值得关注的是苏永钦教授的相关论文，其认为第184条第2项是转介条款之一种，其"概括的转介某个社会伦理或公法规定，对于它在私法领域的具体适用，如何与私法自治的价值适度调和，都还未作成决定，司法者站在公私法汇流的闸口，正要替代立法者去做决定：让公法规范以何种方式，以多大的流量，注入私法"[3]。

第二，第184条第2项推定过失的合理性以及其与第1项前段之间的适用关系。因第184条第2项规定了推定过失，有学者认为："如何善用违反保护法律条项，以免台湾地区侵权行为法全面过失推定化（实质之无过失责任），恐是台湾地区民法学上极其严肃之课题，亦极其重大之挑战，值得吾人注意。"[4] 为解决此问题，学者借此检讨全面推定过失之合理性，

---

[1] 持前种观点的学者主要是史尚宽、王伯琦、曾隆兴、邱聪智等教授，而持后种观点的学者主要是梅仲协、戴修瓒、郑玉波、王泽鉴、黄立等教授。参见史尚宽. 债法总论. 北京：中国政法大学出版社，2000：112页以下；王伯琦. 民法债篇总论. "国立"编译馆，1985：75；邱聪智. 新订民法债编通则（上）. 北京：中国人民大学出版社，2003：114；王泽鉴. 违反保护他人法律之侵权责任//民法学说与判例研究. 第2册. 北京：中国政法大学出版社，1998；梅仲协. 民法要义. 北京：中国政法大学出版社，1998：191；黄立. 民法债编总论. 北京：中国政法大学出版社，2002：282；郑玉波. 民法债编总论. 台北：三民书局，1962：163；等等。

[2] 修正理由为："原条文第2项究为举证责任之规定，抑为独立之侵权行为类型，尚有争议，为明确计，爰将其修正为独立之侵权行为类型。凡违反保护他人之法律，致生损害于他人者，即应负赔偿责任。惟为避免对行为人课以过重之责任，仍维持原规定之精神，如行为人虽违反保护他人之法律而能证明其行为无过失者，不负赔偿责任，爰设但书规定。"

[3] 苏永钦. 再论一般侵权行为的类型//走入新世纪的私法自治. 北京：中国政法大学出版社，2002：331. 其与本问题相关的论文还包括苏永钦. 侵害占有的侵权责任//私法自治中的经济理性. 北京：中国人民大学出版社，2004.

[4] 邱聪智. 新订民法债编通则（上）：115.

以及其与第 1 项前段之间的适用关系,以避免侵权法规范之中心由第 1 项前段转移至第 2 项,以过失推定责任取代过失责任。①

第三,第 184 条第 2 项的具体适用研究。

(三) 德国的既有研究

德国的研究主要以《德国民法典》(BGB)第 823 条第 2 款作为研究中心,除了大量的债法教科书以及 BGB 评注莫不对此予以论述之外,还包含大量的专题著作,其中值得重视的是 Karollus②、Schmiedel③、Spickhoff④、Bistritzki⑤ 这些学者的研究,他们主要从教义学的角度集中讨论了 BGB 第 823 条第 2 款的规范功能和具体适用问题,包括保护目的查明方法、保护性规范的范围、此规定的适用框架等。

除了教义学的角度之外,还有学者从比较法角度进行研究,例如,Pollack 将 BGB 第 823 条第 2 款与美国法的"当然过失"(Negligence per se)理论进行比较研究,提出了许多深具洞见的观点。⑥ 除此之外,德国

---

① 苏永钦. 再论一般侵权行为的类型;邱聪智. 新订民法债编通则(上):118 页以下;简资修. 违反保护他人法律之过失推定//经济推理与法律. 北京:北京大学出版社,2006;陈聪富. 论违反保护他人法律之侵权行为//侵权归责原则与损害赔偿. 北京:北京大学出版社,2005;朱柏松. 论不法侵害他人债权之效力(上). 法学丛刊,第 145 期,1992;杨佳元. 论违反保护他人法律之侵权责任. 月旦法学杂志,第 58 期,2000;刘昭辰. 侵权行为法体系上的"保护他人之法律". 月旦法学杂志,第 146 期,2007;谢铭洋. 侵害专利权是否构成民法第一八四条第二项之违反保护他人之法律. 月旦裁判时报,创刊号,2010.

② Karollus, *Funktion und Dogmatik der Haftung aus Schutzgesetzverlezung*, Wien/New York, 1992. 事实上,本书所研究的对象实际上是《奥地利民法典》第 1311 条之规定,但该规定与 BGB(《德国民法典》)第 823 条第 2 款规定极为类似,故笔者亦将其作为德国法研究。

③ Schmiedel, *Deliktsobligationen nach deutschen Kartellrecht, Erster Teil: Zivilrechtsdogmatische Grundlegung: Untersuchungen zu § 823 Abs. 2 BGB*, Tübingen, 1974.

④ Spickhoff, *Gesetzverstoß und Haftung*, KG/Köln/Berlin/Bonn/München, 1998.

⑤ Bistritzki, *Voraussetzungen für die Qualifikation einer Norm als Schutzgesetz im Sinne des § 823 Abs. 2 BGB*, Diss. jur. München, 1981.

⑥ Pollack, *Schutzgesetzverletzung und "negligence per se"*, Frankfurt am Main/Berlin/Bern/Bruxelles/New York/Oxford/Wien, 2003.

法学还针对此问题发表了诸多论文，从宏观和微观两方面进行细致研究。①

（四）英美的既有研究

在英国法的传统意义上，"违反制定法义务"（breach of statutory duty）是一种侵权类型，该侵权类型使刑法或公法上的制定法义务在侵权法中成为可诉的义务，从而能够保护因上述义务被违反而利益受损者，典型例证是因违反行业安全规定之义务而被诉。但是，该类型也被扩张用于描述任何由制定法所创设的行为义务的违反，例如根据1957年的《占有者责任法》、1987年的《消费者保护法》第1条、1961年的《航空运输法》、1965年的《核设施安装法》和1985年的《商船运输法》等所提出的请求，而违反欧洲共同体条约所产生的侵权责任也被认为是违反制定法义务的一个例子。② 从英国法中对此违反制定法义务的侵权责任的研究之发展和当前状况看，最为全面而深入的论述者是 K. M. Stanton 教授。③

美国对此问题的研究集中围绕违反制定法的过失侵权，将违反制定法所确定的行为标准作为判定过失的方式。最为重要的研究结论体现于《侵权法重述（第一次）》第285～288条，以及《侵权法重述（第二次）》第285～288C条，具体规定了违反制定法对判定过失的意义、抗辩事由等问题，而两次侵权法重述之间条文的变化体现了英语法学界对此问题研究的整体变化，具体问题在本书相关部分予以详细介绍。

（五）欧洲《侵权与规制法》一书中所提出的问题框架

2004年，就侵权法与规制法之间的互动关系，欧洲侵权法和保险法中心（European Centre of Tort and Insurance Law，ECTIL）在奥地利科

---

① Vgl. Canaris, *Schutzgesetz-Verkehrspflichten-Schutzpflichten*, in: Festschrift für Karl Larenz zum 80. Geburtstag, München, 1983, S. 27 - 110; Dörner, *Zur Dogmatik der Schutzgesetzverletzung*, JuS, 1987, S. 522 - 528; Honsell, *Der Verstoß gegen Schutzgesetz im Sinne des § 823 Abs. 2 BGB*, JA, 1983, S. 101 - 109; Knöpfle, *Zur Problematik der Beurteilung einer Norm als Schutzgesetz im Sinne des § 823 Abs. 2 BGB*, NJW, 1967, S. 697 - 702; Peters, *Zur Gesetzestechnik des § 823 II BGB*, JZ, 1983, S. 913 - 926.

② See Stanton, *New Forms of the Tort of Breach of Statutory Duty*, in: Law Quarterly Review, Vol. 120, 2004, pp. 324 ff.

③ 可参见 Stanton 教授的两部相关联的著作。*Breach of Statutory Duty in Tort*, Sweet & Maxwell, London, 1986; *Statutory Torts*, Sweet & Maxwell, London, 2003.

学院欧洲侵权法研究小组（Research Unit for European Tort Law of the Austrian Academy of Sciences）的协助下，启动了"侵权和规制法"研究计划，集合了欧洲各个国家的研究者进行研究，并最终于2007年公开出版了《侵权和规制法》①作为最终研究成果。在研究的开始，研究组即提出了一些重要的问题以作为各国报告的基础，这些问题对于我们的研究也同样深具意义，可作为我们的一个研究模型，故在此简要地将这些问题列举如下。②

Ⅰ 一般

1. 在贵国，总体而言，行政法规则对侵权法的影响是什么？

2. 在行政法和侵权法相互作用的问题上，是否存在宪法上的界限或准则，例如，该界限或准则涉及联邦法、州法或当地法（如果可被适用），以及一个行政法规则的保护性目的？

3. 违反何种类型的行政法也会导致侵权责任？

4. 当行政法本身违反制定法规定时，其在私法中的法律后果为何？那些遵守不法的行政法而造成损害的人，是否无须承担责任？如果是，此人知道或本应知道行政法为不法是否会产生影响？

5. 如果行政法本身规定了违反其规则的结果，特别是给予刑事制裁，此种规则是否排除侵权请求？在这方面，侵权法和刑法如何相互影响？

6. 在何种条件下，行政法规则被认为是所谓的"具保护目的之规则"？行政法规则的保护目的是仅由行政法决定，还是也由侵权法的一般原则决定？

7. 如果行政法规则约束一个法人（legal entity），谁应对未遵守该规则承担责任？如果此法人中的个人必须承担各自的刑事责任或者行政责任，这是否也导致同一人承担侵权责任？此种责任如何与法人的替代责任相互影响？

8. 在贵国，法人本身是否也要承担行政责任？此种责任在私法

---

① van Boom/Lukas/ Kissling ed., *Tort and Regulatory Law*, Springer, Wien/ New York, 2007. 本书已被翻译为中文，范博姆、卢卡斯、基斯林. 侵权法与规制法. 徐静译. 北京：中国法制出版社，2012.

② Ibid., pp. 5-8.

中的后果为何？如果适用，法人承担行政责任是否也会导致侵权责任？法人的行政责任与其替代责任如何相互影响？

Ⅱ 安全规章和旨在环境保护的规定

1. 在贵国，成文的安全规章和旨在环境保护的规定对侵权法具有何种意义？

2. 在贵国，就此主题而言，侵权法与规制法在何种程度上具有相同或类似的目的？

3. 这些规制和规定本身是否当然被认为具有保护性目的？个人是否被包含在这些规则的保护性目的之内？在贵国法体系之中，违反这些规则构成不法行为吗？或者它是否导致严格责任？

4. 如果适用，请详述有关安全规章和/或环境保护所采用的强制责任保险的制定法方案。

Ⅲ 过错责任

A 对行政法规则的违反

1. 在过错责任领域，违反安全规章和环境法规则发挥的作用是什么？

2. 仅仅是此种规则就构成不法，还是要存在其他要求，例如违反注意义务和过错？

3. 如果侵权人违反了行政法，其责任在何种程度上依赖于规则的保护目的？

4. 侵权人在何种程度上被允许证明即使其行为遵守相关的规则，他仍会造成损害？

5. 违反行政法在举证责任分配上的后果如何，尤其是就因果关系、不法性和过错而言？

6. 违反行政法是否会导致惩罚性赔偿的请求？

B 遵守行政法规则的行为

1. 即使实施侵权人遵守了所有相关的行政法规则，他是否也要承担侵权责任（为了获得损害赔偿或者禁令），或者贵国的法体系是否允许"规则许可抗辩"（regulatory permit defense）？

2. 一般注意义务能否超过这些规则的要求？

3. 如果侵权人能成功证明他是合法地实施行为（就相关的行政法规则而言），那么关于不法性和过错的举证责任分配是否会有不同？

Ⅳ其他渊源中的损害赔偿

1. 除了侵权行为法之外,是否还有其他法律渊源——例如,在行政法本身或者其他领域——课予违反此种规则所致损害的责任?

2. 在贵国,如果行政法规则许可侵害他人利益,法体系是否提供损害赔偿(来源于受益者、基金或者政府)?此补偿请求的要件是什么?

本研究不可能对这些问题予以全面的回答,而仅可能就与上文所提的五个问题相关的内容进行研究和考察,具体而言,涉及以下问题:Ⅰ中的1~6;ⅢA中的1~3,附带考虑和提及Ⅱ中的1~3,ⅢA中的4~5以及ⅢB中的1~2。但需要注意的是,本研究对于这些问题的回答包含在本研究所确立的论述框架之中,而并非作出单独的回答,同时其他未被纳入本书考察范围的问题并不能被认为是不重要的。

三、本书的研究方法和论述框架

(一)研究方法

1. 法教义学

作为法学者而言,其运用的最为基本的方法便是法教义学(Dogmatik),简单来说,就是法教义学必须从某些既定前提出发,通过实践—理论—实践的循环往返,对实践案例进行提炼总结和理论化,提供现行法秩序下的"标准观点",借此减轻未来实践的论证负担。其最为重要的特征之一在于:"教义学者从某些未加检验就被当作真实的、先予的前提出发,法律教义学者不问法究竟是什么,法律认识在何种情况下、在何种范围内、以何种方式存在。这不意指法律教义学必然诱使无批判,但即便它是在批判,如对法律规范进行批判性审视,也总是在系统内部论证。"① 特征之二在于法教义学和法实践之间的互动关系,拉伦茨对此论述道:

> 法教义学及法院实务两者之间处于一种特殊的相互关系。一方面,法教义学提供给实务界很多裁判基准,它们常被引用,有时经过修正,有时也会被误解。另一方面,司法裁判提供给法教义学大量的

---

① 考夫曼,哈斯默尔主编. 当代法哲学和法律理论导论. 郑永流译. 北京:法律出版社,2002:4.

"材料",由这些材料法学才能发展出新的基准。司法裁判依其本质比法教义学更重视个案的联系,比较努力寻求"个案正义"。而教义学家显然较为留意事件的一般性及典型性。……通常必须深入地分析、比较大量的裁判理由之后,才能认识具决定性的考量及司法裁判选择的方向究竟为何。这又是教义学的工作……事实上,一系列构成今日现行法"坚实部分"的法概念及裁判基准,均系以司法裁判及法教义学的合作为基础,才发展出来的。①

在此意义上,法教义学使法规则能够在现行法体系内通过案例和裁判理由的分析而自我生成。事实上,积极侵害债权理论、缔约过失责任理论等无不通过法教义学而形成。在侵权法领域,由于侵权法领域的开放性,法教义学的用武之地更大,堪称法教义学者的"天堂",德国法上一般人格权理论和交往安全义务理论就是如此。对于本研究论题而言,法教义学是必然要采用的方法,以我国现行的法秩序作为前提,通过案例的分析找出"标准观点",从而寻求现行法秩序下的妥当方案,并为这些方案找到规范依据。

2. 比较法

上文已经论及,目前我国对本论题的研究较少,且均未提出细致的论证框架,故在思考时不得不运用比较法方法参酌他国和地区的规定。茨威格特在其《比较法导论》的开篇就引用了德国诗人诺瓦利斯(Novalis)的名言:"一切知识和认识均可溯源于比较。"② 现在的问题并非是否要进行比较,而是如何进行比较。本研究认为,本书在进行比较法研究时,注重的是以下几点。

第一,功能主义原则。对法的功能的重视始于耶林,经过美国的威格摩尔和帕温德的推动,在德国由拉贝尔和莱因斯坦等人导入比较法,最后由茨威格特和克茨确立了功能主义的比较法。③ 概言之,每个社会的法律在实质上都面临同样的问题,然而各种不同的法律制度以其极不相同的方法来解决这些问题,虽然最终结果是相同的,但在法律上只有那些完成相

---

① 拉伦茨. 法学方法论. 陈爱娥译. 北京:商务印书馆,2003:112-113.

② 茨威格特,克茨. 比较法总论. 潘汉典等译. 北京:法律出版社,2003:德文第二版序.

③ 大木雅夫. 比较法. 范愉译. 朱景文审校. 北京:法律出版社,1999:86.

同任务从而具有相同功能的事物才是可以比较的，功能是一切比较法的出发点和基础，比较法指向不同法系法律解决问题的功能。① 以功能性原则为基础，比较可以使我们发现对于同一问题的不同但却具有相同功能的处理途径和方式，于其中发现"相对性自然法"或者 Dernberg 所言的"事物本质"②。借用黑格尔所说的"内在理由"和"外在理由"的区分，比较使我们意识到外在理由，这恰恰是比较法的力量，但也可能成为比较法的弱点，即满足于描述而非理论知识的获取，因此，我们不能仅仅停留于通过比较发现外在理由，而需要发现内在理由，探求规范背后的价值，无论价值相同抑或存在差异，都要对该价值进行正当性论证，同时，注意到价值和规范技术的二分，探求实现同一价值的不同规范技术的差异及其原因。

在本研究的论题上，《德国民法典》第 823 条第 2 款、我国台湾地区"民法"第 184 条第 2 项以及美国法上的违反制定法义务的过失侵权的功能都是大致相同的，故本研究将这些制度作为可堪借鉴和比较的制度。

第二，微观比较。比较法研究可分为宏观比较和微观比较。宏观比较是以法律体系和法系作为研究对象的，其目的在于发现各国法律之基本精神、特色和风格，并建立法系理论。微观比较则是以个别法律规定或制度作为研究对象，其目的在于发现解决特定问题之法律对策。③ 达维德、茨威格特和克茨、大木雅夫等学者的研究基本上属于宏观比较。但是，茨威格特和克茨的著作之中已经出现了一种转折，他们细致地研究了抽象物权契约和信托，实际上这已经是在进行一种微观研究。而目前的欧盟法律统一化运动之中所进行的很多研究都是微观比较。④

---

① 茨威格特，克茨. 比较法总论：47 页以下. 对功能主义的详细讨论，参见 Michales, *The Functional Method of Comparative Law*, in: Reimann/Zimmermann ed., *The Oxford Handbook of Comparative Law*, Oxford University Press, 2006, pp. 339ff. .

② 王泽鉴. 比较法与法律之解释适用//民法学说与判例研究. 第 2 册. 北京：中国政法大学出版社，1998：2，14.

③ 王泽鉴. 比较法与法律之解释适用：9.

④ 例如，Schlesinger 在美国发起的"康奈尔共同核心项目（The Cornell Common Core Project）"，Bussani 和 Mattei 发起的"特伦托欧洲私法共同核心项目（Trento Common Core Project of European Private Law）"，欧洲侵权法研究小组和欧洲侵权法和保险法中心的研究，等等。

第三，立法、学说和判例的结合。在比较时，不能仅仅将被比较的法律制度局限于规范的条文，还要结合相关学说和判例。不结合理论学说，就无法真正理解规范条文的含义；而不结合案例，就无法寻找到真正的规范。"有法律而无相关判决，犹如仅有骨骼而无肌肉。通说理论系法律之神经。"① 故本研究在进行比较时，对于规范条文、判例和学说皆进行借鉴引用，以全面了解制度运行的实际状况，为比较奠定坚实的基础。

第四，本国法立场。与本书论题最为契合的是以本国法问题作为出发点的比较法，而非仅仅介绍外国法的"描述性比较法"。因此，在具体比较展开之前，会从本国法现有的规范体系出发，并结合一定的判决和相关学说，提炼出本国法规范中可能存在的问题，避免堂吉诃德与风车作战。②

3. 方法综合

在运用上述方法思考的基础上，本书所采用的方法主要就是法教义学和比较法的结合。因此，如无特殊理由，本研究的论证程序大致如下。

（1）结合我国判例思考我国规范，探求本国法中所存在的问题。

（2）比较其他国家和地区具有相同功能的规范条文、学说和判例，结合各国不同的法秩序前提，寻求共同的考量因素作为"内在理由"，据此找寻相通的外在论证结构。

（3）以我国既定规范体系为前提，通过教义学的妥当操作，将上述内在理由和外在论证结构妥当植入此规范体系之中。

（二）论述框架

本书的论题是探求规制性规范为何以及如何影响到侵权责任。针对关于该议题的既有研究所可能出现的问题，本书的结构安排试图实现以下目标：（1）在公私法关系的整体背景下思考规制性规范和侵权法之间的基础关系，并思考两者妥适关系实现的合理途径；（2）在对《侵权责任法》所确立的整体规范体系进行论述的基础上，思考规制性规范对侵权责任的多

---

① 德国学者 Rabel 语，转引自王泽鉴. 比较法与法律之解释适用：15. 对此的研究也请参见朱晓喆. 比较民法与判例研究的立场与使命. 华东政法大学学报，2015（2）.

② 严格说来，本国法立场之上的比较法仅仅是比较法研究所可能具有的目的之一，例如萨科就认为比较法仅仅是为了获得一定的理论知识，而改良本国法仅仅是对此的利用而已. 萨科. 比较法导论. 费安玲等译. 北京：商务印书馆，2014：25.

层面影响，包括保护对象、过错、因果关系等侵权责任成立要件和责任承担方式，试图勾勒出规制性规范与侵权责任之间整体关系的图景；（3）确立违反规制性规范对侵权责任之影响的实现途径，并为司法实践建立起一个相对限制的整体论证或规范适用框架。为实现上述目标，本书分七章对此论题进行阐述。

第一章是导论部分，其内在的思路为划定研究论题，阐明研究意义，整理既有研究，提出研究方法，建立论述框架。

第二章是规制性规范与侵权法关系的整体框架。先是厘清本书所使用的概念，以使本书研究具有清晰的概念前提。而规制性规范与侵权法之关系无非是公法规范和私法规范之关系的组成，故接下来讨论公私法规范之间的整体关系，以使本书研究具有整体基础。在此前提下，细致讨论规制性规范与侵权法规范之间的协作是否可能以及如何可能，在此也涉及立法者和司法者之间的妥适关系。

第三章和第四章讨论规制性规范与侵权法保护对象界定之间的关系。第三章主要论述我国《侵权责任法》中所采取的基础规范体系，以解决之后论述规制性规范对侵权责任影响的多元层面的前提性问题，并对规制性规范与侵权责任关系的体系和层面上的定位以及规范解释定位确定体系前提。在此基础上，研究规制性规范对界定侵权法保护对象的必要性和正当性，并进一步探求规制性规范为何界定侵权法保护对象，对规制性规范为何界定侵权法保护对象这个问题作出体系上和内在基础上的回答。

第四章则具体讨论规制性规范如何界定侵权法的保护对象，在我国法律规范和司法实践的基础上，划定能够界定侵权法保护对象的规制性规范的适格条件，具体包含规范特征、目的特征以及实际违反特征，并对这些特征逐一进行详细的论述，最终实现建立我国法实践中的合理论证框架之目的，探求该论证框架建立的规范基础。

第五章讨论规制性规范与过错判定之间的关系，在整理我国法实践立场的基础上，划定理论争议问题，通过比较法的研究探求共通解决方案，对该解决方案进行内在证成，并细致回答影响的实现机制、具体适用条件等相关问题，最终落脚于我国法实践的检讨之上。

第六章着眼于规制性规范对侵权责任其他构成要件的影响，在论述违法性和过错关系以及我国《侵权责任法》的解释基础之后，主要探讨规制性规范对侵权责任成立上的因果关系的影响，由于许多问题在前两章中已经论述过，因而这部分的论述相对较为简略。

第七章则是结论和结语部分，首先对本书的基本研究结论作出总结，其次在本书研究结论的基础上，为违反规制性规范的侵权责任构成建立教义上的分析结构，并简要阐述该教义结构的适用范围。

在上述论证框架的基础上，本书试图达致如下的创新可能性：（1）研究领域上的突破和精细化，在公私法融汇和风险社会的总体社会图景下，具体讨论侵权法领域如何实现公私法的融会接轨；（2）在该问题上提出具体的、清晰化的教义分析论证框架；（3）在民法典制定的背景之下，以该论题作为切入点，具体讨论民法典所必须处理的公私法关系以及私法和社会的互动关系，分析如何实现私法系统的形式性和社会实质性的统一，以及私法系统适度复杂的内部构造，达致民法典中自治和规制之间的妥适平衡。

为了主题的集中，本书仅仅一般性地讨论了规制性规范对于侵权责任成立的影响，并未在交通、医疗和环境等领域予以更为细致和具体的展开；同时，本书也仅仅一般性地讨论了抽象的规制性规范对于侵权责任成立的影响，因此，可大致视为抽象行政行为对侵权责任成立的影响，但具体行政行为如何对包括侵权法领域在内的私法领域产生影响，同样有待更为深入的研究。

第二章 规制性规范与侵权法的基础关系

一、概念的界定

在进行具体的阐述之前,首先需要的就是所阐述对象的含义清晰化,尤其是对于规制性规范这样一个含义多样化、从而模糊的术语而言,概念界定就尤为重要。在概念界定清晰的前提下,阐述的问题域才能更为确定。

由于本书所采用的方法之一是法教义学的方法,故必须以现行的法体系作为前提。在这个背景之下,"侵权法"这个语词的外延就大致能够确定。形式意义上的侵权法指的是《侵权责任法》,而实质意义上的侵权法指的是由《侵权责任法》、《民法通则》和《民法总则》中关于侵权责任的规定以及其他特别法对于侵权责任的规定所构成的规范网络。[①] 为了全面梳理规制性法律

---

① 关于实质意义上的侵权法的范围,具体请参见王利明,周友军,高圣平. 中国侵权责任法教程. 北京:人民法院出版社,2010:79页以下.

与侵权法的关系，最为适当的是采用实质意义上的侵权法概念。这样，还需要进行具体概念界定的便是"规制性规范"。

但需要说明的是，这里并非是对"侵权法"和"规制性规范"本身的概念研究，而仅仅是根据本研究的论述主题和论证目标选择一个概念界定，使得所选择的概念界定对本研究的论证目标而言是适当的，从而能够在两者之间形成一种对应关系，故此处所选择的概念界定具有一种独断性。

（一）规制性规范的不同含义

规制性规范的含义极为不明确，其原因主要在于规制性规范是一个组合词，而"规制"和"规范"的含义都是极为多样化的。对于"规范"这样一个至为困难、堪称不同法学思想原点的抽象概念，本书无意也无须介入其中，仅在研究论题的基础上，基于合目的性的考虑，简单地将其外延限定为制定法规范，且如无特别说明，本书中并不区分使用"制定法规范"、"法律规范"和"法规范"，并往往将"法律规范"简称为"规范"或"法律"，例如将"保护性法律规范"简称为"保护性法律"或"保护性规范"。这也同时意味着，本书所采用的规制性规范的概念不包括技术或专业团体等发布的行为准则等所谓的没有严格约束力的"软法"（soft law），尽管它们对侵权法仍具有非常重要的影响，尤其在过错的判定上。

但较为困难的是"规制"（regulation）含义的多元性和模糊性，奥格斯（Ogus）就认为："'规制'一词如今频繁地出现在各种法学与非法学的文献上。它不是一个专业用语，相反，它是一个含义广泛的词汇。"① 在最为广泛的含义上，"规制"与"控制"（control）或"约束"（constraint）含义相同。在此意义上，市场力量本身也被认为是一种规制。② 因此，刑法、行政法等法律都可以被认为是规制所使用的工具。同时，在市场体系中，私主体可以自由地追求各自的经济目标，只受到一些基本的限制，而制成这种安排的法律体系所运用的主要工具是私法③，故私法也

---

① 奥格斯. 规制：法律形式与经济学理论. 骆梅英译. 苏苗罕校. 北京：中国人民大学出版社，2008：1.

② Cane. Using Tort Law to Enforce Environmental Regulations? 41 *Washburn L. J.* (2002), p. 451.

③ 奥格斯. 规制：法律形式与经济学理论：2.

属于规制法,例如,侵权法所规定的赔偿权利就可以被认为是实现公共规制政策目标的审慎工具,在此所采取的是一种"侵权法工具论"的视角。①

但是,最为常见的方式是将规制理解为一种命令控制性规制(command-and-control regulation)②,与此相关的形式是设定法律主体的行为义务,包括信息披露、标准制定和许可要求等形式,同时,刑事处罚和行政处罚就作为不遵守规制的法律负后果。在此意义上,规制主要和公法联系起来。由此,规制性规范所指的就主要是公法规范。但是,公法本身又是一个十分模糊的词语,它仍然要根据前述的规制形式来理解,这样,其就不仅仅限于行政法和刑法等法律部门,例如《证券法》中就包含了大量信息披露的要求,由此《证券法》中也包含了大量的规制性规范,传统私法规范中也同样包含了一些规制性规范,例如相邻关系的规范。③

(二)本书所采用的规制性规范概念

第一种规制含义非常广泛,但这恰恰会对本书论题造成阻碍,不具有合目的性,故本书不采用第一种规制含义。

第二种规制含义侧重规制所采取的目标、手段和形式,由此就更有利于本书论题的展开,故本书予以采纳。概括言之,符合以下特征的法律规范都属于本书所使用的规制性规范:

第一,规则包含了一个更高主体的控制这一理念,它具有指导的功能。为了达到预想的结果,私人受制于一个更高的主体——国家——并被要求按照特定的方式行为,如果违反规则,则以惩罚为后盾。第二,国家及其代理机构运用的主要工具是公法,实施已不能通过私主体间的私合同来达到。第三,因为国家在法律的形成和实施中扮演了最基本的

---

① van Boom. On the Intersection between Tort Law and Regulatory Law-A Comparative Analysis, in: van Boom/Lukas/ Kissling ed., *Tort and Regulatory Law*, Springer, Wien/New York, 2007, pp. 420f.

② Peter Cane. Using Tort Law to Enforce Environmental Regulations? 41 *Washburn L. J.* (2002), pp. 450f.

③ 本书无意对于公法和私法的区分标准进行细致描述,而且这样的描述对于本书论题而言也不具有意义,因此,本书只是简单地认为规制性规范大多属于公法规范,且一般不区分使用"规制性规范"和"公法规范"。

角色，因此该法律体系是"集中化"（centralized）的。①

二、公私法规范之整体关系

如果我们将规制性规范界定为主要与公法规范相联系的规范，那么对于本书论题而言，规制性规范与侵权法之间关系的基础就无非是公法规范与私法规范之间关系的一个组成而已。因此，如果在公法规范与私法规范的总体视角下观察规制性规范与侵权法规范之间的关系，这无疑是一个合理且正当的做法。故本节试图从功能性角度呈现出公法规范与私法规范关联的整体图像，但更为具体的论述留待后文的相关部分。

（一）风险社会语境——公法规范和私法规范的区隔

必须要注意到的是，随着当代社会图景的变化，公法规范和私法规范的关系也可能会产生重要的变化，以回应社会的整体变迁。此种社会图景的重要变迁之一就是风险社会所产生的一系列影响，这种影响当然也会投射于公法规范和私法规范的关系之中。

1. "风险社会"和"风险"

在德国学者贝克（Ulrich Beck）看来，工业社会以来的现代性内部出现了一种连续性和断裂：

> 正如现代化消解了19世纪封建社会的结构并产生了工业社会一样，今天的现代化正在消解工业社会，而另一种现代性则正在形成之中。……在前一种现代化中，等级制世界观和宗教世界观遭到了解神秘化；今天，同样的情形发生在对古典工业社会的科学和技术的理解之中，也发生在工作、闲暇、家庭和性的存在模式之中。处在工业社会道路上的现代化，正在为一种对工业社会原理进行的现代化所代替。②

这两种现代化分别被贝克称为"古典的现代化"和"反思性的现代化"，前者是对封建社会的现代化，后者是对早期工业社会的现代化，在此，现代化并非终结，而是另一种现代化的开端。这两种现代化所处的社

---

① 奥格斯. 规制：法律形式与经济学理论：2.
② 贝克. 风险社会. 何博闻译. 南京：凤凰出版集团，译林出版社，2003：3.

会状态就分别被称为"古典工业社会"与"(工业的)风险社会"。"古典工业社会"的"他者"就是封建社会,而"风险社会"的"他者"恰恰就是"古典工业社会"①。在古典工业社会中,财富生产的逻辑统治着风险生产的逻辑,而在风险社会中,这种关系就颠倒了过来,技术—经济进步增加的财富日益被风险生产的阴影所笼罩;在风险社会中,占据中心舞台的是现代化的风险和后果,它们表现为对植物、动物和人类的不可抗拒的威胁,它们不再仅仅是与工厂相联系的职业性风险,不再仅仅局限于特定的地域和团体;风险地位就区别于与财富联系在一起的阶级地位,但阶级社会和风险社会中的不平等是相互重叠和互为条件的,后者可以生产前者。② 风险社会与古典工业社会形成发展的一个脉络,中间夹杂着连续性和非连续性。

贝克的"风险社会"理论被吉登斯(Giddens)、卢曼(Luhmann)等学者进一步延伸和发展,形成了影响巨大的社会理论。而在"风险社会"理论之中,"风险"构成了核心概念。在贝克看来:"风险概念是一个很现代的概念,是个指明自然终结和传统终结的概念;换句话说:在自然和传统失去它们的无限效力并依赖于人的决定的地方,才谈得上风险。"③这充分表明,他将现代社会的风险与传统社会中的风险区分开,传统社会(工业社会)里的风险大多来源于自然界,是个人的风险,并且"可以被感知到的危险是明确的",风险往往局限于发生地,结果单一,因此是可以被计算的;而现代社会(风险社会)中的风险往往与人的行为和决策相关,来源于工业化本身,是人为的风险,往往并不局限于发生地,一般是不被感知的且不可计算的。④

与贝克的理论相对应,吉登斯将风险分为"外部风险"和"人造风险"两种类型。所谓"外部风险"就是来自外部的、因为传统或者自然的不变性和固定所带来的风险。它主要是指自然灾害等。而"人造风险"则

---

① 贝克. 风险社会: 2-4.
② 贝克. 风险社会: 6页以下, 43页以下, 50.
③ 贝克, 威尔姆斯. 自由与资本主义. 路国林译. 杭州: 浙江人民出版社, 2001: 119-121.
④ 贝克. 风险社会: 18-20; 贝克. 从工业社会到风险社会(上篇). 王武龙编译. 马克思主义与现实, 2003(3).

是由于我们自身的行为所产生的风险，是我们在没有历史经验的情况下所产生的风险；伴随着"外部风险"向"人造风险"的转变，以及"人造风险"的大规模扩散，我们越来越生活在"风险社会"里，因此，"人造风险"的出现是人类社会进入风险社会的起点和标志。①

2. 公私法规范区隔抑或汇流

即使风险社会并未最终到来，人类社会还处在从工业社会向风险社会行进的过程中，但风险社会已不可避免地发生影响。由于现代意义上的风险发生了上述的变化，存在范围和影响范围更广，可以说风险无处不在，风险的影响也无处不在，影响程度也更深，评估和度量也更为困难甚或不可能。但现代风险主要是一种"人造风险"，因此就有了通过一定的方式减少风险存在和影响的可能性。

这里可以考虑两种方式：第一种是个人控制。最为早期的风险，例如航海风险，就可以通过这种方式进行有效控制。但是关键的问题在于，个人由于自我的有限理性，对风险缺少足够的认识和相应的信息、知识，因而无法有效地因应风险；而风险问题涉及大量的科学政策问题，自由市场很难去对诸多社会现象所蕴含的风险和收益进行评估，在不同的甚或难以相互权衡的价值之间进行衡量②；因此，风险社会要求结合国家和社会的力量，国家需要发挥更大的作用，不再坚持"最小国家"观念，从而能够进行有效率的风险控制，这时所采取的方式就是国家的规制。故此，虽然规制并非是在风险社会背景下产生的，但其却在风险社会之中，因为风险规制的必要性得到了更大程度的发展，管制性规范的数量也激增，更为突出手段意义的"规制国"（regulatory state）或更为突出目的意义的"社会国"逐渐形成。③

但是，即使如此，我们仍然要考虑到，任何规制的实施都需要成本，尤其是在风险社会需要大量规制的前提下，规制成本就是一个必然要考虑

---

① 吉登斯. 失控的世界. 周红云译. 南昌：江西人民出版社，2001：3，22 页以下.

② 宋华琳. 迈向理性的风险规制//布雷耶. 打破恶性循环——政府如何有效规制风险. 宋华琳译. 北京：法律出版社，2009：5.

③ 当然，对于公私法关系的变迁而言，风险社会既非充分条件也非必要条件，但无论如何，风险社会确实对此种变迁产生了重大影响。

的重要问题。① 可以想象，如果仅仅依照政府机构来具体实施规制，那么由于信息成本、执行成本、监督成本、机构运作成本等各种成本的限制，规制的实施或者极为困难，或者达不到预想的规制目标。在此情形下，途径之一就是政府优化各个系统内部的交往商谈，推动各个系统运作的畅行，促成各个系统之间的协调共生，实现自我规制的规制。② 另一种途径就是，规制就可以考虑通过个人而实施，许多行政法学者基于此认为应当由规制国转向契约国，这种说法也许有些夸张，但是国家确实越来越多地将一些原本应该由自己去解决的问题通过外包或许可的方式交由私人来实现。③ 例如，在消费者保护法领域，打破损害填补原则的惩罚性赔偿实际上就是借助私人手段来实现公共利益，此时公私法的协力和接轨就极为必要，一手是柔性治理，以私法手段来实现国家任务，另一手则是在国家担保责任观念之下，将高权行政作为备位。④ 此时，私法制度虽然本身大部分不属于规制，但是其却有助于规制的有效实施。最为简单的例子就是为了控制风险，规制性规范要求用人单位应为劳动者提供适当的安全措施，此要求的违反可能导致刑事责任和行政责任，但也同样可能导致侵权责任的承担。在此情形下，侵权责任承担本身就是实施规制的一个工具。通过这样一种机制，所有的规制成本就平均分散于个人，私法规范就成为公法规范的工具。但相反的可能性同样存在，例如以规制性规范甚至刑事或行政处罚来吸收私法交易中可能产生的防险成本，此时公法也变为私法的工具。公法规范和私法规范就不可能相互区隔，毋宁说，两者实际上是"相互工具化"⑤。

"……现代化同时带动公领域和私领域的扩张，两者之间呈现的不只

---

① 关于应对科技风险的预防原则与成本收益分析之间的差异，请参见陈景辉. 捍卫预防原则：科技风险的法律姿态. 华东政法大学学报，2018（1）.
② 张清波. 自我规制的规制：应对科技风险的法理与法制. 华东政法大学学报，2018（1）.
③ 具体请参见弗里曼. 合作治理与新行政法. 毕洪海，陈标冲译. 北京：商务印书馆，2010；第四章"私人在公共治理中的作用"以及第五章"契约国家"。
④ 具体请参见阿斯曼. 秩序理念下的行政法体系建构. 林明锵等译. 北京：北京大学出版社，2011. 尤其是第一章的论述.
⑤ 对此的具体论述，参见苏永钦. 从动态法规范体系的角度看公私法的调和//苏永钦. 民事立法与公私法的接轨. 北京：中国人民大学出版社，2005：75页以下.

是反映左右意识形态的波段式拉锯，而且是越来越多的交错，应然面的法律体系，很自然的也从公私法的二元变成多元。作为管制和自治工具的公私法规范，还因为两种理念的辩证发展而相互工具化，乃至相互提供避难所。"① 刑法以刑罚来回应"犯罪行为"，行政法以秩序罚来回应"秩序违反行为"，民法则以回复原状与损害赔偿来填补"私人之间的关系"，三者看似不同，却都是为了达成"维护社会共同生活秩序"的共通目的。② 因此从法秩序的一致性原理来看，部门法的规则自治存在着无形的边界，就是法律秩序的内在统一，从法秩序一致性原则（Grundsatz der Widerspruchsfreiheit der Rechtsordnung）、体系正义，乃至信赖保护、权力分立等宪法原则出发，都可以证立公私法规范汇流的正当性。③

但这种相互工具化的趋势在私法中产生了许多难题：

> 这一方面会导致私法对行政法的进一步渗透，另一方面这些私人组织通过自治性规则所发展出来的事实上的管制规定，通过何种渠道在私法中被转介也是一个急需解决的问题。同时，规制手段多元化导致了大量无法定拘束力的软法出现。这些自治规则和软法作为习惯，或者作为保护他人的法律，抑或作为善良风俗、公共政策在私法中转介，其适用范围或者主观要件可能会存在重大区别。随着社会经济生活的变迁，私法和行政法的拉锯永远不可能被消除，只能通过学者和法官站在公私法的整体视角上，探寻特定年代相对合理的解决方法。④

暂且排除私人组织的自治规则和软法在私法中的考量，即使仅考虑公法规范本身，其与私法规范的关系也已成为一个难题。例如，违反刑法规定的犯罪行为所涉合同是否无效这个问题产生了诸多争论，在司法实践中，最高人民法院在其公布的"吴国军诉陈晓富、王克祥、德清县中建房地产开发有限公司民间借贷、担保合同纠纷案"⑤ 中认为，民间借贷涉嫌

---

① 苏永钦. 寻找新民法. 北京：北京大学出版社，2012：249.
② 陈锦华. 论刑事不法与行政不法的界限. 台北：中正大学：87.
③ 许宗力. 行政法对民、刑法的规范效应//葛克昌，林明锵主编. 行政法实务与理论. 台北：元照出版公司，2003.
④ 方新军. 私法和行政法在解释论上的接轨. 法学研究，2012（4）.
⑤ 最高人民法院公报，2011（11）.

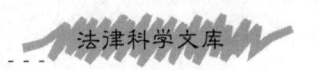

或构成非法吸收公众存款罪，合同一方当事人可能被追究刑事责任的，并不当然影响民间借贷合同以及相对应的担保合同的效力。但该问题在理论中仍然存在争议。一种观点认为，实施犯罪的合同是一种违反公共秩序的合同，因此当然无效；另一种观点认为，不应将犯罪行为的社会危害性与合同行为的社会危害性混为一谈，根据公私法区分理论，民事规制与刑事规制为并存关系，民事争议只能根据民法自身规则加以裁断，无条件、无例外地否定犯罪所涉合同效力，未必能够保护公共利益，反倒可能造成私益保护的不公正。① 而在本书所讨论的议题上，难题同样存在。

(二) "最小国家"难题——私法规范优位于公法规范

自从古典政治经济学以来，"最小国家"的观念一直存在，即个人基于自己的偏好能够更好地实现社会福利，故国家原则上不能采取规制进行干预，而要在总体上依赖合同自由、私人秩序和自由化市场。按照这种观念，国家基本上是消极的，是中立的"守夜人"，国家所为的规制往往会僭越私人决定，其仅仅在表面上宣称符合公共利益，但经过仔细审查就发现规制决定通常是以牺牲其他私人利益为代价而保护组织严密的集团所拥有的利益。因此，规制往往是对私人自由的不当干预，故私法规范应当作为公法规范的解释背景和基线从而优位于后者。②

但此种论证仅仅陈述了一个最为众所周知的事实，即所有的法律规范都应当在终极意义上以维护个人自由作为正当性基础。但是，首先，个人自由并不能等同于私法规范。没有疑问的是，私法制度通过意思自治尊重个人的资源安排，从而试图使得个人自由从私法制度中推导出来，但是，这仅仅是一个推定而已，完全无条件尊重私人自治的私法规范是否就是妥当地维护了个人自由仍然是一个有待解决的问题。在这个意义上，为了回应这个问题，私法本身也在发生着剧烈变化，对合同自由的限制、责任承担的分散化等莫不体现了这一点。与此同时，自由的含义也分裂为消极自由和积极自由，消极自由是"免于……的自由（liberty from）"，而积极

---

① 对此的争论参见朱广新.合同法总则.2版.北京：中国人民大学出版社，2012：292；叶名怡.涉合同诈骗的民法规制.中国法学，2012（1）.对争论观点的具体整理，请参见税兵.涉罪合同的效力认定.澳门法学，2014（11）.

② 对此观点的具体论述和批评，请参见桑斯坦.权利革命之后：重塑规制国.钟瑞华译.李洪雷校.北京：中国人民大学出版社，2008：35页以下.

自由是"去做……的自由（liberty to）"，消极自由争取的是不让别人妨碍我的自由，没有人干涉我，而积极自由则试图做到自己是自己的主人，能做自己想做的事情，其中就蕴含了个人免于国家干预的自由和通过国家获得自由的区分。[1]

其次，规制是否就一定是不当的干预呢？从传统理论角度观察，公法和私法区分的理论基础是政治国家和市民社会的对立，国家原则上不应该介入市民社会的生活，其中恰恰蕴含着自由和管制的区分。[2]但是完全的市场竞争所导致的协调难题、集体行动的困境、个人行为的外部效应和人的实际隶属性问题，在市民社会内部无法被消解，这使得国家不再伪装成社会秩序的中立监护人，国家针对社会共同体认为重要的活动开始施加持续和集中的控制，这导致了现代规制国的出现。[3]桑斯坦教授基于此而认为：(1)规制对于解决集体行动困境和协调难题有时是必要的，私人往往由于集体行动困境和协调难题而无法真正满足，此时规制往往增强了私人的行动能力，促进了私人选择，有助于实现私人偏好；(2)私人偏好的形成受到可得机会、信息和社会压力等条件的限制，很多情形下是无知和无奈的，此种情形下的规制可以克服不充分的信息或对机会的不公平限制，促进个人偏好形成过程中的自治；(3)私人偏好可能会被集体抱负或慎思明辨的判断所推翻，此时，立基于民主之上的论据暗示私人安排不应当得到尊重；(4)在社会性规制之中，处在第一序位的是"无隶属"原则，而非自由或私人偏好，后者作为手段无法达到前者时就应当被抛弃。[4]在此意义上，规制就并非是单纯的寻租或者财富转移，而具有一种连贯性，有助于反映集体抱负，增进经济效益，免受不可逆的损失，减少社会隶属，改变私人偏好形成过程中的不当限制。[5]

事实上，论证规制的必要性并不否认合同自由和私人秩序等前提，它仅仅是在整体上认可这些前提的基础上予以适当的限制，规制可能会失灵，

---

[1] 具体请参见伯林.自由论.胡传胜译.南京：译林出版社，2011："两种自由概念".

[2] 梅迪库斯.德国民法总论.邵建东译.北京：法律出版社，2000：7页以下.

[3] 方新军.私法和行政法在解释论上的接轨.法学研究，2012（4）.

[4] 具体的论证，请参见桑斯坦.权利革命之后：重塑规制国：19页以下，35页以下，尤其是第49-50页.

[5] 桑斯坦.权利革命之后：重塑规制国：第二章"规制法的功能".

但这并不足以成为反对规制的理由,而是需要我们通过各种方式解决"规制失灵"的现象。在这个意义上,私法规范应当作为公法规范的解释背景和基线这个观点是含糊的和不明确的,如果它指的仅仅是不应当否认私法秩序的前提,那么此观点当然值得赞同;但如果它试图拥有更多的含义,这可能就超越了合理的界限了。在这个大前提下,私法规范和公法规范是相互作为背景的,两者毋宁是一种协作的关系,而非何者优位的问题。

(三) 规制失灵和私法价值原则——公法规范优位于私法规范?

既然私法规范不能优位于公法规范,那么公法规范优位于私法规范吗?换而言之,是否公法所确立的价值、原则和秩序优先于私法的价值、原则和秩序。如果对此的回答是肯定的,那么违反任何公法规范都会导致法律行为的无效,而任何违反公法规制性规范的行为都会被认定为具有过错。事实上,如上所述,前面这一点已经被我国通说观点和最高法院的司法解释所否定,而后一点却还没有被充分地检讨,故这里存在予以简要论述的必要。① 本书的基本观点是,由于规制规范本身可能存在失灵,且由于私法价值原则本身的受尊重,公法规范并非优位于私法规范。

规制可能存在失灵的现象,其原因首先可能是在公法规范实施方面,即由于实施过程中利益团体的影响,而导致"实施过度"或"实施不足",或者是行政官员依据不充分的信息或错误的分析采取行动,或者因为不民主的事实过程和结果。② 但另外一个最为重要的原因在于公法规范本身的问题,其原因多种多样的。③（1）制定过程受到组织严密的利益集团的影响,从而仅仅是集团利益转移,而不会促进任何公共目标。（2）以对问题的错误诊断、拙劣的政策分析或不充分的信息为依据,而拙劣的政策分析通常包括三种:依赖命令和控制策略而不依赖允许市场激励存在的灵活策略④;没有认识到貌似有益的规制方案可能产生副作用;未能使规制功能

---

① 对违反规制性规范与过错判定之间关联的具体论述,请参见下文。
② 具体参见桑斯坦. 权利革命之后:重塑规制国:110页以下.
③ 以下的分析所依据的是桑斯坦的观点,具体参见桑斯坦. 权利革命之后:重塑规制国:96-110.
④ 前者所指的是以强制力为基础的规制策略,主要包括标准制定、信息披露和许可等;后者指的是引入市场诱因方式的规制策略,包括可交易许可证、税收和补助政策等。具体参见宋华琳. 风险规制与行政法学原理的转型. 国家行政学院学报,2007 (4).

和规制策略相匹配。(3) 对妨碍规制目标实现的障碍不敏感，例如地区差异；社会目标的权衡等。(4) 公法规范制定者不理解干预所产生的复杂的体系化效应，包括市场的规避以及意料之外的消极后果。(5) 公法规范与规制同一事项的其他制定法协调得不好或者一点都不协调，导致法律中的不一致和不连贯，降低了问责性和回应性。(6) 公法规范因为时过境迁而失灵，不断革新的技术以及新的政策和法律破坏了制定法起草之时所依赖的前提。(7) 规范制定者在平衡经济功效、环境恶化、能源保护、就业、生命和健康等各种变量的过程中造成了严重的困难，从而以技术官僚或工程决定取代了政治决定。桑斯坦教授所分析的这 7 个原因深刻地揭示了公法规范存在问题的可能性，而这种可能性使得它并不必然优位于私法规范。

但上述理由并非最为重要的，因为完全可能得出一个结论，即不存在问题的公法规范一般上优位于私法规范。事实上，即使是作出这样一个限缩，此结论也仍然是无法成立的，其最为重要的原因在于私法规范所保护的价值原则应值得尊重。众所周知的是"基本权利的第三人效力"（Drittwirkung der Grundrechte）问题，德国联邦宪法法院通过 1958 年的 Lüth 案①确认了"相互影响"理论和基本权利的第三人间接效力理论，其要旨认为：一般法律可以限制基本权利，但一般法律也应当尊重《基本法》的价值，一般法律的各个方面都必须在基本权利的检验下予以解释适用，因此两者实际上是相互影响的，基本权利不能直接适用于私人之间，而仅具有间接效力，基本权利的规范功能只能通过民法上的"概括条款"适用而实现，宪法基本权利条款不能在民事判决中被直接引用作为裁判依据。这一立场得到了学说上的大力支持，成为通说观点。② 事实上，可以根据间接效力理论得出："私法所保护的那些价值原则在宪法价值面前仍然受到极大珍视。这里私法的历史传统显示出其巨大的力量，人们始终深信，私

---

① BVerfGE 7, 198. 关于本案的中文介绍，参见张翔主编. 德国宪法案例选释. 第一辑. 北京：法律出版社，2012.

② Drüig. *Grundrechte und Zivilrechtsprechung*, in: Festschift zum 75. Geburtstag von Hans Nawiasky, S. 164.; Flume, in: Festschrift DJT 1960 I, S. 135; Hesse, *Grundzüge des Verfassungsrechts*, Rn. 356; Vogt, *Drittwirkung der Grundrechte*, S. 208 - 219; Alexy, *Theorie der Grundrechte*, 1985, S. 475ff. 对此的详细介绍，请参见张翔. 基本权利在私法上效力的展开——以当代中国为背景. 中外法学, 2003 (5).

法关系领域是政府行为的禁区。由此法院倾向于认为，由私法体现的那些价值原则为实现个人自由和公共利益做出了重要贡献，从而当这些价值与宪法保护的那些客观的公共价值相冲突时，它们至少应当在一定程度上不受宪法原则的任意摆布。"①

这一论证不仅适用于宪法和私法之间的关系，也同样适用于公法规范和私法规范之间的关系。并且，在制定这些公法规范之时，并不能肯定立法者充分考虑到了公法规范对于私法规范的体系效应，而由于立法成本的考量，否定的回答毋宁是更为常见的。② 因此，私法规范不应完全、必然唯公法规范马首是瞻，而应具有独立的价值和意义，也即公法规范并不优位于私法规范。

（四）公私法规范的接轨汇流

1929年，德国法学家拉德布鲁赫（Radbruch）曾经作出断言："行政法是社会的法律，在将来社会主义的福利国家中，如我们所料，民法可能会完全融合在行政法之中。"③ 但八十多年过去了，拉德布鲁赫的预言仍然没有实现，而且在可预见的将来也不会实现，公法规范与私法规范现在而且在可预见的将来也仍然会并存，所以关键的问题是两者之间的关联究竟如何。

私法学者认为，从近代私法到现代私法具有诸多表征，从抽象人格到具体人格、从意思自治到意思自治的限制、从所有权的绝对保护到所有权的限制以及从自己责任转向社会责任等。④ 与之对应，公法学者认为，近代公法向现代公法的转变，其表征就是从最小国家理论转向规制国家理论或社会国家理论，对社会和经济进行全面的干预。⑤ 因此，"现代行政法，与古典的私法原理之解体过程同一轨迹，即作为此一解体结果而出现，且与修正古典私法之现代私法之展开，立于同一社会基础之上。因此，无论

---

① Peter E. Quint. 宪法在私法领域的适用：德、美两国比较. 余履雪译. 蔡定剑校. 中外法学，2003（5）.

② 苏永钦. 再论一般侵权行为的类型：329.

③ 拉德布鲁赫. 法学导论. 米健，朱林译. 北京：中国大百科全书出版社，1997：137.

④ 梁慧星. 从近代民法到现代民法——20世纪民法回顾. 中外法学，1997（2）；星野英一. 私法中的人. 王闯译. 北京：中国法制出版社，2004.

⑤ 毛雷尔. 行政法学总论. 高家伟译. 北京：法律出版社，2000：17.

现代行政法或现代私法，均系由现代法之共通原理所支持，所对立者，并非公法与私法，而系古典市民法与现代法"[1]。如果将公法学者和私法学者的思考予以整体结合，可以认为，公法和私法的现代转向具有整体关联。也就是说，国家对市民社会的规制促进了近代私法向现代私法的转变，公法的转变促进了私法的转变，而私法转变的诸多表征也不外乎是公法转变的实现方式。对此，有学者总结认为：

> 如果说近代私法以极端自由主义作为理论支撑，与其相对的则是以整体主义作为理论支撑的威权国家，两者之间只会存在对抗不可能出现交融。但是当规制国的理论基础从社群主义转向共和主义，而现代私法的理论基础从极端自由主义转向温和的自由主义时，两者的理论共识已然逐渐趋近。对于上述问题的理解是解释论的前见。我们必须明确，所谓规制只是在承认私人自治的前提下，国家对市民社会的必要干预。对于市民社会自身无法消解的问题，在解释论上适用行政法规确实可以起到减轻法官认知负担的作用，但是对于行政法规不加分析的适用，也会导致国家对市民社会的过度干预。[2]

根据以上论述，我们可以得出以下结论：从理念上而言，公私法规范绝无相互区隔的问题，且并无何种规范应当在一般意义上优位的问题，两者毋宁应当接轨汇流，从而在整体法秩序下相互配合。尤其是，在超越形式法治而进入实质法治的国家，宪法通过基本权确立的客观价值秩序已经成为包括公法、私法在内的整个法律秩序的基础，公私法规范就更应当携手并行，以保护此种客观价值秩序。[3] 德国学者基尔克（Gierke）早就从法律秩序的统一性出发，反对公私法的二分法，认为二者是"一母同胞的兄弟"，因此他的著名论断是："我们的公法中必须有自然法自由空间的气息流动，我们的私法中必须要滴上一滴社会主义的油。"[4] 此时，公法系统和私法系统就并非自治的封闭系统，两者需要相互支援和相互工具化，

---

[1] 刘宗德，赖恒盈.日本行政法学之现状分析——译者代序//盐野宏.行政法 I.刘宗德，赖恒盈译.台北：月旦出版社股份有限公司，1996：319.

[2] 方新军.私法和行政法在解释论上的接轨.法学研究，2012 (4).

[3] 卡尔·拉伦茨.法学方法论.陈爱娥译.北京：商务印书馆，2003：216-219；郑贤君.作为客观价值秩序的基本权.法律科学，2006 (2).

[4] Gierke. *Die soziale Aufgabe des Privatrechts*, Berlin, 1889, S. 13.

以形成一个"乱中有序的动态规范体系"①。由此,公法规范和私法规范这两条大河之间本来就有若干小溪沟通,互为源头活水,整个法律水系看似杂乱,实则有序,共同维护着整个法律水文环境。

三、规制性规范与侵权法规范:协作是否可能

如果将上述整体分析结论应用于规制性规范和侵权法的相互关系这一点上,其实可以很容易得出以下结论,即规制性规范和侵权法之间应当相互协作,并无在一般意义上的优位与否之问题。②但这仅仅是在抽象层面上确定了规制性规范和侵权法之间的关系,但两者之间的具体关系为何,以及如何在规范文本和司法适用中具体体现和贯彻,仍然是一个极为困难的事情。

本部分首先论述规制性规范和侵权法规范之间的具体关系,即通过两者在目标和手段上的比较,探讨两者如何具有相互协作的可能性。

(一)目标和手段的不同

规制法的目标是对一般利益的保护和对不良行为的预防,为了使社会福利最大化,其或者规定一定的行为标准,或者规定一定的市场准入资格或许可,或者直接创设一定的权利,从而实现立法者的分配正义观念。③而按照《侵权责任法》第1条的界定,侵权法的目标是"为保护民事主体的合法权益,明确侵权责任,预防并制裁侵权行为,促进社会和谐稳定"。由此,侵权法一方面要对受害人提供赔偿,实现矫正正义,但另一方面,它也能够"预防和制裁侵权行为",从而实现行为人的行为诱导,因而也具有分配正义的目标。④

---

① 在汉语法学中,这一点最有力的提倡者首推苏永钦,其将精准的细节和宏大的视野有机地结合起来,关于这一点最重要的是他的两篇文章,"民事立法者的角色""从动态法规范体系的角度看公私法的调和",均载苏永钦.民事立法与公私法的接轨.北京:北京大学出版社,2005.

② 同样观点,参见宋亚辉.风险控制的部门法思路及其超越.中国社会科学,2017(10).

③ 具体请参见奥格斯.规制:法律形式与经济学理论:21页以下.

④ 对侵权法目标的详细讨论,参见多布斯.侵权法.马静等译.北京:中国政法大学出版社,2014:11页以下;王利明.侵权责任法研究.上卷.北京:中国人民大学出版社,2010:第二章第五节.

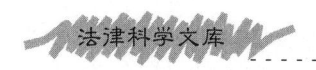

由该目标出发,规制性规范和侵权法规范之间与本书论题相关的最为重要的区别在于:第一,在侵权法中,有效的行为标准不是事先在公共规制中被界定,因此是向后看;而规制性规范事先清晰规定了事故环境中所有潜在当事人必须强制遵守的行为标准,因此是向前看[①];第二,与前一点相关,侵权法中,发现最佳行为标准的成本由当事人和法官承担,而规制法中,所有的成本由政府承担;第三,规制法中,规则是要被政府所强制执行的,并且存在其他公法制裁和其他价格机制,而侵权法则由受害人执行,以损害赔偿为中心,同时具有预防性救济措施。[②] 下表可以更为清晰完整地展现出两者之间的区别。[③]

规制法	侵权法
目标	
一般利益的保护	保护个人权利不受侵犯
	对受害者的赔偿,损害分配
不良行为的预防	不法行为的预防,即通过承担责任之威胁而作出的行为反应(威慑)
	执行规制目标的补充工具
达致目标的手段	
事前设定行为标准	事前:停止侵害形式的禁令救济
事前许可和事中检查	

[①] 多布斯. 侵权法. 马静等译:10页以下.

[②] Faure. Economic Analysis of Tort and Regulatory Law, in: van Boom/Lukas/Kissling ed., *Tort and Regulatory Law*, Springer, Wien/New York, 2007, pp. 400ff.

[③] 该表格参考了 van Boom. On the Intersection between Tort Law and Regulatory Law-A Comparative Analysis, in: van Boom/Lukas/ Kissling ed., *Tort and Regulatory Law*, Springer, Wien/New York, 2007, p. 426,但笔者对此作出了一些改变和补充。也请参见张家勇,昝强龙. 交通管制规范在交通事故侵权责任认定中的作用——基于司法案例的实证分析. 法学, 2016 (6).

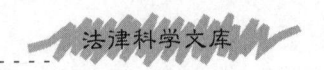

续前表

规制法	侵权法
事后：刑事制裁、包括金钱制裁在内的行政处罚	事后：金钱赔偿或恢复原状 赔偿保障（例如，通过强制保险）
外部性内化的其他手段，例如税费等价格机制	
命令——控制结构和清晰具体的规则	灵活的目标平衡可能

（二）具体的比较

在行为标准设定方面，规制法由政府机构事先清晰规定了行为标准，而侵权法中的行为标准必须由法官事后对模糊的"注意义务"予以具体化。在这方面，政府机构可能拥有更为强大的信息收集能力和分析能力，行为标准也更为清晰具体，因此更有可能是最佳的行为标准，但是可能出现的问题在于制定过程的利益集团影响、时过境迁等原因而使得规制性规范本身所设定的行为标准不合理，因此出现规制失灵问题。① 而侵权法中的行为标准却比较模糊，且由于司法者的能力限制、信息成本限制以及审限等体制限制，所寻找到的行为标准是最佳行为标准的可能性更低。但是，在当前的民事诉讼中，原告由于可能获得赔偿，因而更有动力搜集有关损害数额、预防损害的成本等有助于确定最佳行为标准的各方面信息，且由于举证责任制度，被告也同样会提供各方面的信息，并且，既有审判实践和案例也会形成一定的标准，从而降低司法者寻找最佳行为标准的成本；同时，司法者事后确定的行为标准，更为注重个案性，也更为灵活和具有弹性，从而也有可能是当前个案中最佳的行为标准。

在执行方面，规制法由政府执行，其优点在于政府可能更为中立，且由于政府有权机构可以直接决定施加行政责任，通常较为简单和迅速，尽

---

① 参见前文论述。以食品标准为例，学者将之区分为"社会最优"食品安全标准、"门槛性"食品安全标准和"非实质性"食品安全标准，分别探讨其所可能发生的不同私法效力，参见宋亚辉．食品安全标准的私法效力及其矫正．清华法学，2017（2）．

管该行政决定可能会被提起行政诉讼,但执行成本从这方面而言相对较低。但是,其缺点在于,政府本身由于不会获得侵权法中受害人那样大的经济利益,因而寻找违法行为和行为人的动力不足,或者反之,为了获得部门利益,进行选择性执法,或者"以罚代管";如果采取刑事制裁,由于举证标准要求更高,因而成本也可能会更高。而在侵权法诉讼中,受害人或其近亲属由于能够获得损害赔偿,因而提起诉讼的动力更大,有助于寻找违法行为和行为人。但是,提起诉讼的成本和私法的审理成本也会相应提高,即使存在诉讼费由败诉方承担的规则,但由于诉讼的专业性和程序性所导致诉讼结果不确定,因而诉讼费也同样存在由败诉的受害人承担的巨大可能性;提起诉讼的成本包括但不限于诉讼费,还会包括律师代理费等其他成本,而这些可能都不会被纳入赔偿范围;在受害人众多的情况下,虽然可能会存在集体诉讼或代表人诉讼制度,使得每个受害人所承担的成本降低,但是同样也会产生"搭便车"的难题。

在责任后果方面,规制法的责任更为多元,不仅包括罚款等金钱制裁,还会出现其他行政责任甚至刑事责任的承担,因此在行为诱导方面的效果可能会更为明显。而侵权诉讼以金钱赔偿作为中心,因此会出现行为人支付能力不足的情形,这会降低行为诱导和私法诉讼的效果,但强制保险和商业保险对此构成了一个有力的补充,通过合理费率的设定不会过分降低行为诱导效果,同时,侵权诉讼的责任也具有一定的灵活性,包括停止侵害等预防性措施,因此,这种灵活性能够促进效率目标和正义目标之间的平衡。例如,"如果为了正义目标,法律施加了一定的环境保护标准,但该标准太高而是无效率的,那么,虽然违反该标准可能会产生损害赔偿的责任(由此赋予权利人以经济赔偿),但是却拒绝通过禁令保护该权利(由此拒绝行使国家警察权支持无效率的标准)"①。

即使如此,在预防方面,规制法的效果可能仍会大于侵权法规范,除了上述诉讼成本的问题之外,规制法所能够采取的方式更多,除了事先设定行为标准之外,还可规定特定行为的事先许可以及许可的标准,在行为中,也可在任何时候进行介入,例如检查等。

同时,在行为诱导方面还需要考虑的是,诱导效果最终取决于行为人

---

① Ogus. The Relationship between Regulation and Tort Law: Goals and Strategies. in: van Boom/Lukas/ Kissling ed., *Tort and Regulatory Law*, p. 385.

能否充分认识相关规则和其后果。在这方面，规制法可能比侵权法更具有优势，特殊行为领域的行为人可能会更为熟悉该领域中由特定机构所施加的行为标准，而侵权法所确定的行为标准对于行为人而言可能有些神秘和捉摸不定。① 更为重要的是，规制法拥有使得外部性内化的更多方式，最为重要的是价格机制，即根据行为人所导致的损害额度，课予行为人税或费，例如污染税、交通拥堵费等，这可能是更为有效的规制方式。②

所有这些方面的不同以及具体的比较，都会产生在具体方面到底是采取规制性规范还是侵权法规范更为有利的问题，但无论如何，规制性规范和侵权法规范之间不会互相替代，也根本不存在何者优位的问题，而是相互协作和接轨。

四、规制性规范与侵权法规范：协作如何可能

以上论述了规制性规范和侵权法规范之间的具体关系是相互协作和接轨，但这种关系如何在规范文本和司法适用中具体体现和贯彻，则是本部分的中心议题。这就会涉及私法立法者是否有必要在私法之中设置使得规制性规范和侵权法接轨的转轴和管道，此转轴和管道对于司法者的意义如何，而对此的回答取决于对立法者和司法者之间妥当关系的基本认识。

（一）转介条款的立法设置

1. 比较法经验

（1）《德国民法典》第 823 条第 2 款

《德国民法典》第 823 条第 2 款规定："违反以保护他人为目的的法律的人，负有同样的义务（赔偿损害——本书笔者所加）。依照法律的内容，无过错也可能违反法律的，仅在有过错的情况下，才发生赔偿义务。"（Die gleiche Verpflichtung trifft denjenigen, welcher gegen ein den Schutz eines anderen bezweckendes Gesetz verstößt. Ist nach dem Inhalt des Gesetzes ein Verstoß gegen dieses auch ohne Verschulden möglich, so tritt die Ersatzpflicht nur im Falle des Verschuldens ein.）

关于此条款，Wagner 教授认为：

---

① Ogus. The Relationship between Regulation and Tort Law: Goals and Strategies. in: van Boom/Lukas/ Kissling ed., *Tort and Regulatory Law*, p. 381.

② Ibid., pp. 381ff.

在侵权法中，对于出现在其他法领域中的评价而言，第823条第2款是传送带（Transmissionsriemen）之一。此规定尤其能够将数量上持续增长的公法——例如道路交通法、营业法、劳动保护法以及环境法——上的行为标准延伸至民法中，并能够对违反行为课以私法上的损害赔偿请求权。作为一般条款（Generalklausel）和列举原则（Enumerationsprinzip）之间的折中表述，该条款被引入到德国侵权法体系之中。在第823条第2款中，立法者得以在某种程度上保留关于侵权法之保护范围的决定权限，只要根据第823条第1款和第826条——也即侵权绝对权利或者故意背俗而造成财产损失——的责任并不存在。①

与此观点类似，通说也认为，一般来说，《德国民法典》第823条第2款使得法院能够对违反侵权法之外的其他法律分支所确立的行为标准而造成的损害提供救济，此条款具有一种开放的事实构成（offener Tatbestand），具有一般条款的适用广度，连接了侵权法之外法领域的立法价值，转介其他非属于侵权法的法领域，维持侵权法的开放性，从而此条款具有一种开放性的功能，使得侵权法之外的立法价值和规范对于侵权责任构成发生影响。② 判例对此点也予以了明确承认。③ 由此，通过该款，可将部分规制性规范作为附属的侵权法规定，民法典中的侵权法的条文不变，而侵权责任却可根据需要不断进行调整，立法资源得以大大节省，民法规范

---

① *MünchKomm/Wagner*，§823，Rn. 317.
② Vgl. *Saudinger/Hager*. §823，G3；*Soergel/Spickhoff*，§823，Rn. 181；Brüggemeier, *Deliktsrecht*, Baden-Baden, 1986, Rn. 791；Spickhoff, *Gesetzverstoß und Haftung*, KG/Köln/Berlin/Bonn/München, 1998, S. 60f.；Pollack, *Schutzgesetzverletzung und "negligence per se"*, Frankfurt am Main/Berlin/Bern/Bruxelles/New York/Oxford/Wien, 2003, S. 67；Canaris, *Schutzgesetz-Verkehrspflichten-Schutzpflichten*, in: Festschrift für Karl Larenz zum 80. Geburtstag, München, 1983, S. 49；Honsell, *Der Verstoß gegen Schutzgesetz im Sinne des §823 Abs.2 BGB*, JA, 1983, S. 101；Knöpfle, *Zur Problematik der Beurteilung einer Norm als Schutzgesetz im Sinne des §823 Abs.2 BGB*, NJW, 1967, S. 700；Magus/Bitterich, *Tort and Regulatory Law in Germany*, in: Boom/Lukas/Kissling ed., *Tort and Regulatory Law*, Wien/New York, 2007, p.116；梅迪库斯. 德国债法分论. 杜景林，卢谌译. 北京：法律出版社，2007：616页以下；福克斯. 侵权行为法. 齐晓琨译. 北京：法律出版社，2006：4页以下.
③ BGHZ, 122, 1, 8=NJW 1993, 1580, 1581f.

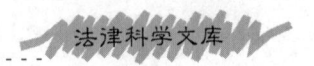

赔偿责任的负担得以减轻，Deutsch 教授称之为"转介特征"（Umformungscharakter）①。

另外，《奥地利民法典》（ABGB）第1311条第2句规定："但是，如果某人因过错诱发了此意外，或者违反了试图预防此意外损失的制定法，或者在非紧急情形下干涉他人事务，则他应对无上述情形就不会发生的所有不利承担责任。"（Hat aber jemand den Zufall durch ein Verschulden veranlaßt; hat er ein Gesetz, das den zufälligen Beschädigungen vorzubeugen sucht, übertreten; oder, sich ohne Not in fremde Geschäfte gemengt; so haftet er für allen Nachteil, welcher außer dem nicht erfolgt wäre.）学者多认为，此条款与《德国民法典》第823条第2款功能类似，同样具有转介功能。②

（2）我国台湾地区"民法"第184条第2项

原第184条第2项之规定为："违反保护他人之法律者，推定其有过失。"1999年之后，第184条第2项被修正为："违反保护他人之法律，致生损害于他人者，负赔偿责任。但能证明其行为无过失者，不在此限。"

学说多认为，此规定系起源于《德国民法典》第823条第2款，故此规定也具有类似的"形式功能"，即将其他领域的规范迁入侵权法，使得侵权行为得与整个法规范体系相连接，且立法者无须重复订定此种行为法条，并具有使立法简化、合理化的作用。③

---

① Deutsch/Ahrens. *Deliktsrecht*, KG/Köln/Berlin/München, 2002, S.112; Fikentscher, *Schuldrecht*, Aufl. 8, Berlin/New York, Rn. 1263; 冯·巴尔. 欧洲比较侵权行为法. 上卷. 张新宝译. 北京：法律出版社，2001：38.

② Karollus. *Funktion und Dogmatik der Haftung aus Schutzgesetzverlezung*, Wien/New York, 1992. S. 25f.; Lukas, *Tort and Regulatory Law in Austria*, in: Boom/Lukas/Kissling ed., *Tort and Regulatory Law*, Wien/New York, 2007, p. 12.

③ 王泽鉴. 侵权行为. 北京：北京大学出版社，2009：286；姚志明. 侵权行为法研究（一）. 台北：元照出版公司，2002：43页以下；黄立. 民法债编总论. 北京：中国政法大学出版社，2002：282；简资修. 违反保护他人法律之过失推定//简资修. 经济推理与法律. 北京：北京大学出版社，2006：125；苏永钦. 再论一般侵权行为的类型//苏永钦. 走入新世纪的私法自治. 北京：中国政法大学出版社，2002：311，329；苏永钦. 从动态法规范体系的角度看公私法的调和：85，97；颜佑纮. 民法第一百八十四条第二项侵权责任之研究. 台北：台湾大学：21页以下.

2. 转介条款与引致条款

从上文论述可以看出，学说多将《德国民法典》第 823 条第 2 款和我国台湾地区"民法"第 184 条第 2 项界定为"转介条款"。转介条款实际上是公私法规范接轨汇流的实现机制之一。我们当然还可以考虑通过在规制性法律之中设立特别私法的形式实现公私法规范的接轨，回应社会的规制需求。实际上此种特别私法规范的形式也大量存在①，此时规制性法律的立法者也许会考虑到规制性规范的私法效果，立法者作出特别的私法规范时，对公共政策和立法自治的价值冲突作出了评价，而司法者的任务只是循着这样的评价去适用法律。②但是，在所有的规制性法律之中都设立此种特别私法规范，这实际上不可能做到。原因很简单，由于规制性法律的立法者自身能力和理性的限制，规制性规范本身已经经常失灵，如果再要求规制性法律的立法者除了从分配正义的角度考虑规制目的以及进行妥当的政策分析之外，还需要像私法规范的立法者那样考虑规制性规范的私法效果，那么这个要求几乎无法实现。这首先是因为立法者能力的限制，即使在某些领域中，立法者在花费大量时间的情况下有能力做到这一点，但规制性法律往往需要与时间赛跑，以便能迅速回应社会存在的规制需求，要求立法者考虑规制性规范的私法效果就与这种要求背道而驰了。③

由于这些原因，在私法中设立一些能够让规制性法律的政策考量进入私法的"转介条款"就非常有必要了。通过转介条款，规制性法律的立法者就可以将思考的重心放在规制性法律的民主的制定程序、完整的信息收集、妥当的政策分析、合理的社会目标权衡、适应于技术的进步和革新等防范规制性法律本身失灵的这些因素之上。除了某些特别领域之外，公私法规范之间的后续接轨工作就可以由司法者承担，针对不同类型的私法关

---

① 在侵权法领域，这方面的规定如，《产品质量法》第四章和《消费者权益保护法》中的相关规定，《道路交通安全法》第 76 条，《注册会计师法》第 42 条，《环境保护法》第 41 条，《海洋环境保护法》第 42 条等。
② 苏永钦. 再论一般侵权行为的类型：331.
③ 关于此点，请参见苏永钦. 再论一般侵权行为的类型：329.

系与管制的范围、内容、目的与强度去做抽丝剥茧的分析和决定。①

对于上述特别私法规范和转介条款两种实现公私法接轨的机制，苏永钦教授通过下表进行了对比：

特征接轨机制	与民法典的关联	运作原则	功能承担者	主要功能	主要考虑	常见误区
特别民法	外造	特别优于普通	立法者	创设规制规范回应民意	政策妥适性	民法典反致特别法
转介条款	内建	概括条款	司法者	管理规范调和体系矛盾	体系一致性	法官转介特别民事规定

在《德国民法典》和我国台湾地区"民法"中都存在一些转介条款。以我国台湾地区"民法"为例，除了第184条第2项之外，还包括第71条、第180条第4项、第765条。②

但必须要澄清的是，转介条款并不等同于引致条款（Verweisungsnorm）。所谓引致条款是指此条款并无独立的规范内涵或意义，只是单纯引致某一规范供法官适用，把私法或者其他法律中已经规定了私法效果的条文重复作一次总括规定。③ 例如，《侵权责任法》第48条规定，机动车发生交通事故造成损害的，依照道路交通安全法的有关规定承担责任，该条款就是典型的引致条款。引致条款的目的虽然在于实现私法和行政法的外部接轨，但其遵循的仍然是私法和行政法两分的思路，如果只是单纯的

---

① 参见苏永钦的讲座：合同法§52（5）的适用和误用：再从民法典的角度论转介条款. http：//fxy.buaa.edu.cn/dispnews.php? newsid=902&pntid=95&sntid=96，[2014-12-20].

② 第765条："所有人，于法令限制之范围内，得自由使用、收益、处分其所有物，并排除他人之干涉。"第180条："给付，有左列情形之一者，不得请求返还：……4.因不法之原因而为给付者。但不法之原因仅于受领人一方存在时，不在此限。"详细论述，请参见苏永钦. 从动态法规范体系的角度看公私法的调和：83页以下.

③ 关于《德国民法典》第134条或我国台湾地区"民法"第71条，就存在其是否是引致条款而仅具有引致功能的争论，参见苏永钦. 违反强制或禁止规定的法律行为//苏永钦. 私法自治中的经济理性. 北京：中国人民大学出版社，2004：34页以下.

引致，法官基本上没有解释的余地，所产生的只是表面的民行交叉问题，似乎只要在程序上确立何者优先就能解决问题。① 但如果情形应当如此，则此引致条款实际上可有可无。苏永钦教授对此阐述道：

> ……转介条款的功能必须单纯化为调和管制与自治的概括条款，交给民事法官去权衡要不要转介，以何种方式转介公法的规范到私法关系中，因此一定是立法者"未"对私法关系做任何有意义的处理情形，才需要民事法官接手来调和自治与管制间的矛盾，否则就直接依特别法先于普通法的解释原则适用该规定即可……把民法典中具有如此重要体系功能的概括条款贬低为可有可无的引致条款，结果虽无不同，但久而久之，会让一般人以为，只要无法引致任何特别规定，就不能改变私法关系原来的运作。②

可以看出，转介条款是立法者对司法者的"概括授权"，立法者授权司法者超越各规制性规范之立法者意图而作独立的价值判断和评价，从而使公私法规范之间协调配合，因此，转介条款是一项具有对法官授权性质（gewährende Rechtsnormen）、需要进行价值填补（ausfüllen）的概括条款，具有授权评价的意旨，由此实现社会价值的统合、减少法秩序内部的冲突。在特别的私法规范已经明确由立法者规定的情形下，立法者已经作出了评价，司法者只是在此评价的基础下适用法律，但是，"转介条款却只是概括的转介某个社会伦理或公法规定，对于它在私法领域的具体适用，如何与私法自治的价值适度调和，都还未作成决定，司法者站在公私法汇流的闸口，正要替代立法者去做决定：让公法规范以何种方式，以多大的流量，注入私法"③。由此看来，转介条款的适用绝非像引致条款的适用那样简单，而是极其复杂，需要由司法者通过自己的评价构建出一套精致的控制标准。因此，私法规范中的转介条款虽然可以被认为是私法中的"特洛伊木马"，但其目的绝非是导致公法对私法的"屠城"，而是公法和私法的接轨汇流。

---

① 方新军. 私法和行政法在解释论上的接轨. 法学研究，2012（4）.
② 苏永钦. 以公法规范控制私法契约//苏永钦. 寻找新民法. 北京：北京大学出版社，2012.
③ 苏永钦. 再论一般侵权行为的类型：331.

（二）规制性规范与私法规范关系中的司法者评价

1. 英国法中的"违反制定法义务之诉"

通过对德国和我国台湾地区相关规范的简单介绍，我们可以看出，《德国民法典》第 823 条第 2 款和我国台湾地区"民法"第 184 条第 2 项已经被作为一个转介条款，此时立法者并未作出评价，司法者需要独立地作出自己的评价，这里已经蕴含了司法者评价的必要性。

如果秉持功能主义的比较法方法，英美国家具有类似功能的制度是"违反制定法义务"①。英国法中，只有在被违反的制定法规范被认为立法者意在授予引起被违反而受损的当事人以损害赔偿诉讼中的可执行权利时，才能提起可诉的"违反制定法义务之诉"（Breach of Statutory Duty）②。但是，有疑问的是，如果制定法的立法者意图赋予此种可执行的权利，那么为何它不直接规定此种损害赔偿的权利呢？顺理成章的推论就是，制定法立法者并不意图赋予此种可执行和可诉的权利，因此不能提起"违反制定法义务之诉"，这种完全遵循立法者评价的做法也导致了"违反制定法义务之诉"的适用范围日渐萎缩。③

这种一直以来的态度导致了立法者不得不在大量的制定法中或者通过援引违反制定法义务的侵权类型创设法定侵权类型，例如 1975 年的《反性别歧视法》第 66 条、1976 年的《再销售价格法》第 25 条、1978 年的《消费者安全法》第 6 条第 1 款等；或者立法者不援引"违反制定法义务之诉"而直接创设一种法定侵权类型，例如 1990 年的《环境保护法》第 73 条第 6 款等。这两种方式甚至在同一部制定法中被采用。例如 2000 年的《金融服务与安全法》第 150 条（1）规定："被授权人对一个规则的违

---

① 关于英国在此问题上的简单介绍，请参见朱岩. 侵权责任法通论总论（上册）：363 页以下；张民安. 过错侵权责任制度研究. 北京：中国政法大学出版社，2002：348 页以下；王文胜. 违反成文法义务在我国侵权法中的地位及具体规则之构建. 北京：清华大学：22 页以下.

② See Calveley v. Chief Constable of Merseyside Police，[1989] A. C. 1228；Pickering v. Liverpool Daily Post，[1991] 2 A. C. 370；Hague v. Deputy Governor of Parkhurst Prison，[1992] 1 A. C. 58；X v. Bedfordshire County Council，[1995] 2 A. C. 633.

③ Stanton. New Forms of the Tort of Breach of Statutory Duty，in：*Law Quarterly Review*，Vol. 120，2004，p. 326.

反行为，在因该违反行为而受损的当事人提起的诉讼中是可诉的，这也受到适用于违反制定法义务之诉中的抗辩事由和其他条件的限制。"这无疑是采用了第一种方式，采用同样方式的还有该法的第 20 条第 3 款、第 71 条第 1 款与第 2 款。但是，该法的第 26、27 和 90 条却采用了第二种方式直接创设了一种法定侵权类型。姑且不论在具体情形中应采用这两种方式中的哪一种方式、方式的选择是否应是一以贯之和具有一致性的，更为重要的是，立法者无法在所有的情形都作出这种规定，按照上文所述，此时违反制定法义务的行为似乎就是不可诉的，这在许多情形中都会导致难以容忍的不合理之处。

  为此，英国法院不得不在一些情形中进行司法者评价，认为即使立法者没有明确作出规定，仍然可能存在"违反制定法义务之诉"的可能性。① 甚至对欧共体法律的违反行为也被认为可能会产生"违反制定法义务之诉"。例如在一个案例中，原告公司之前对某种黄油需求量的 90% 都是从被告处购买，但之后被告董事会决定将其黄油仅销售给 4 家分销商，而原告却并未成为这 4 家分销商之一。被告的这种行为被认为违反了欧洲经济共同体条约第 86 条（现第 82 条）的规定，该规范禁止在共同市场或其实质性部分滥用垄断地位。英国上议院认为因违反该规范而受损的当事人有权在英国法院请求损害赔偿。Diplock 勋爵认为："对第 86 条（现在的第 82 条）关于不得在共同市场或其实质性的部分滥用垄断地位的义务之违反因此在英国法上被归为违反制定法义务，这种制定法义务不仅是为了促进共同体市场的总体经济繁荣，也是为了保护因对该义务的违反而遭受损失或损害的私人之利益。"② 虽然有许多学者认为应将欧共体法律意义上的侵权视为一种独立的侵权类型，而不应被归为违反制定法义务侵权类型，但上述意见仍被英国法院在许多情形中采纳。③ 在这些发展之中，立法者并未作出评价，但司法者仍独立地作出了

---

  ① Kirvek Management and Consulting Services Ltd v. Attorney General of Trinidad and Tobago, [2002] 1 *W. L. R.* 2792; Roe v. Sheffield City Council, [2003] 2 *W. L. R.* 848.

  ② Garden Cottage Foods v. Milk Marketing Board, [1984] A. C. 130.

  ③ 一个简单的描述和案例引用，See Stanton. New Forms of the Tort of Breach of Statutory Duty, in: *Law Quarterly Review*, Vol. 120, 2004, pp. 330ff.

自己的评价。

2. 美国法的两次《侵权法重述》

与英国法明确区分"违反制定法义务之诉"与"过失侵权之诉"（Negligence）不同①，美国法的总体观点是将违反制定法义务的问题并入一般的过失侵权法之中。② 两次美国《侵权法重述》就如此作为③，这样，在判断行为人是否负有注意义务以及何种内容的注意义务时，考察制定法所规定的义务是否应被采纳为"理性人"的行为标准就非常重要了。④ 但是，在两次《侵权法重述》中，关于此问题的具体表述存在一些差异，我们现在就对之进行考察，以进一步确定在存在司法者评价这一点上的共通性。

（1）两次《侵权法重述》的表述

在《侵权法重述》（第一次）中，与本部分论题相关的规则如下：

第三节 决定过失的机构

第285条 被立法、法院或陪审团界定的行为标准

理性人的行为标准，得依下列方式确定：

（a）被立法机关所制定的法律（legislative enactment）或者司法判决所确立的行为标准

---

① Rogers. *Winfield and Jolowicz on Tort*, 17th ed., London：Sweet & Maxwell, 2006, p. 337. 对此予以明确表述的判例是 Caswell v. Powell Duffryn Associated Collieries, Ld. [1940] A. C. 152, 177；London Passenger Transport Board v. Upso [1949] A. C. 155；Bux v. Slough Metals Ltd., [1973] 1 *W. L. R.* 1359。

② Markesinis and Deakin, *Tort Law*, 4th ed., New York：Oxford University Press, 1999, p. 338.

③ 相关规则，在《侵权法重述》（第一次）中的体系位置是：第12章"一般原则"；第2节"决定过失的机构"；第1款"立法的功能"。在《侵权法重述》（第二次）中的体系位置是：第12章"一般原则"；第3节"行为标准的确定"；第1款"立法的功能"，而根据第282条的规定："过失的定义：在本重述中，过失是指行为未达到法律为保护他人免受不合理伤害的标准。过失不包括不计后果地不顾他人利益的行为。"可以看出，两次《侵权法重述》都认为此事项的相关规则关联到确定过失的行为标准。

④ Prosser. *Handbook of the Law of Torts*, 4th ed., Minnesota：West Publishing Co., 1971, p. 190.

(b)……

第1分节 立法的功能

第286条 导致民事责任的违反

因违反不应为的作为或者违反应为的不作为，从而违反立法机关所制定的法律，此违反行为使得行为人承担侵犯他人利益的责任，如果：

(1) 此法律的全部或一部分意图（intent）是保护个人利益；并且

(2)……

……

而在《侵权法重述》（第二次）中，相关规则如下。

第三节 行为标准的确定

第285条 如何确定行为标准

理性人的行为标准，得依下列方式决定：

(a) 立法机关所制定的法律或行政机关所颁布的规范中所规定的行为标准；或

(b) 立法机关所制定的法律或行政机关所颁布的规范中虽没有规定行为标准，但法院采纳了该法律或规范的要件作为行为标准。

……

第1分节 立法的功能

第286条 法院何时采纳立法机关的法律或行政机关的规范中规定的行为标准

当立法机关的法律或行政机关的规范具有下列全部或一部分目的（purpose）的，法院可以采纳（may adopt）为某一案件的理性人的行为标准：

……

……

第288B条 违反的效力

(1) 立法机关的法律或行政机关的规范被法院采纳为理性人的行为标准，如果没有可免责的理由而被违反时，视为有过失。

(2) 立法机关的法律或行政机关的规范没有被法院采纳为理性人

的行为标准，在没有可免责的理由而被违反时，属于行为是否有过失争执的相关证据。

......

对比两次《侵权法重述》中相关规则的表述，就会发现最大的变化之一在于，《侵权法重述》（第二次）第286条增加了"法院可以采纳"制定法所确定的行为标准这个表述，同时在第288B条区分了制定法所确定的行为标准被法院所采纳和未被法院所采纳两种情形。这意味着制定法所确定的行为标准可以被法院采纳也可以被法院不采纳。

(2) 表述变化原因之分析

1914年，Erza R. Thayer 教授发表了一篇论文《公法不法和私法诉讼》（Public Wrong and Private Action）[1]，探讨旨在保护所有人的刑法和旨在保护个人的私法损害赔偿请求之间有无可能建立关联。他在一开始就提出了他的主要问题："刑事制定法或条令的违反何时会导致违反人承担民事责任？"[2] 由于立法者并未在刑法规定中创设损害赔偿请求，因而被违反的制定法中并未隐含损害赔偿的请求，毋宁说，必须在普通法的框架内考虑违反制定法行为是否具有其他法律后果：

> 犯罪行为是否还要产生其他的法律后果，作为一种立法意图的问题并没有被表示出来，它应留给法律规则去决定。法院的真正态度是确定立法的明示意图，避免对其未明示的意图进行推测……然后再根据普通法考虑导致的后果……因此，这就成为以下问题，即将过失法的原则应用于此情形中。[3]

这就是说，在过失之下考虑制定法违反。通常情形下，过失根据"一般理性人"的标准由陪审团认定，而在违反制定法情形中，违反制定法同时意味着过失的存在，而不需要再由陪审团确定。由此，违反制定法就构成了"法律上的当然过失"（negligence per se）[4]。

Thayer教授第一次对"当然过失"做了系统的归纳整理并进行了正

---

[1] Thayer. Public Wrong and Private Action, 27 *Harvard L. Rev.* (1914).
[2] Ibid., p. 317.
[3] Ibid., p. 321.
[4] Ibid., p. 323.

当性的论证，从而其论文被认为是此问题上的经典文献。① 这篇文章让许多州的法院放弃了它们原来所采纳的将违反制定法作为认定过失的证据之一，转而采纳了"法律上的当然过失"理论。② 例如，在 Martin v. Herzog 案中③，被告在驾驶汽车的过程中，没有按照《公路法》第 286 条第 3 款的规定沿着公路中心线的右侧行驶，但原告也在驾驶马车过程中违反了《公路法》第 329a 条规定没有开灯，陪审团裁定被告违法而原告无辜，上诉分庭推翻了这个裁定，Cardozo 法官对此认为："我们认为无理由地未能发出法定信号不仅仅只是过失的证据。其本身就是过失。"

到了 20 世纪 70 年代，Prosser 教授认为，大多数的法院所采纳的都是"法律上的当然过失"理论。④ 可以看出，根据 Thayer 教授的观点，违反制定法就当然构成过失，且此过失是不可推翻的，法院在此必须遵从立法者的决定，而无自主评价的空间。1934 年的《侵权法重述》（第一次）之表述的基础就是 Thayer 教授的这个观点，根据第 285 条的规定，立法机关所制定的法律单独且必然决定行为标准，从而违反一定条件的制定法也就必然构成过失，司法者评价的角色至少从文本上来看是非常不明显的。

但在 1933 年，Morris 教授对 Thayer 教授的观点进行了重要的改变。⑤ 在他看来，并非所有的违反制定法的行为都应构成过失，在另一方面，也不应因为"法律上的当然过失"不适合某些情形而全部放弃它。⑥ 民事赔偿的前提是过失，而迄今的"法律上的当然过失"理论"旨在规定立法所确定的刑事标准自动适用，而无司法裁量的余地"⑦。更为正确的

---

① Morris. Relation of Criminal Statutes to Tort Liability, 46 *Harvard L. Rev.* (1933), p. 453.

② Williams. The Effect of Penal Legislation in the Law of Tort, 23 *Modern L. Rev.* (1960), p. 252.

③ Martin v. Herzog, 228 N. Y. 164, 126 N. E. 814 (1920).

④ 相关论述，也请参见王文胜. 违反成文法义务在我国侵权法中的地位及具体规则之构建：46 页以下.

⑤ Morris. Relation of Criminal Statutes to Tort Liability, 46 *Harvard L. Rev.* (1933).

⑥ Ibid., p. 453.

⑦ Ibid., p. 463.

途径是，容许法院对赔偿请求的适当性进行直接评价，而在某些情形下拒绝"法律上的当然过失"规则的适用。① 在此，Morris 改变了立法者和司法者在此事项上的关系。

在判例中，加利福尼亚高等法院在 1943 年所审理的 Clinkscales v. Carver 案件中就涉及了司法者在违反制定法情形下的损害赔偿诉讼中的作用，Traynor 法官对此阐述道：

> 制定法在民事诉讼中的重要性在于其形成法院在关于此种责任的判决中所采用的行为标准的作用……关于民事标准的决定应仍然保留给法院，立法机构在警察法或刑法中所形成的标准成为决定民事责任的标准，这仅仅是因为法院接受了此标准。在此种标准不存在的情形中，此事项由陪审团决定……如果某立法机构根据共同体的经验而总结出标准，并且禁止可能造成损害的行为，法院接受此已形成的标准并且适用它们。②

关于这一点，《侵权法重述》（第二次）的报告人之一和最初的撰稿人 Prosser 教授认为："最终并不存在任何以下强制，即通过此种强制，单纯的刑事制定法必然导致民事责任，法院拥有产生此种结果的决定权。"③ 在此背景之下，《侵权法重述》（第二次）在第 285 条（b）项规定了法院采纳的权利，对此项存在以下评论：

> 即使立法机关制定的法律没有包含以下明确的规定，即违反会导致侵权责任，并且也没有暗示此种效果，法院可以——并且在某类案件中通常会——采纳该法律的要求作为避免过失责任之必需的行为标准。条例（ordinances）和行政法规范也同样如此。④

并且，第 286 条使用了"法院何时采纳"这样的表述，在第 288B 条

---

① Morris. Relation of Criminal Statutes to Tort Liability, 458, 477 *Harvard L. Rev.* (1933).

② Clinkscales v. Carver, 22 Cal. 2d 71, 76f., 136 P. 2d. 777, 782 (1943).

③ Prosser, *Handbook of the Law of Torts*, Minnesota: West Publishing Co., 1941, p. 273f.

④ *Restatement of the Law*, Second, Torts, Vol. 2, The American Law Institute, 1964, §285, Comm. c, p. 21.

区分了法律或规范"被立法者采纳"和"未被立法者采纳"这两种情形。这些规定充分显示了 Morris 的观点对于《侵权法重述》（第二次）的影响，法院对采纳或不采纳享有裁量权和评价空间。Prosser 教授对第 286 条解释道：

  2. 本部分通过立法的"采纳（adoption）"和"目的（purpose）"改变了措辞，以便摆脱以下观点，即法院负有义务采纳制定法确定行为标准。……唯一合理的结论是……当（立法机构）对于民事责任未置一词时，它就从未想过这一点，或者有意不进行规定。唯一合理的理论似乎是这样的，即最终是法院通过接受某标准作为法律的司法规则而自愿促进其在立法中所发现的目的。这在 Phoenix Refining Co. v. Powell 案件中得到了很好的表述……法院在此引用了 Morris 的观点……①

（三）转介条款和司法者评价

本书将规制性规范界定为主要与公法相联系的规范，而在风险社会语境下，公法规范与私法规范之间不可能相互区隔，且并无何种规范应当在一般意义上优位的问题，两者实际上是"相互工具化"，从而应当接轨汇流，在整体法秩序下相互配合。公法规范和私法规范互为源头活水，使得整个法律水系井然有序。规制性规范和侵权法之间的关系不外乎是上述这种关系的有机组成部分，两者在目标、手段上存在不同，以及在行为标准设定、执行、责任后果、预防和行为诱导方面所存在的诸多差异，导致了规制性规范和侵权法规范之间不会互相替代，也根本不存在何者优位的问题，而是相互协作和接轨。

但是，上述关系如何在立法和司法适用中具体体现和贯彻，仍然是一个极为困难的事情。这里存在不同的技术实现方式，一种可能的方式是领域立法，不区分公法私法，借助领域立法搭建部门法之间的合作桥梁。另一种可能的方式就是保持私法和公法体系的开放，以使得公私法之间在体

---

① *Restatement of the Law*, Second, Torts, Tentative Draft No. 4, The American Law Institute, 1959, p. 34f.

系外能够串联起来，这就会涉及转介条款在私法中的设置。①

在侵权法领域，《德国民法典》第823条第2款以及我国台湾地区"民法"第184条第2项堪当此种转介条款。需要注意的是，转介条款的功能绝非引致，通过对英国"违反制定法义务之诉"的发展和美国两次《侵权法重述》相关表述的分析，司法者有必要在侵权法领域中作出自己的独立评价，故转介条款实际上是对司法者的概括授权，这里已经蕴含了对立法者和司法者之合理关系的理解。因此，在这里可以得出一个结论：规制性规范应当对于侵权法发生影响，这就使得违反规制性规范有可能会影响到侵权责任的构成和责任承担方式，但此种影响的最终实现与否取决于司法者通过转介条款的概括授权而作出的合理考量。

此结论的一个应用就是公法责任和私法责任两者之间的关系。《侵权责任法》第4条第1款规定："侵权人因同一行为应当承担行政责任或者刑事责任的，不影响依法承担侵权责任。"《民法总则》第187条也规定："民事主体因同一行为应当承担民事责任、行政责任和刑事责任的，承担行政责任或者刑事责任不影响承担民事责任；……"一个行为既可能违反了公共秩序，同时也可能会导致他人损失。但因该行为违反公共秩序而对行为人课予行政或刑事处罚，并不会影响到行为人私法责任的承担，因为公法责任和私法责任的目的是根本不同的。换言之，对行为人课予公法责任既不会自动排除，也不会自动课予行为人私法责任的承担。这其中的合理考量便是司法者的自主评价空间。

在我国，最为引人瞩目的转介条款是《民法总则》第153条第1款及《合同法》第52条第5项②，而在侵权法领域中尚缺少类似的一般意义上的转介条款。③ 这不能不说是一件令人遗憾的事情，虽然不能由此得出以

---

① 不同的规范实现方式的具体论述，参见宋亚辉. 风险控制的部门法思路及其超越. 中国社会科学，2017（10）.

② 在物权法领域，可以视为转介条款的可能是《物权法》第7条（"物权的取得和行使，应当遵守法律，尊重社会公德，不得损害公共利益和他人合法权益。"）和第39条（"所有权人对自己的不动产或者动产，依法享有占有、使用、收益和处分的权利。"），但第7条也同样可能仅仅是原则性规定。

③ 在特殊的侵权责任领域，似乎存在这样的转介条款，如《侵权责任法》第58条第1项规定，具有"违反法律、行政法规、规章以及其他有关诊疗规范的规定"的情形，则推定医疗机构有过错。

下结论，即在我国的侵权法领域中，规制性法律无法在一般意义上对侵权法发生影响。但是，如果在我国侵权法领域中，立法者有意识地设立此种转介条款（即使形式表述上可以有别于德国和我国台湾地区的规定），规制性规范和侵权法之间的互动自可更为畅通无阻，立法成本得以减少，规制目的有更大的可能得以实现，侵权法体系本身也更易于取得平衡。

当然，即使立法者没有明确设置该问题上的转介条款，基于前述司法者自主评价空间的必要性，为了实现法秩序的统一和正当，司法者仍然需要主动承担起妥适协调规制性规范和侵权法之间关系的任务，司法者的角色和任务并不会有太大变化，而在实质性论证框架上，与存在转介条款情形下的实质性论证框架不会有太大的不同，所不同的仅仅是规范基础和具体操作方法。换而言之，立法者和司法者之间的妥当关系这种基础认识决定了转介条款立法设置的正当性，转介条款构成了司法者自主评价的规范基础，因此，立法者和司法者之间的妥当关系决定了转介条款的正当性和司法者自主评价空间的存在，转介条款并非是司法者自主评价空间的原因，而仅仅是规范基础；但是，即使不存在转介条款的立法设置，只要立法者没有明确排除司法者的自主评价可能性，立法者和司法者之间的妥当关系就仍然决定了司法者自主评价空间的存在，不能认为转介条款不存在就会导致司法者无自主评价空间。因此，转介条款的有无不会决定司法者自主评价空间的有无。

第三章 侵权法保护对象与规制性规范的界定功能

一、侵权法中的法益区分保护：思想与技术

（一）问题提出

在《侵权责任法》通过之前，构成侵权责任一般条款的《民法通则》第106条第2款规定："公民、法人由于过错侵害国家的、集体的财产，侵害他人财产、人身的，应当承担民事责任。"对此，学说多认为，该款所保护的对象不仅仅是"财产权"和"人身权"，财产权和人身权仅仅是条文中所使用的语词"财产"和"人身"的一种类型而已，除此之外还包括其他受到法律保护之权益。[①] 判例和最高人民法院的观点似乎也同样

[①] 这一点反映于在制定《侵权责任法》的过程中，我国学者草拟的侵权责任法建议稿之中，如王利明教授主持拟定的《中国民法典学者建议稿》第1823条；梁慧星教授主持拟定的《侵权行为编草案建议稿》第1条；杨立新教授主持拟定的《侵权责任法建议稿》第1条；徐国栋教授主持拟定的《绿色民法典》第1502条。

如此。①《侵权责任法》第6条第1款大致沿袭了《民法通则》第106条第2款，规定："行为人因过错侵害他人民事权益，应当承担侵权责任。"在侵权法保护对象的范围上，前者明确使用了"民事权益"这个表述从而更为清晰地表达这一点，并且于第2条第2款明确规定："本法所称民事权益，包括生命权、健康权、姓名权、名誉权、荣誉权、肖像权、隐私权、婚姻自主权、监护权、所有权、用益物权、担保物权、著作权、专利权、商标专用权、发现权、股权、继承权等人身、财产权益。"第6条第2款承接第1款规定，保护的当然是"民事权益"，第7条保护的也同样是"民事权益"，之后的章节和规范中更多用的是"损害"，即"对民事权益的损害"。基于这些规定，立法机关、最高人民法院以及通说的观点，都认为《侵权责任法》的保护对象既包括权利也包括利益。②

但是，即便如此，《侵权责任法》对权利和利益的侵权法保护程度是否完全等同呢？这里可能存在两种解释方案：一种解释方案是认为《侵权责任法》对权利和利益的侵权法保护程度完全等同，该解释方案可被称为"法益平等保护"理论；而另一种解释方案认为，虽然《侵权责任法》的

---

① 例如，最高人民法院《关于会计师事务所为企业出具虚假验资证明应如何承担责任问题的批复》（法释〔1998〕13号）规定："一、会计师事务所系国家批准的依法独立承担注册会计师业务的事业单位。会计师事务所为企业出具验资证明，属于依据委托合同实施的民事行为。依据《中华人民共和国民法通则》第一百零六条第二款规定，会计师事务所在1994年1月1日之前为企业出具虚假验资证明，给委托人、其他利害关系人造成损失的，应当承担相应的民事赔偿责任。"会计师事务所因出具虚假出资证明给其他利害关系人造成的损失应当属于纯粹经济损失，但此批复认为此纯粹经济损失应予赔偿，且请求权基础是《民法通则》第106条第2款（1994年1月1日之后，由于《注册会计师法》已经生效实施，故请求权基础应为《注册会计师法》第42条），故第106条第2款中的"财产"应当不仅仅限于"财产权"。

② 王胜明主编. 中华人民共和国侵权责任法解读. 北京：中国法制出版社，2010：10."侵权责任法没有将所有的民事权益都明确列举，但不代表这些民事权益就不属于侵权责任法的保护对象。"奚晓明主编.《中华人民共和国侵权责任法》条文理解与适用. 北京：人民法院出版社，2010：20."民事权益包括民事权利与民事权益。"王利明，周友军，高圣平. 中国侵权责任法教程：61页以下."侵权责任法的保护对象既包括权利又包括利益。这就意味着，它不仅包括对权利的保护，而且包括了对利益的保护。"杨立新. 中华人民共和国侵权责法条文释解与司法适用. 北京：人民法院出版社，2010：7."侵权责任法所保护的，既包括民事权利，也包括民事权益。"

保护对象包括权利和利益，但对两者的侵权法保护程度并不等同，绝对权与绝对权之外的相对权和利益具有不同的侵权法保护程度，该解释方案可被称为"法益区分保护"理论。

"法益平等保护"理论在立法机关的阐述中可以清晰地反映出来，从文义上看，《侵权责任法》并未区分绝对权和绝对权之外的权益而在规范上设立不同的构成要件，而立法机关对此认为：

> 侵权责任法要不要区分对民事权利的保护和对民事利益的保护，设定不同的侵权构成要件，存在争议。有的意见认为……建议侵权责任法借鉴德国模式，根据侵权行为的对象是民事权利还是民事利益的不同，确定不同的保护标准和侵权构成要件。侵权责任法最终没有采纳这种意见，主要是考虑到权利和利益的界限较为模糊，很难清楚地加以划分。①

但是，司法机关的整体观点似乎更为倾向于"法益区分保护"理论。例如，"隐私"在《侵权责任法》通过之前并未在一般意义上被明定为一种权利，因此，最高人民法院《关于确定民事侵权精神损害赔偿责任若干问题的解释》（法释〔2001〕7号）第1条第2款规定，因侵犯隐私或其他人格利益而要求精神损害赔偿，必须以"违反公共利益、社会公德侵害他人隐私或者其他人格利益"为前提。② 就判例而言，在关于"亲吻权"的判决中，法院认为，本案中所涉的亲吻权"当属精神性人格利益""但利益不等于权利，利益并非都能得到司法救济。被告不是以故意违反公序良俗的方式加以侵害，纯因过失而偶致原告唇裂，故本院对原告不能亲吻的利益损失赔偿精神损害抚慰金10 000元的请求不予支持"③。关于纯粹经济损失的侵权法保护，在没有特别法明确规定请求权基础的情形下，法院就更加谨慎了。在"重庆电缆案"中，法院明确认为："经济损失一般

---

① 王胜明主编. 中华人民共和国侵权责任法解读：10；同样清晰的表述，也请参见王胜明. 侵权责任法的立法思考（一）. http://www.civillaw.com.cn/article/default.asp?id=47193，[2014-08-15].

② 具体的论述，参见起草该解释的陈现杰法官的论述. 人格权私法保护的重大进步和发展. 人民法院报，2001-03-28，3版.

③ "陶丽萍诉吴曦道路交通事故人身损害赔偿纠纷案"，四川省广汉市人民法院(2001) 广汉民初字第832号民事判决书.

又称'纯粹经济上损失',系指被害人直接遭受财产上不利益,而非因人身或物被侵害而发生,除加害人系故意以悖于善良风俗之方法致用户受损害的特殊情形之外,不在赔偿之列。"① 上海市高级人民法院民一庭下发的《侵权纠纷办案要件指南》(沪高法民一〔2005〕1号)第5条就规定:"请求方只能就现行法律保护的权益受到侵害行使侵权赔偿等请求权。"在对该条的"说明"中,其指出:

"现行侵权法调整之权益,包含权利与法益二方面内容。民法系采列举的方式设定权利,而法律设定的诸多利益均未固化为权利,但因法律专门设有保护之规定,成为法律所保护之利益。故侵权法体系所规范的对象,以权利为原则,以法益为例外。区分权利与法益之关系,对于进行侵权法的法律解释活动意义重大:侵害权利之行为,无论行为人存在故意或过失,均有救济途径;但对于财产利益的损失,侵权行为法并不是一概保护的,原则上仅在行为人故意之场合方予以保护。……换句话说,就是所有权、人身权往往是以有形形式存在的,具有较明显的可公示性,行为人在对此类权利实施加害行为时,是可以被当然地推定为是知道自己的行为是在侵害他人权利的。而债权等不具备这个特点。债权是否存在,其内容、范围大小如何等,都不具有公示性,不易被人认识到。……都要对此承担赔偿责任!如果这样的话,我们每个人无论做什么事,就都要千思万虑,要把所有的情况都考虑好才能行动,否则任何一个看似微小的过失,就可能让你倾家荡产。但是,人的能力都是有限的,即使考虑的再周全,也难免会有意料之外的事情发生,即使再谨慎,也还是无法预测什么时候会有什么样的责任会从天而降的。所以,权利和利益的区分,就有其必要性。"

该说明意见明确采取了法益区分保护理论,且详细论证其理由。即使在《侵权责任法》通过之后,最高人民法院似乎也同样坚持了法

---

① "上诉人黔江区永安建筑有限责任公司与被上诉人黔江区民族医院、黔江区供电有限责任公司财产损害赔偿纠纷案",重庆市第四中级人民法院(2006)渝四中法民一终字第9号民事判决书。

益区分保护理论。①

学说中的通说观点似乎是直接或间接地采纳了法益区分保护理论。②张新宝教授则更多地主张在立法上不区分法益进行侵权保护的法国法一般条款模式,但主张对未被明确规定应予赔偿的纯粹经济损失应从严把握,

---

① 奚晓明主编.《中华人民共和国侵权责任法》条文理解与适用:26;陈现杰.侵权责任法一般条款中的违法性判断要件.法律适用,2010(7).

② 《侵权责任法》实施以前的观点,请参见王利明.侵权行为法研究.上卷.北京:中国人民大学出版社,2004:368页以下;杨立新主编.中华人民共和国侵权责任法草案建议稿及说明.北京:法律出版社,2007:3页以下;张新宝.侵权责任法原理.北京:中国人民大学出版社,2005:210页以下;程啸.侵权行为法总论:173页以下。《侵权责任法》实施之后的观点,参见王利明,周友军,高圣平.中国侵权责任法教程:77;王利明.侵权责任法研究.上卷.北京:中国人民大学出版社,2010:99;杨立新.中华人民共和国侵权责法条文释解与司法适用.北京:人民法院出版社,2010:7页以下;杨立新.侵权责任法.北京:法律出版社,2010:19页以下;程啸.侵权责任法.北京:法律出版社,2011:61页以下;张谷.作为救济法的侵权法,也是自由保障法.暨南学报(哲学社会科学版),2009(2);王利明.侵权法一般条款的保护范围.法学家,2009(3);梅夏英.侵权法一般条款与纯粹经济损失的责任限制.中州学刊,2009(4);廖焕国.侵权构成要件的不法性功能论.现代法学,2010(1);龙俊.权益侵害之要件化.法学研究,2010(4);陈现杰,《侵权责任法》一般条款中的违法性判断要件.法律适用,2010(7);李承亮.侵权责任的违法性要件及其类型化.清华法学,2010(5);薛军.损害的概念与中国侵权责任制度的体系化构建.广东社会科学,2011(1);王成.侵权之"权"的认定与民事主体利益的规范途径.清华法学,2011(2);李承亮.侵权行为违法性的判断标准.法学评论,2011(2);王军.比较法语境下的我国侵权责任法第2条.政法论坛,2011(5);方新军.权益区分保护的合理性证明.清华法学,2013(1)。葛云松教授则最为彻底地主张法益区分理论,运用目的性限缩的方法解释《侵权责任法》第6条第1款,按照德国法法益区分的模式解释确定构成要件,并对此进行了极为深入的分析,参见葛云松.《侵权责任法》保护的民事权益.中国法学,2010(3);葛云松.纯粹经济损失的赔偿与一般侵权行为条款.中外法学,2009(5)。最为全面系统地对该观点予以阐述的是,于飞.侵权与利益区分保护的侵权法体系之研究.北京:法律出版社,2012.

60

进行类型化的例外规定,其基础似乎仍然是法益区分保护理论。① 有学者对此总结道:"……对于《侵权责任法》第 6 条第 1 款以及其他相关条文,学界的主流观点是主张采取区分保护模式(这里的区分主要是指区分对绝对权的侵害和对其他法益的侵害),讨论的重点反而是如何进行解释论的操作以实现这一目的。"②

但是,即使在赞同采纳法益区分保护理论的论述中,对法益的区分标准和对不同法益的侵权法保护程度仍存在较大争论。这些争论围绕着德国法规范技术的合理性展开,即是否应仅依据法益是否是绝对权而进行不同程度的侵权法保护,对其他法益是否仅应在违反保护性规范和故意违反善良风俗这两种情形下才予以侵权法保护。③ 同时,对实现法益区分保护的解释技术也同样存在争论。有主张通过违法性要件的控制来实现区分保护④;有主张以损害概念作为出发点,通过分析损害概念包含的"违法性"要件,推导出对法益的区分保护⑤;还有主张设置"权益侵害"作为独立的构成要件。⑥

所有这些争论都围绕着一个问题,即对《侵权责任法》第 6 条第 1 款的何种解释方案更为合理,这也构成了本书本部分的中心议题。根据上述争论,该中心议题又可以被细分为三个问题:第一,是否要进行法益区分保护;第二,如何进行法益区分保护,即法益的区分标准和区分保护的程

---

① 张新宝. 侵权行为法的一般条款. 法学研究, 2001 (4); 张新宝. 侵权法立法模式:全面的一般条款+全面列举. 法学家, 2003 (4); 张新宝, 张小义. 论纯粹经济损失的几个基本问题. 法学杂志, 2007 (4); 张新宝, 李倩. 纯粹经济损失赔偿规则:理论、实践和立法选择. 法学论坛, 2009 (1).

② 本刊编辑部. 中国民法学科发展评价 (2010—2011). 中外法学, 2013 (1).

③ 葛云松教授主张按照德国法的规范技术解释《侵权责任法》第 6 条第 1 款的构成要件,并对此进行了极为深入的分析,参见葛云松. 《侵权责任法》保护的民事权益. 中国法学, 2010 (3); 葛云松. 纯粹经济损失的赔偿与一般侵权行为条款. 中外法学, 2009 (5)。最为全面系统地对该观点予以阐述的是,于飞. 侵权与利益区分保护的侵权法体系之研究. 北京:法律出版社, 2012.

④ 李承亮. 侵权责任的违法性要件及其类型化. 清华法学, 2010 (5); 廖焕国. 侵权构成要件的不法性功能论. 现代法学, 2010 (1).

⑤ 薛军. 损害的概念与中国侵权责任制度的体系化构建. 广东社会科学, 2011 (1).

⑥ 龙俊. 权益侵害之要件化. 法学研究, 2010 (4).

度为何；第三，在对前两个问题进行回答的基础上，妥当的解释技术为何。本部分的结构即围绕这三个问题予以详细展开。

（二）法益区分保护思想及其正当化理由

1. 作为制度共识的法益区分保护思想

所谓法益区分保护，实质上是对不同性质和类型的法益进行不同程度的侵权法保护，实行区别对待。擅长抽象概括方式的德国侵权法采取了抽象类型式规定，试图在一般条款和具体列举之间进行平衡，形成三个小的一般条款，而法益区分保护思想是德国侵权法体系的基础。卡纳里斯（Canaris）教授就认为在《德国民法典》之中，过错责任法的三个基本要素之一就是法益区分保护思想（das Gedanken eines differenzierenden Rechtsgüterschutzes），在他看来，《德国民法典》的重要特色之一就是并非所有的法益都得到相同的侵权法保护，而要区分保护。[1]

具体而言，《德国民法典》第823条第1款所保护的对象包括了条文中所明确列举的"生命、身体、健康、自由、所有权"和"其他权利"，构成上具有过错即可。所谓的"其他权利"以所有权作为原型，必须具有"归属功能"（Zuweisungsfuktion）和"排他功能"（Ausschlussfunktion）[2]。在德国学者看来："归属功能和排他功能是侵权保护的最佳基础。如果权利或利益主体基于法律规定能够对这些权利和利益进行任意处分，这就意味着法秩序为他提供了一个固定而明确的保护范围，并在该范围内保护其免受第三人侵害；并且，如果他能够排除他人的任何干涉，则显而易见的是，他人一般应当对其地位予以尊重。"[3] 由此，归属功能排除了一般财产利益等不具有确定归属内容的利益，而排他功能排除了相对权，这两者都并非绝对权，侵犯它们而产生的损失被称为"纯粹经济损失"，侵权法对包括纯粹经济损失在内的不具有归属和排他功能的法益的保护在责任构成上要求更为严格的要件，即"过错违反保护他人法律"（第823条第2

---

[1] Canaris. *Schutzgesetz-Verkehrspflichten-Schutzpflichten*, S. 30f.；同样的观点，请参见齐默尔曼. 罗马法、当代法与欧洲法. 常鹏翱译. 北京：北京大学出版社，2009：60.

[2] Vgl. *MünchKomm/Wagner*, §823, Rn. 143.；福克斯. 侵权行为法. 齐晓琨译. 北京：法律出版社，2006：40.

[3] Vgl. Larenz/Canaris, *Lehrbuch des Schuldrechts*, Bd. Ⅱ: *Besonderer Teil*, Halbband. 2, 13. Auflage, C. H. Beck, München, 1994, SS. 373ff.

款）或者"故意违反善良风俗"（第 826 条）。

由此，第 823 条第 1 款明确保护法律明确规定的所有权和其他物权，而在制定《德国民法典》时，存在生命、身体、健康、自由是否能够被法律规定为权利的争论，因此，立法者没有明确从正面角度将之规定为权利，但却从保护角度对之进行与所有权同等程度的侵权法保护[①]，按照现代德国学者的观点，这四种"生活法益"（Lebensgüter）至少在受到侵害的情况下被等同为权利。[②] 因此，可以看出，第 823 条第 1 款所保护的对象原则上是法律明确规定的绝对权。虽然由于保护的漏洞和不足，在司法中创设承认了一般人格权、营业权等，并将其作为第 823 条第 1 款所规定的"其他权利"，但是从立法原意上看，如果认为德国法中的法益区分就是区分法定绝对权和法定绝对权之外的其他法益，或者将前者称为权利，而将后者称为利益，对两者进行不同程度的侵权法保护，虽然并不十分准确，却差之不远。无论如何，德国侵权法对不同性质和类型的法益进行了不同程度的保护，故以法益区分保护思想作为立法和司法的基础，而具体的规范技术则是对不同性质和类型的法益明确规定适用不同的责任构成要件。

法益区分保护思想自从产生出来之后，就对许多国家和地区的侵权法立法和法律实践产生了重大影响。在立法上直接受到德国法的法益区分保护立法模式影响的有《荷兰民法典》第 6：162 条第 2 款、《瑞士债法典》第 41 条、《奥地利民法典》第 1311 条和第 1295 条、《葡萄牙民法典》第 483 条第 1 款和第 334 条、《埃塞俄比亚民法典》第 2027、2030 条第 1 款和 2035 条第 1 款及我国台湾地区"民法"第 184 条等；同时，德国侵权法的立法模式也直接影响到了一些国家的侵权法修改草案，如《奥地利损害赔偿法学者建议稿草案》第 1295 条第 1 款、《瑞士侵权法草案》第 46 条等。[③] 虽然这些国家和地区的制定法规定和草案具有不同的规范方式，

[①] Vgl. Motive zu dem Entwurfe einesbürgerlichenGesetzbuches fürdas deutsche-Reich，Bd. Ⅰ，1888，S. 274.

[②] Larenz. Allgemeiner Teil des Deutschen Bürgerlichen Rechts，7. Auflage，Verlag C. H. Beck，München，1989，S. 127. 顺便指出，本书的中文版对此的翻译似乎存在错误。

[③] 对此的系统梳理，请参见方新军. 权益区分保护的合理性证明. 清华法学，2013（1）. 关于上述侵权法修改草案，请参见布吕格迈耶尔，朱岩. 中国侵权责任法学者建议稿及其立法理由书. 北京：北京大学出版社，2009.

但都共享一个思想，即区分绝对权和绝对权之外的其他法益，从而对不同性质的法益进行不同程度的侵权法保护。

法国的侵权法立法模式则与德国法完全不同，而是大的一般条款模式，对于所保护的对象至少在文本上没有进行限制，而是完全开放，未强调法益区分保护。但是，瓦格纳（Wagner）教授对此认为：

> 但我们并不能从《法国民法典》第1382条和1383条的宽泛且富有激发力的简洁表述中得出以下结论：在法国，每个因过错行为导致的损失都将引起责任。……在法律发展史上，私法判例和法学研究为法国侵权行为法注入了大量与众不同的内容，这些内容是难以通过法典的表面形式展现出来的。从这个意义上讲，《法国民法典》第1382条和第1383条并不能为法官和律师提供可具体适用的法律规则，而只能算作指导性原则。但是，这两条指导性原则的适用并不是绝对的，因为，无论是在理论上，还是在实践中，与其相反的原则也是有可能被适用。①

以最重要的对纯粹经济损失的保护而言，法国侵权法同样认为，纯粹经济损失不能与人身伤害和财产损害相提并论，因而通过变化"过错"概念、对"可赔偿损害"的限制、合同责任和侵权责任的"非竞合原则"来对其实现保护。② 换而言之，在法国法中，对不同法益的侵权法保护程度同样不完全相同，因而在实质上也是区分保护的，不过并非如德国法那样对不同性质的法益规定不同的构成要件，而是通过过错、损害以及因果关系等范畴，在个案中依不同的事实群组及政策需要，弹性地进行价值取舍，相对地决定对不同性质的法益是否或如何加以保护。③ 在意大利法中，则通过损害的不法性概念，同样实现了对不同性质的法益进行不同程度的侵权法保护。④

---

① 瓦格纳. 当代侵权法比较研究. 高圣平，熊丙万译. 法学家，2010（2）.

② 瓦格纳. 当代侵权法比较研究. 高圣平，熊丙万译. 法学家，2010（2）；也请参见石佳友.《法国民法典》过错责任一般条款的历史演变. 比较法研究，2014（6）.

③ 陈忠五. 契约责任与侵权责任的保护对象. 北京：北京大学出版社，2013：81.

④ 具体参见薛军. 损害的概念与中国侵权责任制度的体系化构建. 广东社会科学，2011（1）；方新军. 权益区分保护的合理性证明. 清华法学，2013（1）.

在日本法中，自1925年"大学汤事件判决"以来，对《日本民法典》修正前的原第709条规定的解释改以侵害行为的违法性判断，认为权利侵害仅是违法性的一个表征从而被违法性所涵盖；而修正后的第709条明文将"侵害权利"改为"侵害他人之权利或法律上保护之利益"，导致权益侵害要件的重新主张。① 但如何判断违法性或法律上保护之利益呢？按照日本学者的主张："被侵害利益是强固的场合下，是所谓绝对权侵害的案例，侵害行为的不法性较大的场合是指违反刑罚法规、违反保护法规、违反善良风俗。"② 由此，不同类型的法益对应不同判断基准的过错和违法性，实现了不同程度的侵权法保护，实质上仍是采纳了法益区分保护思想。

因此，可以看出，不同国家（地区）的侵权法都采纳了不同性质的法益要进行不同程度的侵权法保护这种法益区分保护思想，虽然具体实现该思想的规范技术并不相同。瓦格纳教授通过对不同国家的侵权法的细致考察，得出以下结论：

> 虽然如此，通过对不同法律制度进行深入考察，我们可以发现：事实上，一般条款模式和限制受保护利益的模式之间的差异远没有表象呈现出来的那么大，因为，各个法律制度的表象与实质内容之间存在相当大的差异。虽然那些实行限制性制度的国家（如德国、英国和美国）已经发展出各种制度去调整纯粹经济损失和人格尊严损害，但法国一般条款的解释活动也呈现出如下特点：一方面，要反映人身伤害和财产损害之间的差异；另一方面，要反映经济损害和人格利益损害之间的差异。③

换而言之，实质性的法益区分保护思想在各国侵权法中都存在。在德国法族中，在立法上区分不同类型的法益保护直接规定了不同的构成要件，从而采纳了法益区分保护思想；而有些国家在立法上采取的是侵权责任一般条款的模式，并未在立法上对不同性质的法益规定不同的构成要

---

① 具体参见龙俊.权益侵害之要件化.法学研究，2010（4）；修法前的学说，参见于敏.日本侵权行为法.2版.北京：法律出版社，2006：144页以下.

② 圆谷峻.判例形成的日本新侵权行为法.赵莉译.北京：法律出版社，2008：69.

③ 瓦格纳.当代侵权法比较研究.高圣平，熊丙万译.法学家，2010（2）.

件，但在具体司法实践中，仍然要区分不同类型的法益并采取不同程度的侵权法保护，只不过是通过其他要件，例如损害的不法性、权益侵害等规范技术方式予以实现。换而言之，对不同类型的法益进行不同程度的侵权法保护的这种法益区分保护思想是各国侵权法的制度共识，而与采取法国式的一般条款立法模式或者德国法式的类型化立法模式之间并无必然关系，因此，采纳法益区分保护思想并不必然导致德国侵权法的立法模式，也不能推断出法益区分保护思想仅仅存在于德国侵权法的立法模式之中。①

2. 法益区分保护思想的正当化理由

(1) 体系理性：违约责任和侵权责任的区分

如果法益区分保护思想是一种制度共识，那么为何会存在此种制度共识，其正当性理由为何，对此多从体系理由上予以说明。违约责任②和侵权责任是民事责任法中最为重要的体系区分，两者的价值考量、义务来源、责任主体范围、构成要件和法律效果等均具有相当程度的差异③，这种区分和差异也同样体现于保护对象的界定上。

具体而言，为了贯彻违约责任和侵权责任的体系区分，违约责任的赔偿范围被认为是"履行利益"的赔偿，而侵权责任的赔偿范围是"固有利益"的赔偿。这种区别最为典型地体现在纯粹经济损失的赔偿上，如果该纯粹经济损失属于当事人的履行利益，那么原则上通过违约责任予以赔偿。原因在于，当事人能够通过合同中的特殊约定对于这种损失进行特殊的风险分配安排，而在违约责任中势必要考虑当事人的此种特殊安排。但是，侵权责任的"概括性格"，使其在民事责任法上具有"普通法"地位，而有可能随时侵蚀违约责任的适用范围，甚至具有取代违约责任规范功能的倾向，如果任何一般财产上的损失都会产生侵权损害赔偿请求权，那么

---

① 需要特别说明的是，无过错责任以及不要求过错的法定补偿责任所保护的对象，除非存在特别规定（例如《侵权责任法》第41条规定），本来就不应包括非绝对权的利益在内，否则对行为自由的影响太过剧烈，故当然也就不发生所谓的法益区分保护问题。因此，侵权责任法中的法益区分保护问题，只有在过错责任下所产生的侵权责任才会发生。具体请参见于飞. 权利与利益区分保护的侵权法体系之研究：第六章.

② 之所以在此选择"违约责任"概念，而不用"合同责任"概念，是因为合同责任还可能包含了缔约过失责任，而缔约过失责任的定性却是混沌不清的。

③ 具体请参见王利明. 侵权责任法与合同法的界分. 中国法学，2011 (3).

合同法中的风险分配和限制机制就会落空①，为了避免这种可能性，并进一步损害到私法自治，对纯粹经济损失的赔偿一般应通过违约责任予以实现，而不应绕道通过侵权责任予以实现，架空违约责任。侵权法区分不同类型的法益予以区别保护，有助于防止侵权责任的过分扩大化，进一步实现违约责任和侵权责任的体系区分。

但是，在特别法所规定的侵权责任中，似乎均不严格区分不同类型的法益而适用不同的构成要件，这些特别法中的侵权责任规范越来越多，特别甚至成为原则，因此"与其说是个别情形下因应特殊需要所指定的例外规定，不如说是立法者意识到在各该法律适用领域内，权利与利益并无明确区别予以不同程度保护的必要，因而……另行制定平等保护权利与利益的规定"，从而"其特色在于跳脱传统契约责任与侵权责任'绝对二分'的观点，依其特有的规范功能或规范目的，平等保护契约当事人及第三人，形塑其独自的责任要件与法律效果"②。在违约责任中，加害给付也使得违约责任的保护对象大大扩充至履行利益之外的固有利益之上，附随义务中的保护义务的违反也会产生违约责任，从而涉及对对方当事人之固有利益的维护，此种保护义务和侵权法中的安全保障义务难以区分③；所有这些导致违约责任的保护对象已经扩展到固有利益的保护上，而德国法之所以扩充给付障碍责任，原因也恰恰在于其侵权法保护对象的极大限制所导致的保护不足。从侵权法角度来看，在产品责任中，《侵权责任法》第41条规定："因产品存在缺陷造成他人损害的，生产者应当承担侵权责任"，按照立法者的解释，该条中的"损害"指产品缺陷造成的各种损害，自然也包含缺陷产品自身的损害这种纯粹经济损失，从而将侵权责任的保护对象扩充至纯粹经济损失上。④ 所有这些都使得违约责任和侵权责任的区分并非绝对化。即使如此，违约责任和侵权责任仍然存在相当程度的差异，为了避免规范矛盾，区分仍然有必要，从而同一法律事实可能会构成

---

① Kötz/Wagner. *Deliktsrecht*：10. Auflage, Luchterhand, Rn. 257.；陈忠五. 契约责任与侵权责任的保护对象：203.

② 陈忠五. 契约责任与侵权责任的保护对象：54，117.

③ 具体请参见李昊. 交易安全义务论. 北京：北京大学出版社，2008：167 页以下；周友军. 交往安全义务理论研究. 北京：中国人民大学出版社，2008：81 页以下；张家勇. 合同保护义务的体系定位. 环球法律评论，2012 (6).

④ 王胜明主编. 中华人民共和国侵权责任法解读：216.

请求权竞合。但请求权相互影响理论或请求权基础竞合理论就其实质而言，已经是对违约责任和侵权责任绝对区分的缓和方式。

当然，这些论述并非是反对违约责任和侵权责任的体系区分，也绝非主张"合同的死亡"，而是进一步追问，违约责任和侵权责任的体系区分的正当性在于何处，即使该体系区分具有正当性，是否有必要通过侵权法中的法益区分保护思想予以实现，这些问题必然会涉及更为实质性的理由构建。

(2) 价值理性：行为自由与法益保护的合理权衡

"任何侵权法秩序的基本问题在于法益保护和行为自由之间的紧张关系。"[①] 侵权法的主要任务就是平衡行为自由和法益保护这两个可能会产生冲突的利益。"以下问题可能是侵权法的原问题，即在双方自由空间之维护的前提下平衡受害人和侵害人之利益，所有明智的立法都要予以妥当地解决，不仅要在价值评价层面而且也要在事实构成层面为法发现和法续造做出相当清晰的规定。"[②]

法益区分保护思想试图通过对不同类型的法益进行不同程度的侵权法保护来实现这种平衡。较之其他法益，绝对权具有较高的位阶，人格权对于保护人格自由和人格尊严具有不可替代的价值，而所有权以及其他权利具有一种对个人和整体经济的物质保障作用[③]；更为重要的是，在侵权责任法扩张的背景下，遵循法益保护区分思想，有助于防止侵权责任法保护对象的过度膨胀，防止相对人承担过重的法律责任，遭受不必要的损害，从而危害到行为自由。

以纯粹经济损失为例，根据法益区分保护思想，在侵权法中，对纯粹经济损失原则上不予赔偿，其理由通常被认为是以下几点："诉讼闸门"理论，如果一般意义上允许对纯粹经济损失的赔偿，那么就会引发无数诉讼，法院就会不堪重负；防止责任漫无边际，导致加害人承担过重的责任，从而不利于人们的基本行为自由；防止合同法规范被架空，避免使得合同法规范淹没到侵权法的汪洋大海之中；历史原因，在罗马法上，纯粹

---

① Larenz/Canaris. *Lehrbuch des Schuldrechts*, Bd. Ⅱ: Besonderer Teil, Halbband. 2, S. 360.

② Canaris. *Grundstrukturen des deutschen Deliktsrechts*, VersR, 2005, S. 584.

③ Canaris. *Schutzgesetz-Verkehrspflichten-Schutzpflichten*, S. 31.

经济损失是不能获得赔偿的,故是历史延续的产物。① 但最为重要的理由事实上仍然是上述第二个理由,因为行为自由涉及人格发展、市场竞争机制和经济发展、营业自由问题。按照英国法官 Reid 勋爵的观点,"竞争意味着交易者有权通过增加自己的利益而损害其他竞争者的利益"②,从而"如果对纯粹财产和一般行为自由以类似于最高标准的全面保护,这是极为令人疑虑的,且在实践中也根本无法实施,因为这种保护总是与加害人同等位阶(!)的财产和自由利益相冲突"③。

因此,法益区分保护并非是单纯地维护侵权责任与违约责任体系区分的技术手段,而恰恰涉及民法的实质价值判断。"加害人的一般财产和行为自由与受害人的一般财产和行为自由原则上是同等位阶,为何仅仅为了照顾一个人同样的利益,而要求另一个人承受行为自由上的限制或一般财产的损失?!……自由空间的开放和维护行为自由免受损害赔偿风险的过度干预,这毋宁描述了法秩序的一个基本任务,该任务的完成绝非仅仅是一个涉及'技术性的'合目的性问题,也完全是一个涉及更高尊严的正义问题;因为自由保护也是一个正义目标,而无自由的正义最终完全不可想象。"④ 法益区分保护思想的价值基础是试图构建行为自由和法益保护之间的合理关系。

(3) 体系理性和价值理性的中介:社会典型公开性

如果法益区分保护的价值基础是行为自由和法益保护之间的平衡,那么,为何德国法中以是否是绝对权作为法益的区分标准呢?最为实质性的

---

① *München/Wagner*. §823, Rn. 11ff.; Kötz/Wagner, *Deliktrecht*, S. 33.; Zimmermann, *The Law of Obligations*: *Roman Foundations of Civilian Tradition*, Oxford University Press, 2005, pp. 1022ff.; 布萨尼,帕尔默主编. 欧洲法中的纯粹经济损失: 13 页以下,87; 王泽鉴. 侵权行为: 305 页以下; 李昊. 交往安全义务论. 北京: 北京大学出版社, 2008: 197 页以下。除了这些理由之外,还有许多学者对此进行经济分析,参见布萨尼,帕尔默主编. 欧洲法中的纯粹经济损失: 58 页以下; 葛云松. 纯粹经济损失的赔偿与一般侵权行为条款. 中外法学, 2009 (5).

② Home office v. Dorset Yacht Co. Ltd. (1970) AC 1004, 1027.

③ Larenz/Canaris. *Lehrbuch des Schuldrechts*, Bd. Ⅱ: Besonderer Teil, Halbband. 2, S. 375.

④ Larenz/Canaris. *Lehrbuch des Schuldrechts*, Bd. Ⅱ: Besonderer Teil, Halbband. 2, S. 375.

理由恐怕还是绝对权和其他法益对潜在责任人而言的社会典型公开性（sozialtypische Offenkundigung）和由此所导致的预见可能性不同。绝对权具有社会典型的公开性，"其使得他人能够从相关客体的可感知性推导出对相关权利或法益的保护，并由此发展出对潜在侵权人的警告功能，由此考虑到对潜在侵权人的行为自由的尊重"①，由此就可以使得潜在加害人更为容易地认识到侵害的可能性，采取合理的预防措施加以避免；而其他法益一般不具有社会典型公开性，从而不能合理地期待第三人去防免加害。② 因此，法益本身所蕴含的社会典型公开性有助于实现行为自由和法益保护之间的平衡，而上文所述的"归属功能"和"排他功能"不外是对社会典型公开性的一种描述而已。

通过社会典型公开性或预见可能性以及其所想要实现的行为自由和法益保护之间的平衡，违约责任和侵权责任的体系区分也同样能够得到说明。违约责任以存在有效的合同为基础，其所保护的履行利益的产生基础是合同当事人的自由约定，该利益是否存在、主体为何、内容如何、范围多大等，即使不是任何人均可事先加以预见，但对债务人而言仍然是相当具体、特定并能够加以预见；基于这种对履行利益是否存在、内容和范围的预见和期待，债务人或者在订立合同时就能够进行合理的约定进而分配风险，或者能够通过价格机能，反映在交易对价上，或者通过保险机制，分散转嫁风险。③ 即使某些履行利益尤其是可得利益中的一部分，债务人在订立合同时无法预见和期待，按照我国《合同法》第113条的规定，对这部分可得利益无须进行违约赔偿。因此，即使违约责任对绝对权和绝对权之外的其他法益进行平等保护，通常亦在债务人可合理预见的范围内，其侵害所生的损害赔偿责任，亦不至于对债务人造成赔偿负担过重，赔偿范围巨大到无法承受的地步，反而是对行为自由的间接确认。④ 同时，这也是违约责任原则上具有相对性的理由，因为对于这些履行利益，往往只

---

① Vgl. Larenz/Canaris. *Lehrbuch des Schuldrechts*, Bd. Ⅱ: Besonderer Teil, Halbband. 2, SS. 373ff.; Fabricius, *Zur Dogmatik des "sonstigen Rechts" gemäss § 823 Abs. I BGB*, AcP 160, S. 291f.

② Canaris. *Schutzgesetz-Verkehrspflichten-Schutzpflichten*, S. 31.; 苏永钦. 再论一般侵权行为的类型//走入新世纪的私法自治. 北京：中国政法大学出版社，2002：306.

③ 陈忠五. 契约责任与侵权责任的保护对象：50，51.

④ 陈忠五. 契约责任与侵权责任的保护对象：51，118.

有债务人才能够预见，并通过自由约定予以分配和分散风险，而其他第三人则往往无法做到这一点，因此，违约责任原则上具有相对性，使得只有债权人才能够且仅能够向债务人请求违约责任，从而便利债务人能够进行核算和考虑风险分散机制，保障了其他第三人的行为自由，不至于使得责任过于浮滥，同样具有平衡行为自由和法益保护的价值。

反之，侵权责任则并非如此。与违约责任不同，侵权责任的当事人不存在事先协商的可能性，也无法建立事先的风险分配机制。物权等绝对权的权利主体、内容或范围一般可以具体特定，具有社会典型公开性，使得潜在责任人具有预见可能性，因此原则上无须对其所可能承担的侵权责任作出特别限制。但是，绝对权之外的其他法益的具体利益主体、内容和范围极为不确定，往往不具有社会典型公开性，甚至是否造成损害、被害人是谁以及人数有多少、损害范围和规模等也是极为不确定的，潜在责任人对此通常不具有预见可能性，此时如果不对侵犯这些法益的侵权责任作出特别限制，很容易发生责任的泛滥，进而影响到行为自由。[1] 由此，对不同类型的法益进行侵权法上的区分保护，就具有相当正当的理由。

（三）法益区分保护思想实现的规范技术

通过上文论述，对不同类型的法益进行不同程度的侵权法保护这种法益区分保护思想具有正当理由，但是，是否要区分保护与如何区分保护是不同的问题，即使承认法益区分保护思想是正当的，但并不能反推实现法益区分保护思想的规范技术就一定是正当的。目前的讨论围绕德国法的规范技术的妥当性而展开，因此，这里所可能涉及的问题是，如果法益区分保护思想是正当的，那么德国法实现该思想的规范技术是否妥当，如果对此回答是否定的，那么何种规范技术更具有妥当性？

1. 德国法规范技术的不足

德国法实现法益区分保护思想的规范技术就是区分法定绝对权和法定绝对权之外的其他法益，对两者进行不同程度的侵权法保护，划定不同的构成要件，并据此构建过错侵权的三种不同类型。区分标准至少包括三个层次，即是否是"法定"绝对权、法定"绝对"权和法定绝对"权"。这意味着对于法定绝对权进行较高程度的侵权法保护，而对非属于法定绝对权的其他法益——包括除法律具体明定之人格权之外的其他人格和身份利

---

[1] 同样的观点，参见王利明. 侵权责任法与合同法的界分. 中国法学，2011 (3).

益、相对权和其他财产利益——等进行较低程度的侵权法保护,除非有违反保护性规范和故意违反善良风俗的情形,否则行为人对这些法益的侵犯不负侵权责任。

这对现代社会中越来越多值得保护的正当利益,显然保护不足,为了缓解此种状况,德国法创造出了许多润滑机制以便适应现代社会的需求,概括而言,主要有四种方式。第一,通过司法扩大侵权法所保护的"绝对权"的种类和范围,例如认为有权占有、一般人格权、营业权等属于第823条所规定的"其他权利",对某些身份利益也予以权利化,同时扩张所有权的保护范围,例如在所有权侵害中运用所谓的"继续侵蚀性"概念,并将对物之使用的阻碍也认为是对所有权的侵害。第二,立法补充,通过立法直接创设新的权利;或者立法规定行为义务,从而使得这些规范构成保护性规范,适用第823条第2款实现对其他法益的保护。第三,扩张适用第826条所规定的故意违反善良风俗侵权的类型。第四,扩张合同责任,义务范围在时间上前后延伸,采纳广义债之关系的概念,合同义务内容增加以形成义务群,请求主体上也有所扩大,由此产生了缔约过失、后契约过失、积极侵害债权、附保护第三人契约、第三人损害清算等理论。①

但是,即使存在这些润滑缓和机制,侵权法保护仍然有所不足,具体而言:第一,就立法和司法上对新型权利的承认和扩大既有权利的保护范围而言,该种承认和扩大能够部分解决保护不足的问题,但是姑且不论由此所产生的"权利爆炸"问题,其扩张作用仍然非常有限和令人疑虑。首先,对于立法所直接创设的新型权利而言,暂且不考虑立法的滞后性和质量问题,但必须注意到,这些立法的立法者往往没有考虑体系效应,因此对立法新创设的这些权利能否一概受到侵权法的保护仍要进行进一步甄别。② 其次,对新型权利的承认往往牵一发而动全身,例如,就侵权责任

---

① 具体请参见 Markesinis/Unberath. *The German Law of Torts*,4th ed.,Hart Publishing,2002,pp. 51,70f,74ff;齐默尔曼. 罗马法·当代法与欧洲法:63页以下。

② 例如国家通过发放营业许可创设新的财产权,如出租车营运证、烟草专卖证等,以及在公共资源上创设不同于传统物权的新类型权利,例如采矿权等"准物权",自然可以成为侵权法的保护对象;但是国家针对特定的人群赋予特定的权利,例如残疾人补助金、失业救济金等,权利人只能向国家主张,第三人无侵犯的可能,没有成为侵权法保护对象的必要。具体请参见方新军. 利益保护的解释论问题. 华东政法大学学报,2013 (6)。

构成的不法性要件而言，对侵权法定绝对权采取"结果不法"理论，以结果征引不法；而对于这些新型权利，性质上无法与法定绝对权完全等同，因此被称为"框架权"，对此的侵犯无法采取结果不法理论，而需要"积极确定违法性"，由此产生诸多疑难和矛盾。再次，由于立法者和司法者的理性有限，所创设之新权利的主体、内容等仍非常空洞，对既有权利保护范围的扩张也往往欠缺具体特定，司法操作难度未减，无法实现权利的社会典型公开性。例如一般人格权，已经与利益难以区分，其"在受保护的范围内承载了什么内容，是无法用一个统一的公式，甚至是根本无法创立一个可以用于归入法的公式来表达的"①。营业权也同样如此，这种权利缺乏其他绝对权的一切特征，仅仅取决于当事人的意愿给予保护的实施，还不能够使其成为一个主观性的权利。② 并且，即使承认营业权，对于非营业或企业的一般人在经济生活领域上的利益仍无法提供完整的保障，因此为弥补该规范漏洞，有学者主张应将营业权予以一般化而创设所谓的"经济人格权"（das Wirtschaftliche Persönlichkeitsrecht），但如果真是这样，则德国法法益区分保护的规范架构将几乎丧失殆尽。③

---

① 福克斯. 侵权行为法：52.
② 克默雷尔. 侵权行为法的变迁（中）. 李静译//中德私法研究. 第4卷. 北京：北京大学出版社，2008：78. 因此，在德国，虽然通说观点继续采纳营业权概念，但对营业权的反对声音一直不断，Larenz和Canaris就认为营业权缺乏社会典型公开性、归属功能和排除功能，因此没有必要存在，而应通过《德国民法典》第826条实现保护，Vgl. Larenz/Canaris, *Lehrbuch des Schuldrechts*, Bd. Ⅱ：Besonderer Teil, Halbband. 2, SS. 560ff. 。这导致了对营业权进行了一些要件限制，例如受害人方面必须是已经设立且实施经营的企业、侵害行为必须是直接侵害、侵害客体是与企业经营具有直接性和内在关联性的营业利益而非可以分离的企业财产或其成员固有利益、违法性采取行为不法理论以及将之作为一种补助性方式故不与其他请求权基础竞合等，避免适用范围过度扩张，参见林美惠. 侵权行为法上交易安全义务的保护对象——以纯粹经济上损失为主. 政大法学评论，第70期：66页以下；中国大陆对营业权的反对意见，参见于飞. 论德国侵权法中的框架权. 比较法研究，2012（2）. 框架权确实权利边界极为不清晰，并且在我国，《反不正当竞争法》第17条第1款规定："经营者违反本法规定，给他人造成损害的，应当依法承担民事责任……"结合该法第二章"不正当竞争行为"，似乎已经构成完整的请求权基础，而无须绕道营业权，德国《反不正当竞争法》第9条与我国的规范模式也已经较为接近了，具体参见贺栩栩. 侵权救济四要件理论的力量. 华东政法大学学报，2016（5）.
③ 陈忠五. 契约责任与侵权责任的保护对象：166页注174.

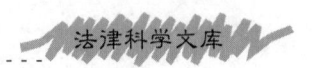

第二，就立法创设保护性规范而言，同样一方面存在立法滞后性的问题；另一方面也存在因立法理性有限所存在的立法质量和欠缺体系效应考虑问题，就哪些规范构成保护性规范而言，判断较为困难，如果动辄任意将各种规范均纳入保护性规范范围，进而减轻过失和因果关系的举证责任，可能会破坏平衡行为自由和法益保护的侵权法价值机制。

第三，就故意违反善良风俗的侵权类型而言，也存在诸多不足。首先，必须要证明故意的存在，单纯的过失不足以构成，而证明故意较为困难。针对这些不足，德国学说越来越认为，"故意"要件已成为侵权法对正当利益保护的阻碍，因此主张进一步放宽《德国民法典》第826条的规定，将故意予以扩张解释至包含重大过失情形，这尤其体现在过失不当陈述的情形中。① 但这显然违反文义，"故意"要件就等同于被抛弃和架空。即使放弃"故意"要件，但是进一步的要求是，侵害行为仅仅不妥并不足够，必须严重到悖于善良风俗的程度，而善良风俗的内涵并不清晰，证明也的确不易。

第四，就扩张合同责任保护而言，这一方面导致了合同责任的肥大化，导致"侵权法淹没于合同法的汪洋大海中"；另一方面，即使如此扩张，仍然不足以完全解决对法益的保护问题。例如，缔约过失责任在适用范围和责任要件上，存在解释适用上的诸多疑义②；附保护第三人契约理论则在要件上要求第三人与债务人的给付之间存在接近性（Leistungsnähe），即债务人可以合理预见到"第三人利益的存在"和"第三人的范围"，这相当广泛且不确定，并且债务人基于合同关系对债权人可主张的各种抗辩，原则上似乎也可对该第三人主张。③

2. 规范技术和方法理性

（1）制定法实证主义的不足

可以看出，德国法实现法益区分保护思想的规范技术存在诸多缺陷，当然，这些规范技术的缺陷并不能导致作为基础的法益区分保护思想的无价值，并且这种存在缺陷的规范技术背后所蕴含的方法理性同样仍然值得

---

① Vgl. *MünchKomm/Wagner*，§ 826，Rn. 3.

② 例如，就我国法而言，缔约过失责任是否限于故意和合同未成立或未生效，关于该问题的论述请参见张家勇. 论前合同责任的归责标准. 法学家，2014 (1).

③ 具体参见王泽鉴. 契约关系对第三人之保护效力//王泽鉴. 民法学说与判例研究. 第2册. 北京：中国政法大学出版社，1998.

第三章 侵权法保护对象与规制性规范的界定功能

进一步省思。

德国法之所以区分法定绝对权和法定绝对权之外的其他法益，并进行不同程度的侵权法保护，是受到了制定法实证主义的影响，即所有的法都是由国家立法者所创造的制定法，制定法是完全客观的，并且非常完备，司法者完全不需要自己对制定法添加任何东西，他只能理解而不能进行创造性的法律续造。与制定法实证主义联系在一起的是权利的法定化，即权利是由制定法所明确规定的权利。[1] 制定法实证主义所意图要实现的是一种分权体制，即立法和司法的分权，以立法来限制司法者的自由裁量，避免司法者的专权，实现法律的可预期性。

在侵权法的规范方式上，《德国民法典》第一草案制定时，第一委员会以《法国民法典》的概括性条款作为蓝本，而第二委员会充分讨论了概括性条款和限制性条款的立法方式，他们一致认为，概括性条款未准确地提出损害赔偿请求权的条件，这只会遮蔽责任确定中的困难并将此困难移交给法官，但扩大法官的职权非常令人疑虑，并且事实构成的抽象还会导致诉讼的泛滥。[2] 由此，《德国民法典》最终形成了三个小的一般条款，为法官裁判案件提供一套客观的标准，意图实现概念清晰、要件明确、体系严谨，从而可以减轻法律解释时的思维负担，减轻操作困难度，提高判决的预测可能性，实现法秩序的安定和形式正义的基本要求。

可以看出，侵害法定绝对权能够构成侵权，这里体现了权利的法定化和制定法实证主义，此时虽然能够通过扩大法定权利的类型和保护范围实现侵权责任的扩大，但总体上而言，较之法国法，德国法中司法者裁量的空间要小得多。同样，违反保护性规范的侵权类型中，德国司法者的裁量空间仍然存在，主要着眼于何为保护性规范，但此时包括行政立法在内的广义的立法已经先作出了一层评断，而在法国法中，违反法律原则上就直接构成法国法上的过失，此法规是否是保护性规范在所不论，司法者的裁

---

[1] 关于制定法实证主义和权利法定化的论述，请参见朱虎. 萨维尼法学方法论述评. 环球法律评论，2010（1）；朱庆育. 权利的非伦理化：客观权利理论及其在中国的命运. 比较法研究，2001（3）.

[2] Mugdan. *Die gesammten Materialien zum bürgerlichen Gesetzbuch für das deutsche Reich*, Bd. 2, Berlin: Decker's Verlag, 1899, S. 1075.；也请参见齐默尔曼. 罗马法、当代法与欧洲法：59页以下.

量空间仍然要大得多，同样，侵权类型的规定也是如此。

因此总体上来说，德国法中，制定法实证主义限定了司法者的裁量空间，试图划定立法权和司法权之间的合理界限。但是，此种方法理性虽然备极严肃，但却不免虚弱无力，此种制定法实证主义本身也几乎是一个"不可能的任务"。这种规范技术首先会带来大量的疑问，例如何种权利是绝对性权利，绝对性权利的保护内容和范围为何，最为典型的就是对人格权的保护，人格权本身必然蕴含了一种非实证化倾向，对人格权的制定法实证化也只能是在一定限度上的。① 这一方面是因为人格权无法完全被法定化，另一方面是因为即使被法定化的人格权，其具体内容由于必须考虑到言论自由等其他价值，因而具体内容和范围仍无法完全确定。这导致对人格权的侵权法保护的司法实践极为困难，也必然存在司法者的裁量空间。同样需要进行具体分析才能够确定对之进行何种程度的侵权法保护的还包括监护权、继承权和基于配偶关系的身份利益，以及物权法方面的物权期待权和占有，等等。股权也同样如此，如果有限责任公司中的股东份额被第三人无权处分，这当然侵犯了当事人的绝对权，但对于股权中所蕴含的财产减少或营利能力降低，德国法院并不认为构成了对股权的侵害，由此拒绝侵权赔偿。② 如果公司不向股东派发股息红利，由于公司和股东之间的法律关系属于相对权性质，因而不享有绝对权的侵权保护。即使是侵犯所有权，剥夺占有和对物进行处分毫无疑问属于侵犯所有权，但对物之使用的妨碍是否构成所有权侵害，抑或仅仅是纯粹经济损失，仍然存在大量争议。③ 其他诸如妨碍或干扰他人精神活动自由是权利还是利益、欺诈和证券欺诈发行等是否侵犯了精神上的自由权利抑或利益、性自主是权利抑或利益，这些同样无可避免地需要倚仗司法者来予以判断。④

因此，哪些法定权利属于绝对权，以及法定绝对权中的哪些内容应受到更高程度的侵权法保护，并非显而易见和一劳永逸的，也并非能够由立

---

① 龙卫球. 人格权立法面面观：走出理念主义与实证主义之争. 比较法研究，2011（6）.

② *MünchKomm/Wagner*，§ 823，Rn. 171.

③ 相关的案例参见德国法中的"孵化场案"（BGHZ 41, 123ff.）、"内河水道案"（BGHZ 55, 153ff.）.

④ 陈忠五. 契约责任与侵权责任的保护对象：104.

法者所完全决定的。此时，制定法实证主义所想要实现的严谨责任体系、明确的构成要件、减轻思维负担、便于实务操作、提高对司法的预测可能性及法秩序安定性，在某种程度上可能必须因此打一大的折扣。[1] 各国法律尤其是侵权法的实践已然表明，侵权法是案例法的天堂，必然使得法官在案例中运用裁量权实现法的发展，一个良好的法治社会的构建也必然需要立法者和司法者的携手，司法者必然要在实质上做一个"立法之下的立法者"。德国法的上述发展也已经摆脱了制定法实证主义，承认法律渊源的多样化，通过司法判例承认一般人格权、营业权等新型权利。当然，法官专权仍然需要避免和考虑，以实现法秩序安定性，但是，是否必须要通过制定法实证主义这种方式来予以实现就值得进一步思考了。换而言之，制定法实证主义和权利法定化当然有助于法秩序的安定性，但是对于法秩序的安定性而言，制定法实证主义和权利法定化既非充分条件，也非必要条件。之所以说并非充分条件，是因为还需要整体的司法制度予以保障；之所以说并非必要条件，是因为即使不采取制定法实证主义，仍然可以通过其他方式予以实现。

(2) 动态系统方法和法益区分

德国法规范技术至少从规范上看，试图用划定固定要件的方式解决问题，限制司法者的裁量空间，实现分权体制，但侵权法甚至法律本身的特点使得立法者无法一劳永逸地通过制定法解决所有问题，司法者的裁量空间必不可少，因此其意图的实际效果不佳，且可能带来的问题就是保护不足。德国法之后的发展就是针对该规范技术所带来的问题所进行的种种补救，但是如上文所述，这些发展对于法益的侵权法保护而言仍然有些捉襟见肘，更为重要的是，这些发展中的相当部分在实践中仍然是晦暗不明和有些令人捉摸不定的。总而言之，如果立法者试图用固定的、细致的规定对法院的裁量空间作出非常不合理的限制，那么最终效果可能会适得其反。[2]

但是，如果承认司法者裁量的必要性，从而采取完全开放的概括条款思路，那么仍然会产生如何实现法秩序安定性的质疑。在此，我们要看到一个困境，一方面要承认司法者裁量的必要性，但另一方面必须要实现"同等情况同等对待"的基本要求，要对司法者裁量进行合理限制，实现

---

[1] 陈忠五. 契约责任与侵权责任的保护对象: 104.
[2] 库齐奥. 动态系统论导论. 张玉东译. 甘肃政法学院学报, 2013 (4).

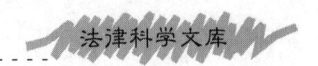

法秩序的安定性。

摆脱这种困境的具有说服力的方式是维尔伯格（Wilburg）所提出的动态系统理论。①其以日常生活和事实的多样性所导致的固定规则的不可能性作为出发点，主要方式是明示价值基础，划出寻求合理解决方案时的相关考量因素，在个案适用时则需要对各个考量因素进行综合考量，具体结果取决于各个考量因素相比较后的综合权衡。由此，动态系统理论承认了司法者的裁量，从而能够顾及不同案件的不同情况，并适应社会发展；但又通过立法者对考量因素的划定实现对司法者裁量的限制，司法者要在立法者所划定的考量因素范围内进行思考、论证和判决理由的说明。这样，法秩序安定性由立法和司法携手，通过司法者在立法者所划定的考量因素基础上进行论证所取得的共识而予以实现。

此时，考量因素也迥异于固定要件，固定要件要求司法者在个案中逐个进行审查，是法律后果产生的充分且必要条件，其之所以充分，是因为只要满足了全部要件，法律后果必然产生，其之所以必要，是因为欠缺任何一个要件，法律后果即绝对不会产生，因此，法律后果是全有或全无；而在动态系统理论中，根据价值基础可以划定多个考量因素，这些考量因素指导司法者在个案中进行权衡，司法者要综合权衡各个考量因素的不同影响，法律后果也摆脱了僵硬的全有或全无的思考模式，由此实现弹性而非固定、开放而非封闭的模式。

这种动态系统的方法反映在侵权法中，可能的推论之一就是侵权责任成立的各个要件在一些情形中也同样仅仅是考量因素而已，此时，个案中的侵权责任是否成立，需要对各个具体要件进行综合权衡，这一方面导致各个具体要件的强度互补，例如，在替代因果关系情形中，因果关系仅需在有限的程度上具备即可，此时如果要使得侵权责任成立，则其他考量因素必须要在更大的程度上存在。②另一方面导致各个具体要件之间的互相参酌，例如，过错要件中的行为标准在个案中如何划定，同样需要考量受

---

① 维尔伯格.私法领域内动态体系的发展.李昊译.苏州大学学报（法学版），2015（4）。对此的具体介绍，请参见山本敬三.民法中的动态系统论//梁慧星主编.民商法论丛.第23卷.香港：金桥文化出版（香港）有限公司，2002；库齐奥.动态系统论导论.张玉东译.甘肃政法学院学报，2013（4）.

② 库齐奥.替代因果关系的解决路径.朱岩，张玉东译.中外法学，2009（5）.

保护法益的性质和价值。①

　　如果进一步将动态系统的方法具体到法益区分保护理论中，可以看到，不同类型的法益自然要受到不同程度的侵权法保护，但并非如同德国法那样，在判断某个被侵犯的法益是否要受到侵权法保护时，仅仅单纯地依据其是否是法定绝对权，而是要划定更多的考量因素，其中也要注意到过错等其他要件的强度互补和互相参酌。这意味着，被侵犯法益是否是法定绝对权，仅仅是判断该法益是否应受到侵权法保护的考量因素之一而非唯一、排他性要件，因此，判断最终并非取决于是否是法定绝对权这种形式化区分，而是要对多种考量因素及其权重进行综合权衡和实质化论证。

　　这种方式已经被欧洲侵权法的一些草案所采纳。《欧洲侵权法原则》（PETL）第2：101条明确规定，损害须是对法律保护的利益造成的物质损失或非物质损失，但何谓受法律保护的利益呢？第2：102条基于动态系统理论，规定了更为动态和多元化的考量因素②，此时，对利益进行侵权法保护并非仅仅取决于其性质，而是取决于多个因素以及这些因素的整体权衡以及相互之间的关联，每一个因素的分量会发生变化，因而，它们常常只能结合另一个非常重要的因素或者几个其他因素才能确定一个保护

---

①　参见《欧洲侵权法原则》第4：102条。
②　其条文内容如下（译文摘自：欧洲侵权法小组. 欧洲侵权法原则. 于敏，谢鸿飞译. 北京：法律出版社，2009）：
第2：102条受保护的利益
（1）受保护利益的范围取决于利益的性质；价值越高，界定越精确、越明显，其所受保护就越全面。
（2）生命、身体和精神的完整性，人的尊严和自由受最全面的保护。
（3）财产权包括无形财产权受广泛保护。
（4）纯经济利益和契约关系的保护可更多限制。此时，尤其要充分注意行为人与遭受危险者之间的紧密性，和行为人知道其利益肯定不如受害人的利益价值大，而其行为将造成损害的事实。
（5）保护范围也受责任性质的影响，在故意侵害利益时，对利益的保护程度更高。
（6）在确定保护范围时，应考虑行为人的利益尤其是其行动自由与行使权利的利益，以及公共利益。

对象。①《欧洲示范民法典草案》（DCFR）则明确规定了具有法律相关性的损害（legally relevant damage）的特别类型（第 6-2：201 条至 2：211 条），但除此之外，侵犯法律所赋予的权利以及值得法律保护的利益在救济措施是公平合理的情况下，也同样构成具有法律相关性的损害，在判断何为公平合理的情况时，第 6-2：101 条也同样采用了动态系统理论，规定了多种考量因素，构成弹性和开放的条款以把握生活的多样性。② 同样采用此种方法的还有《奥地利损害赔偿法草案》第 1293 条的规定。

（四）《侵权责任法》中的法益区分保护思想与技术

在法益区分保护这个问题上，对《侵权责任法》第 6 条第 1 款可能会有三种解释方案：第一，未采纳法益区分思想，对所有的利益进行同等保

---

① 考茨欧主编. 侵权法的统一：违法性. 张家勇译. 北京：法律出版社，2009：35，19；欧洲侵权法小组. 欧洲侵权法原则：64.

② DCFR 第 6-2：101 条"具有法律相关性的损害的含义"规定如下：
（1）在以下情形下，损失（无论是经济损失还是非经济损失）或伤害是具有法律相关性的损害：
(a) 本章以下规则对此作出了明确规定；
(b) 损失或伤害因侵犯法律所赋予的其他权利而产生；
(c) 损失或伤害因侵犯值得法律保护的利益而产生。
(2) 本条在第（1）款第（b）项或第（c）项规定的情形下，只有在根据具体情况依第 6-1：101 条（基本规则）或第 6-1：102 条（防止损害的发生）的规定，存在损害赔偿请求权或损害防止请求权是公平合理的情况下，该损失或伤害才构成具有法律相关性的损害。
(3) 在判断存在损害赔偿请求权或损害防止请求权是否公平、合理时，应当考虑归责基础、损害或即将发生的损害的性质与因果关系、遭受或即将遭受损害的人的合理期待以及公共政策。
(4) 本卷中：
(a) 经济损失包括收入或利润损失、费用负担以及财产价值的减少；
(b) 非经济损失包括痛苦与创伤，以及对生活质量的损害。（译文摘自欧洲民法典研究组、欧盟现行私法研究组编著. 欧洲示范民法草案. 高圣平译. 北京：中国人民大学出版社，2012）
关于本条对动态系统理论的采纳，参见欧洲民法典研究组、欧盟现行私法研究组编著. 欧洲私法的原则、定义和示范规则（第五、六、七卷）. 王文胜等译. 北京：法律出版社，2014：227 页以下。

护；第二，采纳了法益区分思想，且应对之进行德国法规范技术的解释；第三，采纳了法益区分思想，但不应对之进行德国法规范技术的解释，而应认为其采纳了动态系统的规范技术，且通过具体的例示隐含地提出了一些具体的考量因素，授权司法者进行综合权衡和评价。由于法益区分保护思想具有正当性，因而第一种解释方案不应被采纳。第二种和第三种解释方案都以法益区分保护思想为基础，但在实现该思想的规范技术上存在较大区别。概括而言，就是否要区分法益进行保护形成了一种主流观点，对此作出肯定回答；但就如何区分保护这个问题仍未形成一致意见，而后面这个问题又包含了两个分问题，即区分的标准为何，以及如何对不同的法益进行侵权法保护，即保护的程度为何。最后还涉及解释技术上的争论。

1. 法益区分的标准

从理论上而言，结合 PETL 和 DCFR 的规定，对法益进行区分的标准可以认为至少有两个：受保护法益的价值和社会典型公开性。受保护的法益价值越高，所得到的侵权法保护越全面，生命、健康以及涉及人的尊严和自由的人格权受最全面的保护。社会典型公开性指的是被侵害法益所具备的客观的、典型的公开性和可识别性，法律对被侵害法益界定地越精确和明显，该法益就越具有社会典型公开性，所得到的侵权法保护就越全面。例如，物权由于物权法定和公示手段的存在，较之合同债权，其得到的侵权法保护就要更为全面和程度更强。法律可通过具体明确地规定一些法定损失（例如丧葬费、亲属误工费等）、一些法定绝对权的法定明确保护范围以及法定行为义务而使一些法益具有较强的社会典型公开性。

通过这些区分标准，司法者可以首先区分开不同的法益，同时司法者的裁量空间仍然存在。因此，法律所明确规定的人格权、物权和知识产权中的被明确保护的法益得到的侵权法保护较强，法律所明确规定的行为义务所保护的法益以及法律所明确规定的一些法定损失得到的侵权法保护同样较强。《侵权责任法》第2条第2款列举了一些人格权以及物权和知识产权，而并未提及合同债权，但其隐含的法益区分标准并不应当是是否是绝对权，因为在第2条第2款中同样被列举的监护权、继承权、股权等无法简单地用绝对权予以界定，因此必然隐含了其他区分标准，即受保护法益的价值和社会典型公开性。社会典型公开性较强和价值较高的法益绝不限于"绝对"权和绝对"权"。同样，即使是绝对权，虽然其核心保护范围是明确的，但是一些边缘地带的法益在未被法律所明确规定的情况下，其社会典型公开性仍然较弱，最为典型的就是被法律所明确规定的一些人格权的保护范围，例如身体健康权中是否包含决定是否生育的法益。① 监护权、继承权、基于配偶关系的身份利益、物权期待权和占有、股权则同样需要根据这两个标准进行更为具体的分析。换而言之，这些权利中所包含的价值较大以及社会典型公开性较强的法益得到的侵权法保护较强，其所包含的其他法益得到的侵权法保护要弱一些，由此实现行为自由和法益保护之间的价值平衡。至于第 2 条第 2 款中的"等人身、财产权益"自然也应依据上述两个标准予以细致界定。

但必须要注意的是，该款所包含的"民事权益"内容极为宽泛，绝非仅仅包含价值较大和社会典型公开性较强的法益，还包括价值较低和社会典型公开性较弱的法益，简单而言就是所有法益。该条第 1 款规定了"侵害民事权益，应当依照本法承担侵权责任"，换而言之，侵害"民事权益"仍然要"依照本法"承担侵权责任。因此，本书仅仅认为该条第 2 款隐含了法益区分的标准，意味着要区分开价值较高、社会典型公开性较强的法益以及其他法益，对这两种法益要进行区分保护而非同等程度的保护，但这两种法益都属于该条所规定的"民事权益"，至于是否要使得加害人最终承担侵权责任仍需"依照本法"。但未解决的问题是，在区分开这两种法益的前提下，对这两种法益进行侵权法保护的程度为何，而所谓"依照本法"中的"本法"无疑就是《侵权责任法》，那么问题就转换成，《侵权责任法》对这两种法益所采取或应采取的区分保护的程度为何。

2. 区分保护的程度

如前所述，即使辅之以各种润滑机制，德国法的规范技术仍存在诸多缺陷。同样值得怀疑的是，德国法之后的实践发展以其既定的规范技术作为规范前提，这些发展无外乎是为了解决德国法规范技术所带来的问题，这犹如下棋，前一手出现了漏洞，之后的每一手都是为了弥补前手的漏洞，在德国法语境中这并无问题，因为历史是既定的而非可选择的。但在中国法语境中，我们所下的这一步棋和德国法的下法并不相同，在明知德国法的这一步棋已经出现了诸多漏洞的情况下，并无理由要秉守德国法的规范技术选择。

---

① 对此的论述，请参见朱晓喆，徐刚. 民法上生育权的表象与本质——对我国司法实务案例的解构研究. 法学研究，2010（5）.

以最具争议的纯粹经济损失为例，一个可能的共识就是纯粹经济损失的侵权法保护较之法定绝对权的侵权法保护而言要弱，但并非绝对不受侵权法的保护。就判断纯粹经济损失应受到何种程度的侵权法保护而言，有学者采纳德国法的规范技术，主张扩张所有权的保护范围，或者在违反保护性规范或者故意违反善良风俗的情形下予以保护，但是内在理由却并不十分清晰。同样，在破坏电缆的情形中，孵化器停工导致孵化器中的小鸡畸形这种损失，与营业停止的损失，究竟有何不同，导致前者是所有权侵害，后者却是纯粹经济损失呢？被告因过错导致运河堵塞，使得原告的一艘船被困于河道中，另外三艘船也无法到达原告处，为何前者构成了侵害所有权，而后者不构成侵害所有权，这些都会引起极大的争议。[1] 即使认为背后隐藏了政策判断，即纯粹经济损失情形中，可能的受损者人数众多且损失不确定，但是，受损者人数有限、损失也能够确定的纯粹经济损失，例如商品自损、建筑物自身存在的缺陷，对此的赔偿为何仍迟疑甚至否定，而如核电厂泄漏这样的大规模侵权，受损人数众多且损失不确定，为何实践中仍然可能予以赔偿？举个极端的例子，在挖断电缆的情形中，如果加害人是以管线安装为业的职业人员，且其对于管线设施的正常运作背后所存在的诸多利益能够事先预见，对于挖断电缆所可能造成的损害，其也可以通过责任保险机制或价格机制予以分散转嫁，此时，加害人对其过失挖断电缆所造成的损失应否予以赔偿？[2] 因此，有学者指出，绝对权的侵害与是否构成纯粹经济损失之间没有逻辑上的联系，"哪些财产属于纯粹经济损失，这体现的是一种对可赔偿范围的技术限定，与权利本身并没有本质的联系，权利此时体现的只是一种'基准点'的作用"[3]。一些学者根据动态系统方法，提出了判断纯粹经济损失是否以及如何受到侵权法保护时的多项考量因素，并辅助以类型化，这种方法在美国一些法院中也被采纳，而《欧洲侵权法原则》和《欧洲示范民法典草案》也采取了同

---

[1] Vgl. Larenz/Canaris. *Lehrbuch des Schuldrechts*，Bd. Ⅱ：Besonderer Teil，Halbband. 2，S. 389.

[2] 陈忠五. 契约责任与侵权责任的保护对象：141.

[3] 梅夏英. 侵权法一般条款与纯粹经济损失的责任限制. 中州学刊，2009（4）.

样的方法。①

因此，第三种解释方案，也即以动态系统作为方法基础的解释方案，是值得考虑的。简单来说，就是在区分开价值较高、社会典型公开性较强的法益以及其他法益的前提下，对前者进行较强的侵权法保护，而对后者进行较弱的侵权法保护，但这种较弱的侵权法保护不限于德国法的"违反保护他人法律"和"故意违反善良风俗"两种保护途径，而是要综合权衡各种考量因素予以判断。②

在此存在两个实质论证规则。实质论证规则之一就是，如果社会典型公开性较强、价值较高的法益，例如法律所明确规定的人格权、物权和知识产权中的被法律明确保护的法益以及法律所明确规定的行为义务所保护的法益受到侵害导致损失，以及法律所明确规定的一些法定损失发生，则这些损失一般应得到侵权法的保护，除非有其他公共政策的理由。毕竟加害人是否承担侵权损害赔偿责任仍要取决于过错、因果关系和公共利益等所有要素的整体权重，因此，具有社会典型公开性和较高价值的法益受到轻微侵害，也同样无法获得侵权法的保护，例如被传染普通的感冒。③

实质论证规则之二就是，社会典型公开性较弱、价值较低的法益受到侵害所致的损失一般不予以侵权法保护，除非有充分且正当的理由。④ 因此，对这些法益并非完全不予以侵权法上的保护，在具有充分理由的情况下仍然要对之进行侵权法保护。在充分理由的构建过程中，按照动态系统的方法，需要考虑多种因素，包括归责基础、损害性质、因果关系和公共利益等，以及这些因素之间的相互补强和影响。具体而言，如果

---

① 例如，Koziol 提出了十项考量因素，参见库齐奥. 欧盟纯粹经济损失赔偿研究. 朱岩，张玉东译. 北大法律评论, 2009（1）；美国加州法院则提出了六项考量因素，J'Aire Corp. v. Gregory, 24 Cal. App. 3d 799, 598 P. 2d 60, 157 Cal. Rptr. 407（1979）；我国学者也基于类似方法，提出了一些原则或考量因素，参见满洪杰. 论纯粹经济利益损失保护. 法学论坛, 2011（2）；杨雪飞. 反射型纯粹经济损失的赔偿问题. 云南民族大学学报（哲学社会科学版）, 2010（3）.

② 对于这种动态系统的解释方法，可能的主张者是朱岩教授，参见朱岩. 侵权责任法通论·总论. 上册. 北京：法律出版社, 2011: 131 页以下, 161 页以下.

③ 库齐奥. 动态系统论导论. 张玉东译. 甘肃政法学院学报, 2013（4）.

④ 关于该论证规则，参见张新宝，张小义. 论纯粹经济损失的几个基本问题. 法学杂志, 2007（4）.

加害人是故意或重大过失、损害为人身损害、行为人与受害人关系紧密以及言论自由、竞争自由等公共利益较为欠缺，则这些法益更有理由得到侵权法保护；相对应的，如果加害人仅具有一般过失甚至轻过失、损害为纯粹经济损失、行为人与受害人关系较为疏远以及公共利益较强①，这些法益更有理由不受到侵权法保护。需要再次强调的是，所列举的这些因素都仅仅是考量因素而非要件，司法者要在个案中对这些考量因素进行综合权衡。②

3. 解释技术

即使承认法益区分保护思想以及上述的区分标准和区分保护程度是正当的，但如前文所述，在《侵权责任法》的规范前提下，如何为上述观点的实现寻找到妥当的规范基础，仍然存在争论。按照《侵权责任法》的规范逻辑，是否包含违法性要件是存在较大疑问的③，同时，权益侵害要件和损害概念所包含的违法性要件在实质上并无不同。《侵权责任法》第6条第1款并非仅针对侵权损害赔偿责任，因而有意识地采纳了"侵害"这个表述，以与第15条规定的多种"承担侵权责任的方式"相对应。但是，在侵权损害赔偿责任中，固然应当包含损害概念；在预防性侵权责任中，也同样能够包含损害概念，第21条规定的"侵权行为危及他人人身、财产安全的"，可以被解释为"侵权行为导致损害发生之危险的"。因此，在侵权责任的构成中，损害是一个重要的概念。在一般的意义上，损害是指受害人的人身和财产在社会事实层面上所遭受的一种不利影响，这种一

---

① 对于公共利益这种考量因素，举例而言，最为典型的就是一物二卖情形，后买人一般不成立侵权责任的原因是因为市场竞争这种公共利益。除此之外，还有言论自由等公共利益。

② 有学者主张，侵害人身利益的仍以过错为主观要件，侵犯财产利益的应以故意为要件，参见方新军. 利益保护的解释论问题. 华东政法大学学报，2013 (6). 但是这种观点似乎仍然把考量因素当成了要件，由此仍然会带来诸多问题，例如，专家因过失导致第三人的纯粹经济损失如何处理，按照比较法，此时仅要求专家具有专家过失即可构成，而非必然要求专家的故意，参见周友军. 专家对第三人责任论. 北京：经济管理出版社，2014：61页以下.

③ 持否定态度的观点，参见王利明. 我国《侵权责任法》采纳了违法性要件吗?. 中外法学，2012 (1)；朱虎. 过错侵权责任的发生基础. 法学家，2011 (1).

般意义上的损害事实要转化为可以导致侵权救济的法律意义上的损害，必须接受法律上的筛选和评价，从而表现为一种"可赔偿的损害"（PETL 第 2：101 条）或者"具有法律相关性的损害"（DCFR 第 6-2：101 条）[①]。在侵权损害赔偿责任的构成中，这并无疑问，即使是在预防性侵权责任的构成中，也同样需要"具有法律相关性的损害"发生的危险或迫近。[②]

因此，在文义上，《侵权责任法》第 6 条第 1 款似乎并未包含损害概念，但根据上述解释，该款应当包含了"具有法律相关性的损害"这个构成，而这个构成又取决于对侵权法保护之法益的判断，即并非所有损害都是具有法律相关性的损害，后者是侵犯侵权法保护之法益所导致的物质和非物质损失（PETL 第 2：101 条），由此，在"具有法律相关性的损害"这个构成中能够容纳上文所述的区分标准、区分保护程度以及具体的考量因素。

（五）结论

侵权法中的法益区分保护具有思想和技术两个层面，分别对应着是否要区分保护以及如何区分保护这两个不同的问题。作为一种思想的法益区分保护着眼于对不同类型的法益进行不同程度的侵权法保护，该思想是一种制度共识，有助于通过社会典型公开性妥当协调行为自由和法益保护的价值，具有体系理性和价值理性的正当基础。

但是，在承认法益区分保护思想的前提下，如何区分保护仍是需要进一步讨论的问题，其规范技术是多元化的。根据思想和技术或目的和手段的两分，采纳法益区分保护思想并不必然导致德国侵权法的规范技术，也不能推断出法益区分保护思想仅存在于德国侵权法的规范技术之中。德国法的规范技术以制定法实证主义为方法基础，目的在于限制司法者的裁量空间，实现分权体制，但侵权法本身的特点使得司法者的裁量空间必不可少，因此其意图的实际效果不佳，且会带来保护不足的问题。为了解决德

[①] 薛军.损害的概念与中国侵权责任制度的体系化构建.广东社会科学，2011（1），当然，他这里使用的概念是具有"不法性"的损害，含义大致相同。

[②] 欧洲民法典研究组，欧盟现行私法研究组编著.欧洲私法的原则、定义和示范规则（第五、六、七卷）.王文胜等译：199。必须承认的是，在侵权损害赔偿责任和预防性责任中，"具有法律相关性的损害"的具体界定可能有所不同，但其中的考量因素应当是相同的，参见《欧洲示范民法典》第 6-2：101 条。

国法规范技术所带来的上述问题，更为妥当的方式是以动态系统作为方法基础构建动态、弹性的法益区分保护规范技术。

《侵权责任法》第2条第2款隐含了法益区分的标准是法益的价值和社会典型公开性，但并非意味着价值较低、社会典型公开性较弱的法益完全不受侵权法保护，或者仅如同德国法那样以"违反保护性规范"和"故意违反善良风俗"作为保护途径。更为妥当的方式是，以《侵权责任法》第6条第1款所隐含的"具有法律相关性的损害"这个概念作为解释的规范基础，确定两个实质性的论证规则，即"社会典型公开性较强、价值较高的法益一般应受到侵权法保护，除非具有充分且正当的理由"和"社会典型公开性较弱和价值较低的法益一般不受到侵权法保护，除非具有充分且正当的理由"，而在充分且正当的理由构建过程中，划定多元化的考量因素，授权司法者进行更为动态和弹性化的综合权衡。

二、规制性规范对侵权法保护对象的界定功能

（一）规制性规范界定侵权法保护对象的必要性

上文已经述及，为妥当协调行为自由和法益保护的价值，作为制度共识的对不同类型的法益进行不同程度的侵权法保护的法益区分保护思想具有价值正当性，由此，以社会典型公开性和价值作为法益区分的标准，并且确定两个实质性的论证规则，即"社会典型公开性较强、价值较高的法益一般应受到侵权法保护，除非具有充分且正当的理由"和"社会典型公开性较弱和价值较低的法益一般不受到侵权法保护，除非具有充分且正当的理由"，而在充分且正当的理由构建过程中，划定多元化的考量因素，授权司法者进行更为动态和弹性化的综合权衡。而在这种动态弹性化的司法者综合权衡过程中，规制性规范有必要作为其中的重要考量因素。

具体而言，在侵权法所保护的诸种法益中，法律所明确规定的人格权、物权和知识产权中等法定绝对权中被明确保护的法益，或者说法定绝对权中的典型核心法益应当受到侵权法的保护，这一点应无疑义。例如，作为法定绝对权之一的所有权，其中的典型法益是禁止剥夺占有和对物进行擅自处分，这些法益毫无疑问应受到侵权法的保护。

但是，首先，即使在法定绝对权中，仍会存在一些边缘地带的法益在未被法律所明确规定的情况下，其社会典型公开性仍然较弱。例如，所有

权中的使用权能被妨碍是否构成所有权侵害，仍然存在争议；法定人格权的保护范围更为不清晰，例如，身体健康权中是否包含决定是否生育的法益。其次，《侵权责任法》第2条第2款所规定的除法定绝对权之外的其他法定权利是否被侵权法所保护，更是存在争议，例如，监护权、继承权、基于配偶关系的身份利益以及股权这些权利中所包含的哪些法益得到的侵权法保护较强，哪些法益得到的侵权法保护要弱一些，如前文所述，事实上也是存在较大争论和疑问的。再次，《侵权责任法》第2条第2款所未明确规定因而被包含入"等人身、财产权益"中的非法定利益，例如物权期待权、占有以及一些人身利益等，这些利益应得到何种程度上的侵权法保护，分歧可能就更大了。

　　因此，在具体实践中，除法定绝对权中的典型核心法益之外，法定绝对权中的一些法益、非绝对权的法定权利以及非法定利益应否得到侵权法保护，并非显而易见，仍然存在较大疑义。当然，这里存在司法者评价的空间，其应当且能够进行动态弹性化的综合权衡，但为了更好地实现法秩序的安定性和一致性，考量因素的划定就极为重要了。"由于我国《侵权责任法》第2条第2款所列举的权利形态过于细致，没有考虑到上位的种属权利的开放性，尤其是人格权与知识产权正处在一个不断开放发展的过程中，以保护性规范的方式确认对新型权利的保护，显然是一般抽象立法模式下的不可或缺的补充。"① 此时，规制性规范作为重要的考量因素就具有了充分的必要性。

（二）规制性规范界定侵权法保护对象的正当性

　　在解决了必要性之后，必须要予以回答的问题是，为何规制性规范在侵权法保护对象的界定中应当作为重要的考量因素呢？上文已经述及，所有的考量因素都指向一个目标，即所涉法益的社会典型公开性和价值。对规制性规范作为重要考量因素的正当性，重点同样在于考察规制性规范所保护的法益是否具有较强的社会典型公开性和较高的价值。

　　如上文所述，所涉法益的社会典型公开性有助于妥当平衡行为自由和法益保护。按照苏永钦教授的观点，私人间追究责任势必从"社会典型公开性"或"期待可能性"着眼，只有对加害人的结果有预见可能性者要求其防免，而对未防免者课以责任，才有意义。绝对性的法定权利中的典

---

① 朱岩. 侵权责任法通论总论. 上册：384.

型核心法益往往具有公示性、对世性，故而能够合理地期待第三人去防免加害，而债权一般对其不予保护的原因正在于此，对具有占有外形的债权，例如租赁债权，予以保护的原因也正在于此。不论何种侵权类型，都须以该行为涉及某种对世规范的违反为前提，其目的就在建立此一制度最起码的社会典型公开性或期待可能性，以保留合理的行为空间。规制性规范属于立法规范，经由立法而公开，性质上具有强制力，在此情形下，任何人即负有按照规制性规范行为的义务，这足以说明适格的规制性规范能够产生针对任何人的义务，并且具有对世性，能够建立该规范所意图保护之法益的社会典型公开性和行为人的期待可能性。同时，经由规制性规范所保护的法益往往会被认为价值较高。

以纯粹经济损失为例，在《德国民法典》第823条第1款规定的基本侵权行为构成要件的范围内就并无所谓针对纯粹财产上利益的保护所架构的防止危险发生的义务，自由地保护他人财产的义务和《德国民法典》拒绝大的一般条款以及对财产的全面保护的立场不相符。[①] 之所以如此，恰恰是因为纯粹经济损失缺少社会典型公开性。但是，如果存在明确的规制性规范对某类纯粹经济损失予以保护，经由该规制性规范，该类纯粹经济损失可以被认为已经具有社会典型公开性，由此该类损失应受到侵权法的保护就具有了正当性基础。

（三）比较法经验

1.《德国民法典》第823条第2款的功能

如前所述，《德国民法典》立法者拒绝了《法国民法典》所采用的"大"的一般条款，而将侵权责任分为三种类型，即绝对权利保护类型（第823条第1款）、违反保护性规范保护类型（第823条第2款）和违反善良风俗保护（第826条）类型。同时第823条第1款中的"其他权利"以及第823条第2款、第826条又保留了条款的概括性，因此构成了三个"小"的一般条款，它们之间形成一种互补关系。[②] 此种限定性构成的方

[①] Vgl. Canaris. *Schutzgesetz-Verkehrspflichten-Schutzpflichten*，S. 81f.；王千维. 由"民法"第一八四条到第一九一条之三//苏永钦等."民法"七十年之回顾与展望论文集（一）. 北京：中国政法大学出版社，2002：119.

[②] Vgl. Larenz/Canaris, Lehrbuch des Schuldrechts, BT, Bd. II, S. 355；梅迪库斯. 德国债法分论：613页以下；福克斯. 侵权行为法：3页以下.

式得到了学者们的赞同。梅迪库斯教授也认为，大的一般条款具有两个重大不足：一是不法性的要件还需要进一步的精确化；二是在确定请求权人时，也会产生重大困难。① 与此类似，Larenz 和 Canaris 教授认为，德国侵权法的立法方式限制了请求权人的范围和可赔偿的损害的范围，对于法律适用给出了明确的指引，建立了一个基于一般条款的更具有可预测性的侵权法制度，同时由于小的概括条款的特征，其适用又存在一定的弹性和开放性；由此，法益区分保护思想成为《德国民法典》的基本思想之一。② 在此背景之下，《德国民法典》第 823 条第 2 款作为"小"的概括条款之一所具有的功能就非常重要了。

（1）阐明功能

第 823 条第 1 款所保护的权利限于绝对性权利③，这一点毋庸置疑。如果某保护性规范旨在为第 823 条第 1 款所保护之对象提供保护，那么违反该等保护性规范就同时构成了对第 823 条第 1 款所保护对象的侵犯，在此情形下第 823 条第 2 款似乎并无太多的实践价值。例如，《德国刑法典》第 223 和第 230 条规定对故意或过失侵害他人身体的要处以刑事处罚，该规定无疑属于保护他人之法律，如果某人违反该规定致他人损害，则受害人自可依据《德国民法典》第 823 条第 1 款要求加害人承担侵权责任。④ 此时，保护性规范之确立仅仅具有"清晰化功能"或阐明性功能（Präzisierungsfunktion），但并未在根本上扩大第 823 条第 1 款的保护对象。⑤

学者进一步认为，如果保护性规范所涉及的是在侵权法上已经由第

---

① 梅迪库斯. 德国债法分论：614.
② Larenz/Canaris. *Lehrbuch des Schuldrechts*，BT，Bd. Ⅱ，S. 354f.
③ 此种绝对性权利是经过了扩大，例如一般人格权、营业权等也包含在内，但为了简便起见，本书仍以"绝对性权利"或"绝对权"称谓。
④ Larenz/Canaris. *Lehrbuch des Schuldrechts*，BT，Bd. Ⅱ，S. 430f.；Spickhoff，*Gesetzverstoß und Haftung*，S. 62；MünchKomm/Wagner，§ 823，Rn. 318；*Staudinger/Hager*，§ 823，G8；Markesinis/Unberath，*The German Law of Torts*，p. 886.；福克斯. 侵权行为法：141.
⑤ Larenz/Canaris. *Lehrbuch des Schuldrechts*，BT，Bd. Ⅱ，S. 431.

823 条第 1 款所保护的对象，且其规定的是对某种损害后果的禁止①，则第 823 条第 2 款并不能够设定是由第 1 款得出的请求权，甚至前者提供的保护要落后于后者提供的保护，例如针对物的损失，《德国刑法典》第 303 条以下要求具备故意，而第 823 条第 1 款则以过失为已足，并且民法中的过失要求更为宽泛，民法中的责任能力年龄也要早于刑法中的责任能力年龄。② 同时，按照第 823 条第 2 款的规定，如果某些法律确定违反这些法律的行为即使无过失也能够构成，如无特别请求权基础，则仅仅在有过失的情形下才导致侵权责任，以维护过错责任的根本归责基础。③

但在 Canaris 看来，上述观点是错误的，此种阐明功能很多情况下并非不重要，或者不具备任何结构上的意义。例如《道路交通令》（StVO）第 2 条第 1 款规定应靠右行驶，第 8 条第 1 项规定右侧行驶人具有行驶上的优先权，这些规定都是通过规范制定者（广义上的立法者，Normgeber）而得到确定，而非由司法者根据第 823 条第 1 项或者第 276 条所确定的过失标准而确定。④ 必须与之作比较的是交往安全义务（Verkehrspflicht）对第 823 条第 1 款的影响。按照 Canaris 的观点，交往安全义务针对的是具体危险（Konkrete Gefahren），由此，在抽象危险（abstrakte Gefahren）导致的侵权领域，交往安全义务不具有可适用性，第 823 条第 2 款就具有了独立

---

① 这样一个限制是由梅迪库斯附加上的，在他看来，如果保护性法律所涉及的是在侵权法上已经由第 823 条第 1 款所保护的对象，规定对某种损害后果的禁止，那么该法律就是"第 823 条第 1 款适用范围内与结果相关的保护性法律"，这一类的法律常常是刑法中的相关规范，其所规定的通常是针对生命、身体、自由和所有权的犯罪行为。与此相对的是另外一种保护性法律，所谓的与行为相关联的保护性法律禁止实施特定的危险行为，而并非仅是禁止促成侵害结果，关于道路交通的许多规定就属于这种范畴；例如，如果超出了最高速度限制，那么无论是否因此而引发事故，都是被禁止的。本书正文中的这一部分论述的结论仅仅只能适用于前一种保护性法律。梅迪库斯. 德国债法分论：674，675.

② 梅迪库斯. 德国债法分论：674，auch Vgl. Fikentscher, *Schuldrecht*, Rn. 1264.

③ Markesinis/Unberath. *The German Law of Torts*, p. 886.

④ Larenz/Canaris. *Lehrbuch des Schuldrechts*, BT, Bd. Ⅱ, S. 431.

的意义。①

(2) 扩张功能

对于第 823 条第 1 款,虽然德国判例和理论通过扩大绝对性权利的保护范围、"其他权利"的范围甚至设立交往安全义务实现扩张的目的,但其保护对象原则上只能限于绝对性权利,故第 823 条第 2 款在扩张保护范围上的作用非常巨大,因此具有扩张功能(Ergänzungsfunktion oder Öffnungsfunktion)。②

1) 扩张第 823 条第 1 款所保护之权利的保护范围。例如,在德国,所有权中并不包含阻止邻居在土地边界建设房屋的权限,但相应的,规定"建筑间距"的建筑法规范常常被认为是第 823 条第 2 款中所规定的保护性规范,由此受害人可以通过第 823 条第 2 款获得保护。③

2) 扩张属于第 823 条第 1 款保护范围的法律地位。例如,占有是一种事实,但德国通说和判例都将债权性的占有权利(obligatorisches

---

① Larenz/Canaris. *Lehrbuch des Schuldrechts*, BT, Bd. II, S. 431.; Canaris. *Schutzgesetz-Verkehrspflichten-Schutzpflichten*, S. 27; 福克斯. 侵权行为法: 141. 如果某危险是第 276 条意义上的"交往所必需的注意"要避免的,因此是一个理性的法律主体所要预防的,那么此危险就是一个具体危险;而抽象的危险是根据第 276 条所要防范之风险的准备阶段。两者区分的主要意义在于,立法者可能更有利于防止抽象危险,因为"对抽象的危险构成的表达都或多或少地包含了大量的自由决定",而不适于由法官适用交往安全义务来防范。但两者之间的区分界限似乎仍然不是那么清晰,且交往安全义务是否仅仅针对具体危险争议也颇大,Vgl. Canaris. *Schutzgesetz-Verkehrspflichten-Schutzpflichten*, S. 27; Larenz/Canaris. *Lehrbuch des Schuldrechts*, BT, Bd. II, S. 402f.; Bengen. *Die Systematik des § 823 I BGB im Deliktsrecht*, 2000, S. 299.

② *MünchKomm/Wagner*. § 823, Rn. 318ff.; Larenz/Canaris. *Lehrbuch des Schuldrechts*, BT, Bd. II, S. 439ff.; Fikentscher. Schuldrecht, Rn. 1266; Deutsch/Ahrens. Deliktsrecht, Rn. 228f.; Karollus. *Funktion und Dogmatik der Haftung aus Schutzgesetzverletzung*, S. 123ff.; Spickhoff. *Gesetzverstoß und Haftung*, S. 59; Bistritzki. *Voraussetzungen für die Qualifikation einer Norm als Schutzgesetz im Sinne des § 823 Abs. 2 BGB*, Rn. 149; Markesinis/Unberath. *The German Law of Torts*, p. 885.; 梅迪库斯. 德国债法分论: 676; 福克斯. 侵权行为法: 141.

③ BGHZ 66, 354, 356; BGH WM 1974, 572, 573.; 40, 306, 310.

Recht zum Besitz)视为"其他权利",从而纳入第 823 条第 1 款的保护范围①,但其他类型的占有则并非如此。此时,《德国民法典》第 858 条规定禁止以法律所禁止的私力违背占有人的意思而侵夺和妨害占有,此规定当然也保护无权占有人,德国判例即认为此规定属于保护性规范,从而能够为无权占有人提供侵权法上的保护。②

最初,当《德国民法典》生效时,第 823 条第 2 款还发挥着保护无形的人格利益的作用,例如侮辱(《德国刑法典》第 185 条及以下)或泄露秘密(《德国刑法典》第 201 条及以下),事实上,这也是《德国民法典》立法过程中所考虑到的第 823 条第 2 款的主要功能。③ 但此功能随着第 823 条第 1 款将一般人格权作为其保护对象而基本宣告完结。④

3)最为重要的扩张是一定范围内保护纯粹经济损失。例如,证人过失地作出虚伪宣誓的表述从而造成他人纯粹经济损失的,《德国刑法典》第 163 条规定了刑事处罚,此规定就可以被视为保护性规范,从而受损人就可以依据第 823 条第 2 款提出损害赔偿请求。⑤ 又如,《德国有限责任公司法》(GmbHG)第 64 条规定了公司无支付能力时,业务执行人应及时提起破产申请,如果业务执行人未及时提出破产申请,导致公司债权人受偿数额减少,则债权人有权根据第 823 条第 2 款就减少的数额这种纯粹经济损失向业务执行人提起损害赔偿请求。⑥ 这就有选择地对纯粹经济损失予以侵权法上的保护。⑦

---

① Larenz/Canaris. *Lehrbuch des Schuldrechts*, BT, Bd. II, S. 396.
② BGHZ 20, 169, 171; Larenz/Canaris. *Lehrbuch des Schuldrechts*, BT, Bd. II, S. 440; Honsell. *Der Verstoß gegen Schutzgesetz im Sinne des § 823 Abs. 2 BGB*, JA, 1983, S. 532ff.; 梅迪库斯. 德国债法分论: 680.
③ Mugdan II, 1899, S. 1073f. 第二委员会在 Protokolle 中主要提到了刑法中的三个规范。关于这一点,也请参见巴尔. 欧洲比较侵权行为法. 上卷. 张新宝译. 北京: 法律出版社, 2001: 47.
④ Kötz/Wagner. *Deliktsrecht*, Aufl. 10, S. 92; 巴尔. 欧洲比较侵权行为法. 上卷. 张新宝译. 北京: 法律出版社, 2001: 47-48.
⑤ BGHZ 42, 313, 318.
⑥ BGHZ 29, 100, 105; 108 134, 136.
⑦ 当然,此种保护仍然是有限制的,不可过分突破《德国民法典》一般意义上不予赔偿纯粹经济损失这一立场,这一点将在下文中进行详述。

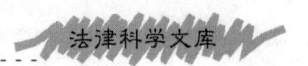

可以看出，对绝对权之外的法益侵害而言，主要由第 823 条第 2 款提供保护，以补救该等法益受保护不足的情形。① 此扩张功能可以说是第 823 条第 2 款最为重要的功能，第 823 条第 1 款保护绝对性权利不受侵害，而第 2 款则以法规范的违反作为事实构成的实现，由此将侵权法所关注的主要问题从主观权利转移到客观法。②

2. 其他国家和地区

我国台湾地区法学界对台湾地区"民法"第 184 条第 2 项功能的理解与德国的理解几乎完全相同，这主要是因为修订后的第 184 条第 2 项系以《德国民法典》第 823 条第 2 款为蓝本，且我国台湾地区和德国的侵权法体系大致相同③，因此，该项在我国台湾地区所发挥的功能和《德国民法典》第 823 条第 2 款所发挥的功能类似。

《奥地利民法典》第 1295 条第 1 款规定："每个因他人过错行为遭受损害的人，都有权向侵害人要求损害赔偿；引发该损害的原因可能是违反了合同义务，也可能与合同关系无关。"这看似没有采用德国法的法益区分，但是在适用过程中，逐渐借助第 1294 条中的"不法行为"（widerrechtliche Handlung）这个概念以及第 1311 条、1916 年增加的第 1295 条第 2 款，向德国法逐渐靠近，从而如同德国法一样区分三种类型的侵权责任类型，进

---

① *MünchKomm/Wagner*. §823, Rn. 319; Deutsch/Ahrens. *Deliktsrecht*, Rn. 229; Knöpfle, *Zur Problematik der Beurteilung einer Norm als Schutzgesetz im Sinne des §823 Abs. 2 BGB*, NJW, 1967, S. 697.

② Deutsch/Ahrens. *Deliktsrecht*, Rn. 228.

③ 王泽鉴. 侵权行为. 北京：北京大学出版社，2009：286；姚志明. 侵权行为法研究（一）. 台北：元照出版公司，2002：43 页以下；黄立. 民法债编总论. 北京：中国政法大学出版社，2002：282；颜佑紘. 民法第一百八十四条第二项侵权责任之研究. 台北：台湾大学，21 页以下；王泽鉴. 违反保护他人法律之侵权责任//民法学说与判例研究. 第 2 册. 北京：中国政法大学出版社，1998：183；朱柏松. 论不法侵害他人债权之效力（上）. 法学丛刊，第 145 期：61；苏永钦. 再论一般侵权行为的类型：308；杨佳元. 论保护他人法律之侵权责任. 月旦法学杂志，第 58 期：214；刘昭辰. 侵权行为法体系上的"保护他人之法律". 月旦法学杂志，第 146 期：238 页以下.

而保护性规范也发挥了德国法中同样的作用。① 甚至在奥地利《损害赔偿法学者建议稿草案》第 1295 条明确规定："不法即违反客观注意义务并且过错侵害所保护的法益或者违反确定的行为准则（保护性规范）或者违反善良风俗的人，基于该过错承担责任。"②

《荷兰民法典》第 6：162 条第 2 款则明确规定："除非有正当的理由，下列行为被视为是不法的：侵犯权利，违反法定义务或有关正当行为的不成文规则的作为或不作为。"《瑞士债法典》第 41 条第 1 款规定了"以不法方式造成他人损害的人，不论出于故意还是过失，应承担赔偿损害的责任"，第 2 款规定了违反善良风俗导致损害承担侵权损害赔偿责任。通说认为第 41 条第 1 款中有两种主要因素可被认为具有违法性，即侵害绝对权和违反旨在保护财产不受侵害的行为规范。③ 采取同样做法的还有意大利。④

对于英国普通法在此问题上的规则，冯·巴尔教授认为："由于普通法和大陆法之间的区别甚小而不值得进行多方面的强调，而值得注意的是它们之间的相似性。比如，违反法定义务之侵权行为的任务是扩大受债法保护的利益之范围。"⑤

---

① Vgl. Koziol/Bydlinski/Bollenberger hrsg., *Kurzkommentar zum ABGB*, Aufl. 2, Springer, 2007, § 1294, Rn. 4, § 1295, Rn. 1, 2.; Lukas. *Tort and Regulatory Law in Austria*, in: van Boom, Lukas and Kissling ed., *Tort and Regulatory Law*, Springer, Wien/New York, 2007, p. 17.; Kissling. *Tort and Regulatory Law in Switzerland*, in: van Boom, Lukas and Kissling ed., *Tort and Regulatory Law*, Springer, Wien/New York, 2007, p. 303.

② 奥地利损害赔偿法学者建议稿草案. 朱岩译//布吕格迈耶尔，朱岩. 中国侵权责任法学者建议稿及其立法理由书. 北京：北京大学出版社，2009：286.

③ 威德梅尔. 违法性在瑞士法中的功能和作用//考茨欧主编. 侵权法的统一违法性. 张家勇译. 北京：法律出版社，2009：88 页以下.

④ 布斯奈利，科芒达. 意大利法律制度中的违法性问题//考茨欧主编. 侵权法的统一违法性. 张家勇译. 北京：法律出版社，2009：159 页以下。具体的中文论述，参见薛军. 损害的概念与中国侵权责任制度的体系化建构. 广东社会科学，2011（1）；方新军. 利益保护的解释论. 华东政法大学学报，2013（6）.

⑤ 巴尔. 欧洲比较侵权行为法. 上卷. 张新宝译：393. 关于欧洲各国法违反作为制定法的规制性规范对侵权的影响的一个简单梳理，请参见欧洲民法典研究组，欧盟现行私法研究组编著. 欧洲私法的原则、定义和示范规则（第五、六、七卷）. 王文胜等译：458-461.

《欧洲侵权法原则》（PETL）第 2：102 条并未明确提到将规制性规范或保护性规范作为界定侵权法保护对象或"受保护利益"时的考量因素。但是，立法理由中认为："规定限制或禁止某些行为的规则表明，法律制度的目的在于保护利益（不保护就会有危险），至少不允许他人的行为违反这些规则。这理所当然似乎是相当准确的，至少揭示出不许可这些行为造成妨碍。因此，不明确规定保护范围是可能的。"[1] 这已经提出了通过保护性的规制性规范界定侵权法保护对象的可能性，不规定并不代表没有任何意义，只是因为违反保护性的规制性规范造成损害，当然应得到侵权法的保护，因此无须在此情形中通过立法明确规定保护范围。[2]

（四）体系定位：独立的侵权类型？

根据以上的论述可以看出，规制性规范对界定侵权法保护对象具有重要意义，这是各国（地区）所普遍承认的，不同的是，在不同的法体系中，实现该功能的规范方式并不相同，这仍然体现了前文所言的思想和技术的两分。

在英国侵权法中，由于其采取类型化的侵权诉因，违反制定法义务之诉是一种独立的侵权诉因。在德国和我国台湾地区的侵权法中，它们都采取了小的一般条款模式，违反保护性规范是三种侵权类型之一，并且由于第一种侵权类型都是侵犯绝对权的类型，因而保护性规范具有非常重要的扩张侵权法保护对象的功能，以部分实现对绝对权之外的其他法益的侵权法保护。而在瑞士和荷兰的侵权法中，违反保护性规范是界定侵权责任成立所必需的违法性或不法性的方式之一。而在法国的侵权法中，其立法模式是大的一般条款模式，在立法文本上没有对侵权法保护对象进行限制，因而违反立法规范就成为限缩侵权法保护对象的重要方式之一，反而具有限缩功能。

在不同国家（地区）中，实现规制性规范界定侵权法保护对象功能的规范技术以及功能的不同，是既有法体系前提下"路径依赖"的结果。无论是何种立法模式，其主要目的都是要合理筛选侵权责任，以维护行为自

---

[1] 欧洲侵权法小组编著. 欧洲侵权法原则：文本与评注. 于敏, 谢鸿飞译. 北京：法律出版社，2009：60.

[2] 也请同样参考考茨欧主编. 侵权法的统一：违法性. 张家勇译. 北京：法律出版社，2009：35, 19.

由与权益保护之间的妥当平衡。"侵权法的任务就是界定法律何时会何时不会为遭受到的或受到威胁的损害提供救济。"① 所存在区别的仅仅是各国所使用的规范技术或过滤器有所不同，至于这种过滤器以何种方式以及在何种程度上产生，本质上取决于各国既有的法体系前提。② 但面对的两个主要问题是类似的：首先是要保护哪些利益，其次是实施哪种行为应导致对受害人的赔偿义务。③ 由此，对于第一个问题即界定侵权法保护对象而言，如果采取大的一般条款立法模式，在文本上没有对侵权法保护对象作出限定，但为了实现上述法益区分思想，必然需要通过种种规范技术对文义上过大的侵权法保护对象作出限定；而如果规范文本对侵权法保护对象已经作出了狭窄的界定，那就必须需要通过种种规范技术对过窄的侵权法保护对象作出扩张。"目的各处相同，手段处处不同"，Wagner教授对此得出结论："一般条款和具体列举各种不法行为之间的路径选择将引发一个实质性问题，即侵权法的保护范围应当如何界定？"④ 事实上，无论是法国法中的限制还是德国法中的扩张，其实质目的不外乎是界定侵权法的保护对象。换言之，无论是扩张还是限缩，实际上都是一种界定。

而在我国，《侵权责任法》在过错责任中，采取了更类似于《法国民法典》的大的一般条款的立法模式，而第2条第2款，如前所述，在规范文本上虽然隐含了法益区分的标准，即意味着要区分开价值较高、社会典型公开性较强的法益以及其他法益，但毕竟在规范中并未体现和规定在界定侵权法保护对象的明确考量因素，故而仍然缺少较为明确的指引。因此，在我国侵权法体系中，中心任务并非如德国法那样扩张侵权法保护对象，而是如何精准界定侵权法保护对象。⑤ 但是，如前所述，无论是扩张、限缩还是精准界定，事实上都是在不同法体系前提下对同一事物的不同说法而已，其内在仍然是一致的，这决定了在该问题上对不同国家的处理予以进一步借鉴的可能性。

---

① Rogers. *Winfield and Jolowicz on Torts*, 12 ed., London: Sweet & Maxwell, 2002, p. 3.
② 巴尔. 欧洲比较侵权行为法. 下卷. 焦美华译. 张新宝校. 北京：法律出版社，2001：33.
③ 巴尔. 欧洲比较侵权行为法. 上卷：17.
④ 瓦格纳. 当代侵权法比较研究：109.
⑤ 朱岩. 侵权责任法通论总论. 上册：370.

因此，至少从解释上而言，在德国法小一般条款的规范体系中，规制性规范对侵权法保护对象的界定功能是通过一个独立的侵权责任类型而实现的，而在我国，由于规范前提的不同，无法采取上述做法构建出独立的侵权责任类型。但是，即使不采取德国式的独立侵权类型，规制性规范对侵权法保护对象的界定功能仍然能够存在。换而言之，通过规制性规范对《侵权责任法》第6条第1款中所规定和隐含的"具有法律相关性的损害"、"过错"和"因果关系"这些概念的具体化作用，作为《侵权责任法》第6条第1款的隶属类型，仍能够发挥规制性规范对侵权法保护客体的界定功能。

第四章 规制性规范对侵权法保护对象的具体界定

如果规制性规范确实对界定侵权法的保护对象具有重要作用，紧接而来的问题就是，是否所有的规制性规范都能够界定侵权法保护对象呢？

首先，需要区分规制性规范对侵权法保护对象的"影响"和"直接界定"。本书所说的规制性规范"界定"或"直接界定"侵权法保护对象，是指该规制性规范所保护的利益直接就成为侵权法保护的对象，无须其他更多的考量因素，只要违反该规制性规范，且存在过失、因果关系等要件，就可以成立侵权责任。而规制性规范"影响"侵权法保护对象的界定，是指规制性规范只能作为界定侵权法保护对象之时的考量因素之一，其单独并不能直接界定侵权法的保护对象，还需要附加上其他考量因素，因此，即使存在该规制性规范，违反之后，也有可能不对违反者课予侵权责任。因此，能够直接界定侵权法保护对象的规制性规范在外延上要小于影响侵权法保护对象界定的规制性规范。下文中如无特别说明，所论述的都是能直接界定侵权法保护对象的规制性规范。

其次，在现代社会中，风险社会的初步显形以及规制国家的理念影响，规制性规范的数量多如牛毛，且发展迅猛。在这些为数众多的法律之中，不乏大量的规制性规范，数量如此众多的规制性规范几乎涉及社会生活的所有方面，如果允许所有类型的规制性规范都可直接界定侵权法的保护对象，动辄以违反规制性规范作为理由而强加侵权责任，没有限制地肯定受害人可以就相对性权利或者纯粹财产损失请求侵权损害赔偿责任，则将会使得人人噤若寒蝉，极大地限缩人们行为自由的空间。因此，规制性规范当然可能会影响到侵权法保护对象的界定，但并非所有的规制性规范都能够直接界定侵权法的保护对象，如何通过合理的方式判定某个规制性规范能够成为直接界定侵权法所保护对象的适格规制性规范，就成为一个有意义的研究课题。

一、我国实务的应用

（一）法律和司法解释中的观点

我国法律（狭义）中对纯粹经济损失予以赔偿的规定很多，这一方面可以作为侵权请求权的特别法基础，另一方面也可以通过私法求偿来围堵公法上的不法行为，从而起到增加违法成本、降低执法成本的作用，同时也减轻了法官解释的难度。[①] 以下即是一个不完全的清单。[②]

1. 各种专业服务机构因过错对利害关系人的纯粹经济损失承担赔偿责任。如注册会计师的责任（《注册会计师法》第42条）；资产评估、验资、验证机构的责任（《公司法》第207条第3款）；产品质量检验机构、认证机构、质量承诺或者保证机构的责任（《产品质量法》第57条第2款前段、第57条第3款前段、第58条）；种子质量检验机构的责任（《种子法》第72条第3分句）；农产品质量检测机构的责任（《农产品质量安全

[①] 方新军.私法和行政法在解释论上的接轨.法学研究，2012（4）.

[②] 此整理是由葛云松教授完成的，参见葛云松.纯粹经济损失的赔偿与一般侵权行为条款：703页以下。在本书引用时排除了规定以下纯粹经济损失应予以赔偿的相关规范，即侵权致人死亡、受伤或者致残时所发生的丧葬费、护理人员的各种费用（护理费、交通费、伙食费）、受害人的被扶养人的生活费等，并且在此基础上进行了一些增加。

法》第44条第2款前段);公证机构的责任(《公证法》第43条第1款前段);证券服务机构的责任(《证券法》第173条)。

2. 其他明确保护纯粹经济利益的法律。比如经营者不正当竞争的赔偿责任(《反不正当竞争法》第17条第1款);经营者垄断行为致人损害的责任(《反垄断法》第50条);清算组成员责任(《公司法》第189条第3款);电网企业、经营燃气管网或热力管网的企业、石油销售企业不按照法律要求收购相应可再生能源时的赔偿责任(《可再生能源法》第29~31条);证券内幕交易行为人、操纵市场行为人、欺诈行为人的责任(《证券法》第76条第3款、第77条第2款、第79条第2款);违反证券法信息披露义务时的责任(《证券法》第69条);债务人的法定代表人和其他直接责任人员在破产中的责任(《企业破产法》第128条引致第31、32、33条);等等。

而在最高人民法院的司法解释中,同样规定了一些特别的请求权基础,例如《关于审理证券市场因虚假陈述引发的民事赔偿案件的若干规定》(法释〔2003〕2号)就详细规定了因虚假陈述而引发的民事赔偿责任。在《公司法》的系列司法解释中也同样如此,例如,最高人民法院《关于适用〈中华人民共和国公司法〉若干问题的规定(二)》(法释〔2014〕2号)第23条第1款规定:"清算组成员从事清算事务时,违反法律、行政法规或者公司章程给公司或者债权人造成损失,公司或者债权人主张其承担赔偿责任的,人民法院应依法予以支持。"类似的还有该司法解释中的第11条第2款、第18条第1款、第19条、第20条等,这些规范也都将纯粹经济损失作为侵权法的保护对象。

最高人民法院《关于审理道路交通事故损害赔偿案件适用法律若干问题的解释》(法释〔2012〕19号)第19条规定:"未依法投保交强险的机动车发生交通事故造成损害,当事人请求投保义务人在交强险责任限额范围内予以赔偿的,人民法院应予支持。"按照《道路交通安全法》第17条规定,国家实行机动车第三者责任强制保险制度;而《机动车交通事故责任强制保险条例》第2条规定:"在中华人民共和国境内道路上行驶的机动车的所有人或者管理人,应当依照《中华人民共和国道路交通安全法》的规定投保机动车交通事故责任强制保险。"如果投保义务人违反该等规定未投保交强险,导致受害人无法获得保险金,因而存在纯粹经济利益的损失的,则当事人有权请求投保义务人予以赔偿,该等赔偿仅能以侵权责任为基础。

无论是在法律还是在司法解释中，所有这些规定常见的规定模式是："违反本法（或……法）第……条规定，造成他人损失的，应当依法承担赔偿责任。"由此可以看出，规定因相关受害人的纯粹经济损失赋予受害人侵权责任请求权的理由是，侵害人违反了这些法律中对于侵害人所作的行为规定。① 因此，被援引的规制性规范就将纯粹经济损失直接界定为侵权法的保护对象。

（二）实务案例

1. 南方航空旅游公司诉玉龙旅行社等代销合同纠纷案②

本案基本案情是，原告旅游公司与被告玉龙社签订《销售代理协议》，约定玉龙社为旅游公司开展国内客票销售代理业务，代售机票款的所得由双方分成。合同签订之后，被告玉龙社由于经营不善，便不再给付票款。后查明，被告玉龙社1993年5月10日在被告海府建行的即日存款余额是535.5元，海府建行却为玉龙社出具了当日有存款余额10万元的证明；随后，玉龙社将海府建行出具的存款证明上的10万元金额，都改写成50万元，一并交给被告会计所验资。会计所据此于5月12日出具了验资证明书，证明玉龙社有以现金方式投入的注册资本50万元。原告由此起诉玉龙社、海府建行和会计所承担赔偿责任。

本案涉及最高人民法院的两个批复。第一个批复是最高人民法院《关于验资单位对多个案件债权人损失应如何承担责任的批复》（法释〔1997〕10号），其中规定：

> 金融机构、会计师事务所为公司出具不实的验资报告或者虚假的资金证明，公司资不抵债的，该验资单位应当对公司债务在验资报告不实部分或者虚假资金证明金额以内，承担民事赔偿责任。

第二个批复是最高人民法院《关于会计师事务所为企业出具虚假验资证明应如何承担责任问题的批复》（法释〔1998〕13号），此批复是专门

---

① 但是，这些规定大多都已构成独立的请求权基础，因此在适用时，就不必援引《民法通则》第106条第2款或者《侵权责任法》第6条第1款。这一点下文中还要进行简要论述。

② 最高人民法院公报，2000 (2).

针对此案件作出的。《注册会计师法》第 42 条规定："会计师事务所违反本法规定,给委托人、其他利害关系人造成损失的,应当依法承担赔偿责任。"但是,《注册会计师法》于 1994 年实施,不适用于在此之前作出的行为。故此批复规定:

一、会计师事务所系国家批准的依法独立承担注册会计师业务的事业单位。会计师事务所为企业出具验资证明,属于依据委托合同实施的民事行为。依据《中华人民共和国民法通则》第一百零六条第二款规定,会计师事务所在 1994 年 1 月 1 日之前为企业出具虚假验资证明,给委托人、其他利害关系人造成损失的,应当承担相应的民事赔偿责任。

二、会计师事务所与案件的合同当事人虽然没有直接的法律关系,但鉴于其出具虚假验资证明的行为,损害了当事人的合法权益,因此,在民事责任的承担上,应当先由债务人负责清偿,不足部分,再由会计师事务所在其证明金额的范围内承担赔偿责任。

二审法院据此作出了两被告海府建行和会计所向原告承担赔偿责任的判决。

在此,值得注意的是原告对两被告的赔偿请求。由于双方没有合同关系,故原告的请求应定性为侵权责任赔偿请求权①,但是此两被告的行为并未侵犯原告的任何绝对权,原告的损失应为纯粹经济损失。最高人民法院法释〔1997〕10 号批复规定了金融机构、会计师事务开具不实验资报告或虚假资金证明时,导致债权人损失的,应承担民事赔偿责任,且因为双方之间并无合同关系,故此对纯粹经济损失的赔偿责任应为侵权赔偿责任。但是,根据此批复仍无法确定的是,该等侵权责任成立的请求权基础和正当化理由为何。

最高人民法院法释〔1998〕13 号批复则明确规定了会计师事务所出具虚假验资证明的行为导致他人纯粹经济损失的,应承担赔偿责任,且其请求权基础在 1994 年 1 月 1 日之前是《民法通则》第 106 条第 2 款,但

---

① 还可以考虑的可能是德国法上的"附保护第三人契约"理论,因而构成合同责任,但是司法解释明确了是侵权责任,参见奚晓明主编. 最高人民法院关于会计师事务所审计侵权赔偿责任司法解释理解与适用. 北京: 人民法院出版社,2007.

仍未指明该等侵权责任承担的正当化理由为何，仅仅是简单地陈述"鉴于其出具虚假验资证明的行为，损害了当事人的合法权益"。但是，结合该批复所针对的本案具体情形，可以推测，《注册会计师法》第20、21条已经规定了注册会计师不得开具虚假验资证明，故违反该规定导致他人损失就应当承担责任，这已经确定了会计师应对此等纯粹经济损失承担侵权责任，但仅仅是因为本案被告之一的会计师事务所作出行为时《注册会计师法》还未实施，故寻求《民法通则》第106条第2款作为请求权基础。如果这个推测成立，那么规定会计师事务所对纯粹经济损失承担赔偿责任的理由就在于其违反了规制性规范。①

2. 最高人民法院1988年10月18日《关于信用社违反规定手续退汇给他人造成损失应当承担民事责任的批复》[法（经）复〔1988〕45号]

本批复的内容为：

> 花园乡信用社违反《中国人民银行结算办法》② 第十条第七项"汇款单位对汇出款项，要求退汇时，应备正式函件、携带原汇款回单向汇出行申请退汇"的规定，不仅没有"准确及时地办理结算"将货款及时汇给收款人，反而在未收回自己出具的汇款证明、申请人手续不全的情况下办理了退汇手续，从而给收款人联合公司造成了经济损失。参照《中华人民共和国民法通则》第一百零六条第一款和第二款

---

① 1996年，最高人民法院就已对相关问题作出了《关于会计师事务所为企业出具虚假验资证明应如何处理的复函》（法函〔1996〕56号），此批复所针对案件的特殊之处在于会计师事务所在验资证明中承诺在证明金额内承担赔偿责任，这似乎是予以赔偿的理由；但此批复又明确说明："即使会计师事务所出具的虚假验资证明无特别注明，给委托人、其他利害关系人造成损失的，根据《中华人民共和国注册会计师法》第四十二条的规定，亦应当依法承担赔偿责任。"《注册会计师法》第42条规定："会计师事务所违反本法规定，给委托人、其他利害关系人造成损失的，应当依法承担赔偿责任。"似乎可以由此认为，"违反本法规定"就已经暗示了承担赔偿责任的理由在于其违反了《注册会计师法》中的规制性规范，具体指第20、21条。2007年公布的最高人民法院《关于审理涉及会计师事务所在审计业务活动中民事侵权赔偿案件的若干规定》（法释〔2007〕12号）也明显体现了这一理由。

② 该《办法》已被《中国人民银行关于公布废止金融规章目录（第一批）的通知》（银发〔1990〕44号）（发布日期：1990年2月19日，实施日期：1990年2月19日）废止。

规定之精神,可以将信用社作为诉讼当事人,依法追究其民事责任。

此批复认为被告应当对原告的纯粹经济损失承担赔偿责任,并指明被告承担赔偿责任的理由是被告违反了《中国人民银行结算办法》第10条第7项的规定,但此赔偿责任究竟为合同责任抑或侵权责任,批复中并未清晰指出,而是将两者同时规定——"参照"《民法通则》第106条第1款和第2款的规定之"精神",这一点令人疑虑。如果是侵权责任,就应当"适用《民法通则》第106条第2款规定",而非"参照《民法通则》第106条第1款和第2款规定之精神",此时,被告对纯粹经济损失承担侵权责任的理由就是被告违反了规制性规范,规制性规范界定了该等应予以侵权法保护的纯粹经济损失。

3. 定边县塑料制品厂与中国工商银行咸阳市支行营业部侵权赔偿纠纷再审案①

本案经过两审和再审,最终再审法院根据最高人民法院法(经)函〔1990〕103号复函作出以下判决,其判决要旨为:

(1) 1977年11月6日颁布的《中国人民银行结算办法》(结算办法)第10条第2项规定:"汇款单位派人到汇入银行领取汇款的,可在汇款委托书上注明'留行待取'字样。"被告在解付时仅查验了取款人所持的工作证,且工作证的制发单位是"杨陵区塑料制品厂",既非汇款单位,亦非汇款单位委托的收款单位。

(2) 原告已声明此款用途是"购货",被告未按结算办法第10条第6项关于汇往外地购货的款项"除采购员旅差费可以支取少量现金外,一律转账"的规定办理。

(3) 中国人民银行1982年规定,国营、集体企业单位的公款不得以任何名义存入储蓄。咸支营业部对申诉人电汇的公款,不经审查批准便转入个人储蓄户,给冒名取款造成可乘之机。

法院最终依照《民法通则》第106第2款,判决咸支营业部应予赔偿。

在本案中,法院判决被告承担侵权责任的理由是被告违反了三个规制性规范,判决的依据是《民法通则》第106条第2款,故可以认为被告承担侵权责任的理由之一就是被告的行为违反了规制性规范。

---

① 最高人民法院公报,1992 (1).

4. 新疆梧桐塑料厂诉泉州铁路有限责任公司侵权赔偿纠纷案①

本案基本案情为：被告所属感德车站尚未收到运输的货物，即向塑料厂（收货人）出具了旨在表明已经接收了货物且装车完毕的一整套手续。塑料厂收到此手续后，以为供货人意利高公司已经提供了货物，遂将巨额货款汇出而被骗。

一审法院认为：

> 塑料厂于1998年起诉乌铁分局的案由系铁路运输合同纠纷；新疆维吾尔自治区高级人民法院于2002年9月再审以承运人与收货人在货物未实际交付承运人前双方不存在权利义务关系为由驳回塑料厂要求承运人承担货款损失的诉讼请求；最高人民法院针对该案做出的答复意见认为塑料厂起诉乌铁分局没有依据，但可对感德车站提起侵权赔偿之诉。……塑料厂与意利高公司签订买卖合同后，塑料厂依据意利高公司给其交付的感德车站出具的铁路货运凭证向意利高公司支付了全部货款，而感德车站在明知没有实际收到货物的情况下，违规操作办理承运手续，导致意利高公司诈骗塑料厂货款，其行为已构成了对塑料厂的侵权。

二审法院认为：

> 《铁路货物运输规程》第二十条第一款规定："零担和集装箱运输的货物，由发站接收，整车货物装车完毕，发站在货物运单上加盖车站日期戳时起，即为承运。"第三款规定："车站在承运货物时，应将领货凭证及货票丙联交给托运人，托运人应将领货凭证及时交给收货人，凭证向到站联系领取货物。"感德车站在没有收到货物的情况下为意利高公司开出手续完备的领货凭证和货票，致使收货人塑料厂以为货物已经装车承运，意利高公司已经履行了其在双方购销合同中的义务。而这种认识使塑料厂放心地将未解汇的230万元汇票交给意利高公司，领货凭证和货票在塑料厂货款流失的过程中确实起到了一定的作用。感德车站的这种操作过程明显违反了《铁路货物运输规程》的规定，感德车站应对自己的过错行为造成的损害后果负责。

一审和二审法院都依据《民法通则》第106条第2款判决被告承担侵

---

① 最高人民法院应用法学研究所编. 人民法院案例选, 2007年第3辑（总第61辑）.

权责任。

在本案中，原告所受损失并未伴随绝对权受侵犯，故为纯粹经济损失，且在被告侵权行为发生之前，原被告之间并无合同关系存在，故最高法院的批复认为原告不得依据合同请求赔偿。此时，可以考虑的是原告依据侵权责任请求权请求赔偿，法院支持原告请求的理由就是被告违反了《铁路货物运输规程》中的规制性规范。

5. 广西广播电视报社诉广西煤矿工人报社电视节目预告表使用权纠纷案[①]

本案中，被告擅自刊登原告经协议方式有偿取得的一周电视节目预告表，引起纠纷，二审法院判决认为：

> 电视节目预告表不属著作权法第五条第二项所指的时事新闻。国家新闻出版署1988年3月30日《关于广播电视节目预告转载问题的通知》[②]规定："各地报纸和以报纸形式出现的期刊可以转载广播电视报所刊当天和第二天的广播电视节目预告。但不得一次转载或摘登一周（或一周以上的）广播电视节目预告。如需要转载整周的广播电视节目预告，应与有关广播电视报社协商。"被上诉人不经上诉人许可，擅自转载一周电视节目预告表，违反了该通知的规定。上诉人通过与电视台订立协议有偿取得在广西境内以报纸形式向公众传播一周电视节目预告表的使用权，受法律保护。被上诉人的行为已构成对上诉人民事权益的故意侵犯，依照《中华人民共和国民法通则》第一百零六条第二款规定，自应承担民事责任。

在此，法院虽然特别地认为电视节目预告表不属于时事新闻，但是也没有明确地说广西广播电视报应受著作权法的保护，更没有援引著作权法的任何条文，似乎认为原告受损的利益并非著作权的保护范围。但法院认为，原告利益作为一种纯粹经济损失仍然应当予以保护，且其理由是被告违反了新闻出版署的规定。综合以上，法院的观点似乎更倾向于认为被告

---

① 最高人民法院公报，1996（1）. 本案曾经引起了广泛讨论，其中以梁慧星教授的文章最为知名，梁慧星. 电视节目预告表的法律保护与利益衡量. 法学研究，1995（2）.

② 本处法规已被《新闻出版总署废止第四批规范性文件的决定》（发布日期：2009年5月7日，实施日期：2009年5月7日）废止。

是因为违反了新闻出版署的规定才应当承担侵权责任的。①

6. 中国银行股份有限公司广州白云支行与卢某娟名誉权纠纷上诉案②

本案事实为：上诉人以被上诉人逾期未还贷款为由将其列入逾期贷款黑名单，导致被上诉人个人信用报告存在逾期贷款记录，无法从各个银行办理借款以及信用卡业务。但经生效判决确认被上诉人并无逾期未还贷款事由，之后被上诉人多次要求上诉人撤销其信用报告贷款明细信息中的贷款记录和逾期还款记录。一审法院认为：

> 根据中国人民银行颁布的《个人信用信息基础数据库管理暂行办法》第六条和第十一条的规定，对于中行白云支行向征信服务中心所报送的卢某娟贷款及逾期还款信息，中行白云支行在生效判决已认定卢某娟未向其就房屋买卖进行抵押贷款的情况下，仍未向征信服务中心报送卢某娟未贷款的真实信息，从而导致卢某娟在征信服务中心存在和保留不真实的个人信用信息记录，中行白云支行该不作为行为对卢某娟的合法权益已构成侵权。③

二审法院支持了一审法院的观点。该案诉由为名誉权侵犯，实质为侵犯个人信用。法院依据上诉人违反了《个人信息基础数据库管理暂行办法》中第 6 条和第 11 条的规定，认定对被上诉人的合法权益构成侵权。理论上尚有争议的是，个人信用是否属于法律规定的名誉权的保护范围，但法院仍然基于违反上述规制性规范这个理由，认为个人信用属于侵权法保护对象，无论其是否是名誉权的保护范围。

(三) 实务观点总结

上述案例和最高人民法院的批复实际上涉及的都是纯粹经济损失或不确定是否属于法定绝对权保护范围内的法益是否属于侵权法保护对象，从

---

① 葛云松教授的观点与本书观点相同，参见葛云松. 纯粹经济损失的赔偿与一般侵权行为条款：707 页注 77。

② 广东省广州市中级人民法院（2010）穗中法民一终字第 1946 号民事判决书。

③ 中国人民银行颁布的《个人信用信息基础数据库管理暂行办法》第 6 条规定：商业银行应当遵守中国人民银行发布的个人信用数据库标准及其有关要求，准确、完整、及时地向个人信用数据库报送个人信用信息。第 11 条规定：商业银行发现其所报送的个人信用信息不准确时，应当及时报告征信服务中心，征信服务中心收到纠错报告应当立即进行更正。

而能否予以侵权赔偿问题，而所有这些案例和批复都判决侵害人对受害人的该等纯粹经济损失或法益应予以赔偿，受害人的请求权基础是《民法通则》第106条第2款或《侵权责任法》第6条第1款。但是，基于上文所述的法益区分保护思想，将这些法益纳入侵权法保护对象需要有严格的条件，以达到行为自由和法益保护之间的平衡。在我国，至少就过错责任而言，侵权法立法所采取的是一种大的一般条款的模式，因此，在为通过侵权责任保护纯粹经济损失或其他法益寻找请求权基础时，司法者根本不像采取小的一般条款的德国侵权法或我国台湾地区侵权法背景下的司法者那样会受到诸多阻碍，《民法通则》第106条第2款或《侵权责任法》第6条第1款足以作为请求权基础。

但是，也恰恰是因为这个原因，对于侵权法保护对象的界定就非常宽泛，《侵权责任法》第2条第2款就体现出了这一点，仅仅根据这一规定，我们似乎无法从中抽取出可堪司法适用的考量因素，从而无法为司法者在界定侵权法保护对象时划定一些考量因素，进而提供明确的限定和指引，司法者的自由空间较大。那么，如何妥当地控制侵权法保护对象的范围，就需要找寻合理的方式。在此情形下，我国的司法者创造性地将规制性规范作为界定侵权法保护对象的方式之一，以实现行为自由和法益保护之间的平衡，这种做法极具启发性，颇值赞同。

但是在通过规制性规范界定侵权法保护对象的具体适用过程中，我国司法者似乎仅仅是简单地运用，而我国侵权法体系对此并未提供一个可堪适用的合理考量因素或指示，因此，需要司法者在进行法律适用时予以合理说明。但我国相关判决大多欠缺此种说明，故缺少更强的论理性和说服力，不利于对判决进行事后审查和论辩。同时，法学对此种界定方式的类型化整理尚付阙如，司法适用时就缺少一个整体的论证框架，因而在适用时错误颇多，产生诸多疑问。例如，是否所有的规制性规范都能够界定侵权法的保护客体，如果回答是否定的，那么适格的规制性规范要具备何等要件等这些都需要确立合理的论证框架。

因此，规制性规范当然可能会界定侵权法所保护的对象，但并非所有的规制性规范都具有如此作用，如何通过合理的方式判定具体的规制性规范是否是能够界定侵权法保护对象的适格规制性规范，就成为本部分所研究的问题。本部分即细致论述能够界定侵权法保护客体的规制性规范的适格要件，包括规范特征、目的特征和实际违反保护性规范要件，在此基础上对适用的一般程序做出总结,选择相关的案例进行重新分析,并对法学方法上如何证立上述类型做出简略说明。

二、适格规制性规范之规范特征

(一) 形式特征

德国通说观点通常泛泛指出,构成《德国民法典》第 823 条第 2 款所称的"保护性规范(法律)"（Schutzgesetz）首先必须是《德国民法典施行法》（EGBGB）第 2 条意义上的"法律"。《德国民法典施行法》第 2 条"法律的概念"规定:"《民法典》和本法意义上的法律指任何的法律规则。"其所指的并非仅仅是形式意义上的法律,而是实质意义上的法律。[①] 判例也通常如此认为。[②]

所谓实质意义上的法律,其判断依据是该规定的内容,是指外部法的法律条款,可以界定为具有普遍约束力的规则,其外延包括宪法、议会法律、法规命令（Rechtserordnung）、规章（Satzung）、习惯法等[③],民间

[①] *MünchKomm/Wagner*. §823, Rn. 322; *Staudinger/Hager*, §823, G9; Larenz/Canaris. *Lehrbuch des Schuldrechts*, BT, Bd. II, S. 433; Fikentscher. *Schuldrecht*, Rn. 1263; Deutsch/Ahrens. *Deliktsrecht*, Rn. 214; Esser/Weyers. *Schuldrecht*, BT, Teilband 2, S. 199f.; Spickhoff. *Gesetzverstoß und Haftung*, S. 75; Karollus. *Funktion und Dogmatik der Haftung aus Schutzgesetzverletzung*, S. 96; Bistritzki. *Voraussetzungen für die Qualifikation einer Norm als Schutzgesetz im Sinne des §823 Abs. 2 BGB*, Rn. 11; Pollack. *Schutzgesetzverletzung und "negligence per se"*, S. 71; Canaris. *Schutzgesetz-Verkehrspflichten-Schutzpflichten*, S. 45; Knöpfle. *Zur Problematik der Beurteilung einer Norm als Schutzgesetz im Sinne des §823 Abs. 2 BGB*, NJW, 1967, S. 699; Honsell. *Der Verstß gegen Schutzgesetz im Sinne des §823 Abs. 2 BGB*, JA, 1983, S. 102; Markesinis/Unberath. *The German Law of Torts*, p. 887; Magnus/Bitttrich. *Tort and Regulatory Law in Germany*, in: Boom, Lukas and Kissling ed., *Tort and Regulatory Law*, p. 120.; 福克斯. 侵权行为法: 142.

[②] BGH NJW 1994, 1801, 1805; BGH NJW 1992, 241, 242; BGH NJW 1991, 418, 420; BGH NJW 1989, 707, 709; BGH NJW 1983, 2935, 2937; RGZ 135, 242, 245; BGH NJW 1977, 1147, 1148.

[③] 所谓法规命令是指包括政府、部长在内的行政机关颁布的法律规范;规章是指县、乡镇（联合乡镇）以及大学、工业和商业协会、社会保险机构、广播设施、医师协会等公法法人为管理自己的事物而制定的法律规范,其中最为重要的乡镇规章（Gemeindesatzung）。毛雷尔. 行政法学总论. 高家伟译. 北京:法律出版社,2000:56 页以下.

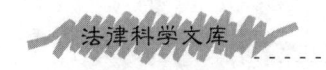

第四章 规制性规范对侵权法保护对象的具体界定

机构团体所设立的行业"软法"① 和经由法院判决所生成的安全保障义务因此就无法被视为保护性规范。具有争议的是特别命令。② 行政规则（Verwaltungsvorschrift）则属于内部行政法的范畴，但也有可能间接对外发生效果。③ 具体到第823条第2款上，最没有争议的是议会法律和法规命令，但特别命令和行政规则是否可得被认为是第823条第2款意义上的法律则存有争议，宪法也存在争议。因而，Wagner教授在论述时，区分了规范的性质而进行更为细致的讨论，此种方式颇具启发意义。④

我国台湾地区的法律渊源分类与德国的大致类似，具体到其"民法"第184条第2项上，通说观点与德国通说并无二致，都认为不限于形式意义上的法律，包含所有实质意义上的法律。⑤ 但是，在判例中，对除法规命令之外的行政命令（包括职权命令和行政规则）的性质则存有争议。⑥ 在这一问题上，荷兰法和美国法对被违反的法律规范所处渊源的类型也同

---

① BGHZ 139, 16, 19=NJW 1998, 2814, 2815.

② 特别命令是指行政机关依据自己的职权制定和发布的为调整特别权力关系即为特别行政关系所必需的规范，参见毛雷尔. 行政法学总论：171页以下.

③ 行政规则是指上级行政机关向下级行政机关、领导对其下属行政工作人员发布的一般的、抽象性的命令，也就是针对行政机关内部秩序或业务性的行政活动，基于外部行政法和内部行政法的区分，它是一种"内部法律"。毛雷尔. 行政法学总论：591页以下.

④ *MünchKomm/Wagner*. §823, Rn. 324-339.

⑤ 王泽鉴. 侵权行为. 北京：北京大学出版社, 2009：288；姚志明. 侵权行为法研究（一）. 台北：元照出版公司, 2002：46；黄立. 民法债编总论. 北京：中国政法大学出版社, 2002：283；王泽鉴. 违反保护他人法律之侵权责任//民法学说与判例研究. 第2册. 北京：中国政法大学出版社, 1998：189；朱柏松. 论不法侵害他人债权之效力（上）. 法学丛刊, 第145期, 1992.

⑥ 我国台湾地区"最高法院"1994年台再字第134号判决：对第184条第2项而言，"至于行政机关所发布之规程、规则、细则、办法等则为行政命令，不包括在内"。2007年台上字第2301号判决：保护性法律"一般为防止侵害他人权益或制止他人权益之法律或授权命令而言"。2007年台上字第1503号判决："所谓违反保护他人之法律，包括任何法律规范，即含形式之法律及任何法律授权制定之行政命令。"不一而足。详细的台湾地区相关判例列举，请参见颜佑紘. 民法第一百八十四条第二项侵权责任之研究. 台北：台湾大学：152页以下，此文根据渊源区分详尽分析了保护性法律的渊源范围为何，颇值得阅读。

111

样没有作出严格限制①，例如荷兰的通说观点认为："违反法定义务的规定应当作广义解释。它既包括荷兰政府颁行的法令，也包括地方政府颁行的法令，甚至还包括公共机关授予的行政许可。"②

在我国的法律渊源问题上，最为重要的法律是《立法法》，按照《立法法》的规定，法律渊源的种类和位阶层级包括宪法、法律和法律解释、行政法规、地方性法规、自治条例和单行条例、行政规章以及最高人民法院、最高人民检察院的司法解释③，除此之外，我国还存在大量的往往以决定、指示、命令等形式发布的其他规范性文件。④ 是否所有这些法律渊源中的规制性规范都能够起到界定侵权法保护对象的作用呢？按照 Wagner 教授的方法，似乎应具体分别讨论。以下即分别讨论各法律渊源，唯宪法中的基本权利规定具有极强的特殊性，故专门进行特别讨论。

1. 宪法之外的法律渊源

（1）法律和法律解释、行政法规、司法解释、地方性法规、自治条例、单行条例

最高人民法院《关于裁判文书引用法律、法规等规范性法律文件的规

---

① 朱岩. 侵权责任法通论总论. 上册：373；多布斯. 侵权法. 马静等译：275.

② 施皮尔. 荷兰法中的违法性问题//考茨欧主编. 侵权法的统一违法性. 张家勇译. 北京：法律出版社，2009：113.

③ 2015年修订后的《立法法》第104条规定了最高人民法院、最高人民检察院作出的属于审判、检察工作中具体应用法律的解释的法律渊源地位。

④ 在行政法领域，"其他规范性文件"往往被认为是"规章以下的规范性文件"，例如在解释最高人民法院《关于执行〈中华人民共和国行政诉讼法〉若干问题的解释》（法释〔2000〕8号）[该司法解释已被最高人民法院《关于适用〈中华人民共和国行政诉讼法〉的解释》（法释〔2018〕1号）废止，但后者保留了本条款，为第100条第2款]第62条第2款中"其他规范性文件"时，最高人民法院行政审判庭以及该审判庭的法官就认为"其他规范性文件"是指"规章以下的规范性文件"。参见最高人民法院行政审判庭编. 《关于执行〈中华人民共和国行政诉讼法〉若干问题的解释》释义. 北京：中国城市出版社，2000：131. 在行政法领域，"其他规范性文件"在外延上与《行政复议法》第7条所称的"规定"似乎相同，包括国务院部门的规定，县级以上地方各级人民政府及其工作部门的规定，乡、镇人民政府的规定，但不含国务院各部、委员会规章和地方人民政府规章，因此也被称为"行政规定"。具体请参见朱芒. 论行政规定的性质. 中国法学，2003（1）.

定》（法释〔2009〕14号）第4条规定："民事裁判文书应当引用法律、法律解释或者司法解释。对于应当适用的行政法规、地方性法规或者自治条例和单行条例，可以直接引用。"据此，法院可以在民事裁判文书中直接引用这些法律渊源，据此，这些法律渊源直接作为界定私人权利义务之关系的依据当无疑义，故而，这些法律渊源当然能够作为界定侵权法保护对象的依据。①

（2）行政规章和行政规定

根据最高人民法院的上述规定，法院在进行民事审判时不得引用行政规章和其他规范性文件作为裁判依据②，但是该规定第6条规定："对于本规定第三条、第四条、第五条规定之外的规范性文件，根据审理案件的需要，经审查认定为合法有效的，可以作为裁判说理的依据。"③

这意味着，行政规章和行政规定不得在裁判文书中直接被引用，但可

---

① 朱岩教授也同样认为，这些渊源能够成为适格的法律渊源，参见朱岩. 侵权责任法通论总论. 上册：374. 张新宝教授从立法论的角度提出在行政法规中不宜规定具体的侵权责任，并建议对现行行政法规进行清理，参见张新宝. 行政法规不宜规定侵权责任. 法学家，2007（5）. 此观点与本书主张之间并无必然联系，因本书的讨论前提就是具体法律渊源之中并未规定具体的侵权责任。

② 《行政诉讼法》第63条规定，行政诉讼中可以参照行政规章。最高人民法院《关于适用〈中华人民共和国行政诉讼法〉的解释》第100条第2款规定："人民法院审理行政案件，可以在裁判文书中引用合法有效的规章及其他规范性文件。"而最高人民法院《关于裁判文书引用法律、法规等规范性法律文件的规定》第5条规定："行政裁判文书应当引用法律、法律解释、行政法规或者司法解释。对于应当适用的地方性法规、自治条例和单行条例、国务院或者国务院授权的部门公布的行政法规解释或者行政规章，可以直接引用。"据此，行政诉讼中，部门规章可以在法院裁判文书中直接被引用，但其他规范性文件能否在法院裁判文书中直接被引用不明确，两个解释之间似乎存在一定的矛盾。

③ 该规定澄清了1986年的最高人民法院《关于人民法院制作法律文书如何引用法律规范性文件的批复》中的规定："国务院各部委发布的命令、指示和规章，各县、市人民代表大会通过和发布的决定、决议，地方各级人民政府发布的决定、命令和规章，凡与宪法、法律、行政法规不相抵触的，可在办案时参照执行，但不要引用。"

以作为裁判说理的依据或者证据之一。① 事实上，这些法律渊源能否界定侵权法保护对象这个问题与法院能否在相关裁判文书中直接引用这些渊源并非必然相关，能够引用这些渊源必然意味着这些渊源能够界定侵权法保护对象，但不能引用这些渊源并不能得出这些渊源不能够界定侵权法保护对象。根据以往的判例，即使法院认为这些渊源能够界定侵权法保护对象，但作为裁判依据而直接被引用的仍然是《民法通则》第106条第2款或《侵权责任法》第6条第1款。既然这些法律渊源能够作为裁判说理的依据，它们就有可能界定侵权法保护对象。

从审判实践中看，有学者通过数据分析表明，在侵权审判案例中，尽管在法律位阶次序上，行政法规、行政规章和行政规定效力递减，但从适用频率来看，对审判的影响力大小所采用的适用频率却递增。② 从理论上而言，《立法法》已经将行政规章（包括国务院部门规章和地方政府规章）作为法律渊源之一，因此，根本无理由将行政规章排除出界定侵权法保护对象的适格规制性规范。

与此不同的是行政规定，《立法法》并未将行政规定作为法律渊源，因此从形式标准上看，行政规定并非法律规范，但是，《行政复议法》第7条和第26条则创设了对行政规定的行政审查制度，行政规定在事实上存在着法律规范的功能，从许多国家的实践来看，对行政规定是否是法律并非从

---

① 例如，"新郑市水务局等与高跃进等生命权、健康权、身体权纠纷上诉案"（河南省郑州市中级人民法院（2011）郑民二终字第676号民事判决书中，一审法院在裁判理由中根据《水利部关于加强小型水库安全管理工作的意见》认定上诉人承担侵权责任，裁判依据是《民法通则》和最高人民法院《关于审理人身损害赔偿案件适用法律若干问题的解释》中的规定；上诉人认为《水利部关于加强小型水库安全管理工作的意见》既非法律法规，亦非规章，据此确认上诉人为责任主体，并依据《民法通则》第106条判令上诉人承担责任系适用法律错误。二审法院对此认为，该《意见》"虽然不是法律法规，不是人民法院审理民事纠纷的引据法，但作为证据可以证明新郑市龙湖镇人民政府是新郑市山后杜水库的主管部门，新郑市水务局为该水库的安全管理监督机关，该两单位对事故的发生也应承担一定的责任"，由此，"原审判决认定事实清楚，适用法律正确，判决并无不当，应予维持"。

② 参见贾媛媛.行政规范对侵权责任认定之规范效应研究.政法论坛，2012(5).

形式标准上判断，而是从该规定的实质内容上来判断。① 以德国为例，其存在"法规命令"（Rechtserordnung）和"行政规则"（Verwaltungsvorschrift）的区分，后者仅仅与行政机关的内部活动相关，指的是上级行政机关向下级行政机关、领导对下属行政工作人员发布的一般——抽象命令，它针对行政机关内部秩序或业务性的行政活动，其法律效果产生于内部领域，适用于下属机关及工作人员，故对私人不发生法律约束力。②

按照朱芒教授的观点："行政规定因规范调整的对象属于行政职权体系之外或之内，由此导致行政规定是否涉及私人的权利义务，是否可能成为司法审判基准，从而在总体上可以被划分为属于法规命令的行政规定（其在功能上等同于法律规范）以及属于行政规则的行政规定（其不具有法律规范的功能）。"③ 如果按照此种实质功能的区分方式，行政规定的相当部分仍然属于法律规范。

如果具体到本书议题上，行政规定（其他规范性文件）则应予区分为"法规命令"和"行政规则"，前者具有法律规范的功能，而后者不具有该等功能。按照德国通说观点，行政规则仅仅是内部规范，只对行政机关具有法律约束力，而《德国民法典》第 823 条第 2 款所要求的保护性规范需以对私法主体具有法律约束力为前提，因此，该等行政规则不得作为第 823 条第 2 款意义上的保护性规范。④ 在上文之中，我们已经得出结论，规制性规范之所以能够界定侵权法保护对象，实质上是因为该等规范具有对世性和强制力，能够产生针对任何人的义务，建立起码的社会典型性或期待可能性。但行政规则仅仅只能约束行政机关内部的活动，行政机关负责人由此可要求具体执行人遵守该等规则，而并不决定行政机关和个人在

---

① 朱芒. 论行政规定的性质. 中国法学，2003（1）.
② 毛雷尔. 行政法学总论：591 页以下.
③ 朱芒. 论行政规定的性质. 中国法学，2003（1）.
④ *MünchKomm/Wagner.* § 823, Rn. 326; *Staudinger/Hager*, § 823, G15.; Karollus. *Funktion und Dogmatik der Haftung aus Schutzgesetzverletzung*, S. 115f; Bistritzki. *Voraussetzungen für die Qualifikation einer Norm als Schutzgesetz im Sinne des § 823 Abs. 2 BGB*, Rn. 15; Pollack. *Schutzgesetzverletzung und "negligence per se"*, S. 71.; Lukas. *Tort and Regulatory Law in Austria*, in: Boom, Lukas and Kissling ed., *Tort and Regulatory Law*, p. 15; Magnus/Bitttrich. *Tort and Regulatory Law in Germany*, in: Boom, Lukas and Kissling ed., *Tort and Regulatory Law*, p. 121.

外部关系中的权利义务,从而该等行政规则并非对世规范,从而无法作为界定侵权法保护对象的规制性规范。① 但是,具有法律规范功能的行政规定("法规命令")仍然能够作为界定侵权法保护对象的适格规范。

在我国的法院实践中,已经注意到了这一点,例如"王某勤诉西安有线电视台播放电视剧中插播大量广告使其不能正常收视损害赔偿案"②中,一审法院对于因被告违反原广播电影电视部的规定插播广告行为,而判令对原告承担赔偿责任,对此,二审法院认为:

> 因原广播电影电视部1997年2月19日广发编字(1997)76号《关于进一步加强广播电视广告宣传管理的通知》,以及国家广电总局发出的《关于坚决禁止随意插播、超量播放广告的紧急通知》属于行政性的内部管理文件,系非规范性法律文件,不具备法律强制性,不能作为民事诉讼中主张民事权益的依据。

本案在收入《人民法院案例选》中时,责任编辑对此也认为:"在个人的收视爱好、习惯及对电视节目内容的接受、评价上,难能存在一种可由法律明确规定的公民享有的绝对权。本案这种超量插播广告行为所触犯的是行政管理规范,可受到行政责任的追究,当事人不能依这种行政规范来确立自己享有一种民事绝对权,也不能作为主张民事权利的依据。"结合判决观点和编辑观点,在承认规制性规范可以界定侵权法保护对象的基础上,并非认为行政规章和行政规定不能界定侵权法保护对象,而只是认为,属于"行政性的内部管理文件"或"行政管理规范"的行政规章和行政规定不能界定侵权法保护对象。③

综上,行政规章和因涉及私人权利义务而具有法律规范功能的行政规

---

① 这就涉及后文要论述的"保护个人目的"这个目的特征问题,具体参见后文论述。需要补充说明的是,即使在行政法理论中有观点认为,基于行政惯例和平等原则、信赖保护原则或直接对外效力原则,认为行政规则可能间接具有事实上的外部效果(毛雷尔. 行政法学总论: 599页以下),仍不会对此结论发生影响,具体请参见颜佑紘. 民法第一百八十四条第二项侵权责任之研究: 159页以下.

② 最高人民法院应用法学研究所编. 人民法院案例选, 2001年第4辑.

③ 法院判决中认为案例中所违反的规范是非规范性法律文件,不具备法律强制性这个观点,如果按照本书所采用的术语予以阐述,即该行政规定并非具有法律规范功能的"法规命令",而仅仅是不具有法律规范功能的"行政规则"。

定（"法规命令"）能够界定侵权法保护对象，而仅与行政机关的内部活动相关、因而不具备后文所述的"保护个人目的"的行政规定（"行政规则"）不能够界定侵权法保护对象。

（3）位阶限制

规制性规范介入私法的典型情形，除了规制规范对于侵权法的影响，还包括其对于法律行为的影响。后者的基本规定是《合同法》第52条第5项规定，即违反法律、行政法规的强制性规定的合同无效。据此，据以判断合同无效之强制性规定的法律渊源就被限定为法律和行政法规。最高人民法院《关于适用〈中华人民共和国合同法〉若干问题的解释（一）》第4条又再次予以强调："合同法实施以后，人民法院确认合同无效，应当以全国人大及其常委会制定的法律和国务院制定的行政法规为依据，不得以地方性法规、行政规章为依据。"其立法意图显然在于通过法律位阶的限制，避免过多的强制性规范进入合同法领域之中，从而过多干涉合同自由，此立法意图的背景就是我国的现实情况，即强制性规范政出多门，过时、不合理甚至强制性规范之间存在矛盾。[①]

此立法意图的出发点无疑是值得尊重的，但是其手段却大有可议之处。事实上，通过法律位阶限制规制性规范对于私法的影响，理论上很难得到证成，很难说明为何只有位阶高的法律渊源才能够对私法产生影响。从比较法上而言，很少有国家对位阶进行限制。[②] 在实践中也必须要考虑的是，我国法律和行政法规的规定通常较为原则，法院就不得不依据位阶

[①] 具体请参见王利明. 统一合同法制定中的若干疑难问题探讨（上）. 政法论坛，1996（4）：56；王利明. 合同法研究. 第一卷. 北京：中国人民大学出版社，2002：658页以下.

[②] 规制性规范对侵权责任影响的法律渊源问题的比较法论述，参见前文。同样，在比较法上，规制性规范对合同效力的影响也并不将法律位阶作为限制要件，例如：《德国民法典》第134条所谓的法律是指一切法律规范，根据《德国民法典施行法》第2条，《德国民法典》第134条所谓的"法律"是指一切法律规定；我国台湾地区"民法"第71条上所谓的强制或禁止规定同样不受法律位阶的限制；按照美国的《合同法重述》（第二次）第178条评论a的解释，能够导致合同效力受到影响的法律渊源包括了任何有立法权的机关所制定的所有法律规范；新西兰1970年颁布的《不法合同法》（Illegal Contracts Act）第5条就规定，所谓的不法合同是指在普通法或在衡平法上构成不法的合同，这里包括了国家颁布的法律与法令以及国家授权主管部门与地方政府颁发的条例与行政命令。

较低的法律渊源进行论证说理，此时如果规定了位阶限制，可以预见，规定和实践之间有很大的背离可能。

《合同法》第52条第5项就是很明显的一个例子。在合同法制定之后，学者即对此法律位阶限制的合理性进行了反思，并提出了不同的解决思路。① 同时，此法律位阶限制在实务中也没有得到严格遵循②，最高人民法院在"安徽省福利彩票发行中心与北京德法利科技发展有限责任公司营销协议纠纷案"的判决书中明确认为：

> 《合同法解释（一）》第四条规定，合同法实施以后，人民法院确认合同无效，应当以全国人大及其常委会制定的法律和国务院制定的行政法规为依据，不得以地方性法规、行政规章为依据。因此，在本案合同效力的认定上，不应以行政规章的规定为认定依据。但在法律、行政法规没有规定，而相关行政主管部门制定的行政规章涉及到社会公共利益保护的情形下，可以参照适用其规定，若违反其效力性禁止性规定，可以以违反《中华人民共和国合同法》第五十二条第（四）项的规定，以损害社会公共利益为由确认合同无效。③

---

① 例如，王利明教授认为，地方性法规和规章能否作为判断合同无效的依据，要根据具体情况进行分析，一般来说，这些规范性文件可以作为判断合同是否无效的参考，并根据其是否有上位法存在、是否存在上位法授权等因素判断，如果地方性法规和规章的制定，旨在保护国家和社会公共利益，则可以以损害国家和社会公共利益为由依据合同法有关规定确认合同无效，参见王利明. 关于无效合同确认的若干问题. 法制与社会发展，2002（5）. 苏号朋教授也建议对于地方性法规适用《合同法》第52条第4项（苏号朋. 合同的订立与效力. 北京：中国法制出版社，1999：285）；耿林博士则建议对《合同法》第52条第5项根据客观目的进行目的性扩张，参见耿林. 强制规范与合同效力. 北京：中国民主法制出版社，2009：316.

② 例如，最高人民法院在审理"中国银河证券有限责任公司海口龙华路证券营业部与湖北武汉证券有限公司硚口营业部返还不当得利纠纷上诉案"时，即以海口营业部与武汉营业部之间订立的三份有价证券回购成交合同违反了中国人民银行发布的《信贷资金管理暂行办法》中关于证券交易必须有足额的实物券的规定为依据，认定该证券交易回购合同无效（最高人民法院（2000）经终字第188号民事判决书）；关于企业之间拆借资金的行为，法院素来认定为无效行为，而其依据在于《贷款通则》（中国人民银行令〔1996年2号〕）第61条规定。

③ 最高人民法院（2008）民提字第61号民事判决书。

通过这个案例，可以看出，在能够影响合同效力的规制性规范所处法律渊源的位阶限制这个问题上，最高人民法院似乎倾向于取消位阶限制，而将重点放在所违反的是否是效力性禁止规定上。法院负责人据此明确指出："如果违反地方性法规或者部门规章从而导致损害社会公共利益，则可以根据合同法第52条第（4）项的规定，以损害社会公共利益为由确认合同无效。"① 基于前述理由，这可能是较为正当的做法，只不过由于最高人民法院的职权限制，不能公开宣称放弃《合同法》第52条第5项的位阶限制，从而通过《合同法》第52条第4项的规定而绕开第5项的位阶限制。② 严格而言，这就是把第52条第4项当作了兜底条款，参照非法律和非行政法规中的效力性强制性规范认定社会公共利益的具体内容。但是，这似乎违反了《合同法》第52条的体系，因为起到兜底作用的条款要置于最后一项，但"损害社会公共利益"恰恰是该条第4项而非最后一项。但是，《民法总则》第153条改变了这一顺序安排，其第1款规定"违反法律、行政法规的强制性规定的民事法律行为无效，但是该强制性规定不导致该民事法律行为无效的除外"，而第2款规定"违背公序良俗的民事法律行为无效"。至少从体系上而言，这一顺序的改变为参照非法律和非行政法规中的效力性强制性规范认定公序良俗的具体内容提供了更大的可能性和正当性。

同样的理论也可以运用到能够界定侵权法保护对象的适格规制性规范上。首先，按照现行立法规定，能够界定侵权法保护对象的规制性规范所处的法律渊源根本不存在位阶限制；其次，按照前文所述观点，也不应当存在位阶限制。

可能会有批评者认为，如果不存在位阶限制，是否会导致规制性规范过分侵蚀私法领域，从而影响到行为自由和交易安全。对此需要澄清的是，本书仅仅认为，不能将位阶限制作为要件予以处理，但并不排除在具

---

① 奚晓明.当前民商事审判工作应当注意的几个法律适用问题.法律适用，2007（7）.

② 从《合同法》第52条的编排顺序上来看，将"损害社会公共利益"作为第4项而非最后一项，似乎是避免将该项作为兜底条款。而最高人民法院的这种观点，实际上已经将第4项作为一项兜底条款，似乎违反了立法者的体系安排和意图。但这种违反恰恰是具有充分理由和正当性的。

体的适用中需要将位阶限制作为考量因素之一。这就涉及要件和考量因素的区别，前文已经述及，要件意味着充分且必要条件，之所以必要，是因为如果不具备这个要件，就绝对不能发生规范所规定的法律后果，之所以充分，是因为如果具备了规范所规定的全部要件，就必然会发生规范所规定的法律后果；而考量因素意味着，即使不具备某一个考量因素，也有可能发生一定的法律后果，需要对所有考量因素进行综合动态考量。简而言之，就是把绝对的要件进行相对的考量因素化。例如，在判断违法合同效力上，不将位阶限制作为要件，而是在判断被违反的规范是否是效力性规范时，将位阶限制作为应予考量的因素之一，结合其他考量因素进行综合判断，毕竟法律位阶背后恰恰是民主正当性与公示程度的不同。①

而在考虑能够界定侵权法保护对象的规制性规范的法律渊源位阶问题上，同样如此。虽然不存在法律渊源位阶限制，但这仅仅意味着不将法律渊源位阶作为要件，并不意味着法律渊源位阶不具有任何作用。首先，如同前文所述，如果一个规范属于行政规定，应考察该行政规定是"法规命令"还是"行政规则"，是否具有实质上的法律规范功能，能否建立起码的期待可能性。事实上，大量的行政规定都仅仅是行政规则，对其的违反并不能导致侵权责任的产生。其次，法律渊源位阶在判断行为人是否具有过错这个问题上，也会发挥一定的作用和影响，会涉及行为人举证证明自己不具有违反法律的过错问题。② 因此，即使不存在所谓的位阶限制，也并不会过分影响行为自由。

2. 宪法中的基本权利规范

(1) 中国问题

2001的"齐玉苓受教育权案"曾经引起了广泛的关注，最高人民法

---

① 最高人民法院《关于当前形势下审理民商事合同纠纷案件若干问题的指导意见》（法发〔2009〕40号）第16条规定："人民法院应当综合法律法规的意旨，权衡相互冲突的权益，诸如权益的种类、交易安全以及其所规制的对象等，综合认定强制性规定的类型。"这表明最高人民法院已经采纳了考量因素这种综合动态而非要件的判断方式，所需进一步研究的是，除了这些考量因素之外，还应当提出哪些考量因素。苏永钦教授即提出了八对考量因素，其中之一就是管制工具，其包含了法律位阶的考量，参见苏永钦. 以公法规范控制私法契约//寻找新民法. 北京：北京大学出版社，2012：303页以下.

② 具体参见下文论述。

院针对此案所公布的批复也经历了从争议不断到被废止的命运,其所引起的反响和讨论足以使得此案列入中国当代法制发展史上的"标志性案例"(leading case)。本案能否被认为是"宪法司法化"暂且搁置不论,这里仅仅以与针对本案的批复同日登载的两篇文章①中的一篇文章——宋春雨法官的文章(以下简称"宋文")——为视角,探讨与本书研究主题相关的问题。

在宋文中,宋春雨法官的思路大致如下:1) 受教育权是宪法上权利,宪法上的受教育权与国家的义务相对应,并不直接涉及私人之间的行为,民法中对该利益的保护应通过人格利益保护实现。2) 人格利益由具体人格权与一般人格权共同调整,但具体人格权中的姓名权受侵犯仅仅是侵犯受教育权的手段,对本案而言似乎本末倒置。3)《民法通则》中没有一般人格权的规定,最高人民法院《关于确定民事侵权精神损害赔偿责任若干问题的解释》第1条规定的人身自由权仅指行为自由而言,是一项具体人格权。我国宪法虽有人身自由权的规定,但直接依据宪法就本案侵害他人意志自由的情况创设一般人格权,存在方法论上的局限。

暂且不论上述主张是否成立②,但至少可以看出,宋文似乎认为宪法所规定的基本权利并不能直接约束私人,《宪法》第 37 条不能作为本案裁判依据,且我国法律之中不存在一般人格权的规定,故必须寻找适当的方法解决这一问题。宋文认为批复的公布对侵权法体系的完善具有重要的意

---

① 这两篇文章是:黄松有. 宪法司法化及其意义——从最高人民法院今天的一个《批复》谈起. 人民法院报,2001-08-13,B01 版;宋春雨. 齐玉苓案宪法适用的法理思考. 人民法院报,2001-08-13,B01 版。

② 之所以说暂且,是因为宋春雨法官认为我国并无一般人格权之规定这个主张在《侵权责任法》出台之前亦有不同意见。例如,参与最高人民法院《关于确定民事侵权精神损害赔偿责任若干问题的解释》起草工作的陈现杰法官认为:"《解释》的规定实现了精神损害赔偿范围从'具体人格权'到'一般人格权'的发展,是人格权司法保护的又一重大进步。但在处理具体案件时,应当优先适用具体人格权的规定,而将一般人格权作为补充适用条款。"(陈现杰. 人格权司法保护的重大进步和发展. 人民法院报,2001-03-28) 对于陈现杰法官的观点,王利明教授也认为:"由此可见,最高人民法院实际上已经将《宪法》关于'中华人民共和国公民的人身自由不受侵犯'(第 37 条)和'中华人民共和国公民的人格尊严不受侵犯'(第 38 条)的规定,解释为人身自由权和人格尊严权,这实际上是通过司法解释确认了一般人格权。"[王利明. 试论人格权的新发展. 法商研究,2006(5)]

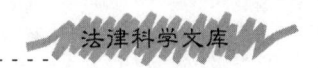

义，该批复实际上是确立了违反保护他人法律致他人利益受损的侵权类型，他论述道：

> 依民法理论，违反保护他人的法律致人损害的情形，不仅指违反私法的规定，违反公法规定的，也应承担侵权责任。就法律规范而言，不仅包括狭义的法律，也包括行政规章等。但保护他人为目的的法律，须为以保护个人或特定范围的人为目的的法律，以保护公益或社会秩序为目的的法律不包括在内。《批复》中"宪法"不是指狭义的宪法即宪法典，而是指包括宪法典在内的宪法类法律。作为宪法类法律的《教育法》，以保护受教育者享有平等接受教育的权利和选择教育方式的自由为根本出发点和任务，任何人限制、剥夺他人平等、自由接受教育的行为，均构成对法定义务的违反。齐玉苓案中，陈晓琪等违反《教育法》的基本精神，以侵害姓名权的手段，使作为受教育者的齐玉苓丧失受教育的机会，构成法律违反的侵权行为类型，应承担侵权损害赔偿责任。①

可见宋文主张，在本案之中，所有被告违反了作为"宪法类法律"的《教育法》中的规定，因而构成了法律违反的侵权行为类型。针对宋文主张《教育法》为"宪法类法律"，有学者认为：

> 最近似乎有人这样为《批复》和有关法官的言论辩解：《教育法》不是具体法律，是宪法性法律，属于宪法的范围。这完全是无稽之谈。即使《教育法》属于宪法性法律，它也是具体法律、普通法律，而不是宪法，宪法与宪法性法律是两回事。而且，所谓宪法性法律，只是法学界对现行法律做的一种学理分类，丝毫不影响它在我国法律体系中的位阶或效力等级。②

此观点是正确的，《教育法》仅仅是具体的法律，而非宪法，《教育法》的规定能否被认为是宪法规定，其实是非常令人怀疑的。且根据本案事实，充其量只能认为被告滕州八中和济宁商校违反了修改前的《教育

---

① 宋春雨. 齐玉苓案宪法适用的法理思考. 人民法院报，2001-08-13，B01 版.
② 童之伟. 宪法司法适用研究中的几个问题. 法学，2002 (11).

法》第 29 条第 3 项的规定①，从而构成侵权责任，但因为《教育法》中似乎并无明确条文规定其他被告的行为义务，故无法解决其余被告是否构成侵权责任的问题。② 事实上，宋春雨法官似乎也意识到这样的问题，因此，他主张所有被告的行为"违反《教育法》的基本精神"。这就非常令人费解了，《德国民法典》第 823 条第 2 款意义上的违反保护性规范所指的仅仅是违反具体的法律规定，不存在违反法律的基本精神问题。

但无论如何，似乎可以揣测，宋春雨法官之所以主张《教育法》作为违反保护性规范侵权类型中的保护性规范，从而颇为令人疑虑地主张《教育法》为"宪法类法律"，而不直接主张将宪法作为保护性规范，其原因在于他似乎也已经意识到宪法规范不能直接作为界定侵权法保护对象的规范。③ 但宪法规范能否界定侵权法保护对象这个问题在宋文中并没有被论证。

(2) 德国法观察

德国许多学者主张，德国《基本法》可以成为《德国民法典》第 823 条第 2 款意义上的保护性规范。④ 同时有学者认为，如果《基本法》规定了具体的行为强制（konkrete Verhaltensgebote）时，此时该规定被作为

---

① 修改前的《教育法》第 29 条第 3 项的规定为："学校及其他教育机构应当履行下列义务：……（三）维护受教育者、教师及其他职工的合法权益。……"（现《教育法》第 30 条），结合该法第 81 条规定："违反本法规定，侵犯教师、受教育者、学校或者其他教育机构的合法权益，造成损失、损害的，应当依法承担民事责任"（现《教育法》第 83 条），可以认为被告滕州八中和济宁商校应对原告承担赔偿责任。之所以说是充其量，是因为被违反的规定仍然仅是提供一个概括条款式（generalklauselartige）的保障，并未规定明确具体的行为义务。具体请参见下文。

② 张红. 基本权利与私法：167.

③ 张红在评论宋春雨法官的这篇文章时，也明确主张《教育法》属于"宪法性法律"，从而分析"宪法"是否是保护性法律，这导致其分析似乎偏离了宋春雨的思路，宋春雨恰恰是以《教育法》作为被违反的法律。但张红认为宪法不能作为保护性法律，其原因在于宪法并非旨在保护个人或特定群体的人，这个观点虽然在本书看来观察角度失焦，但也颇有意义。参见张红. 基本权利与私法：154 页以下.

④ Deutsch/Ahrens. *Deliktsrecht*, Rn. 211; *Staudinger/Hager*, §823, G9; Bistritzki, *Voraussetzungen für die Qualifikation einer Norm als Schutzgesetz im Sinne des § 823 Abs. 2 BGB*, Rn. 16; Magnus/Bitttrich. *Tort and Regulatory Law in Germany*, in: Boom, Lukas and Kissling ed., *Tort and Regulatory Law*, p.120.

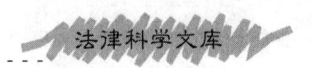

第823条第2款意义上的法律自然没有疑问，但是由于《基本法》仅仅是概括条款性质的保障（generalklauselartige Garantie），所以仅在其通过宪法法院的裁判确定了具体的行为义务时，《基本法》才能成为第823条第2款意义上的法律。①

但Spickhoff认为，探讨《基本法》的基本权利的规定能否成为第823条第2款意义上的法律，重点在于基本权利规范的对象是谁。因为基本权利规范对于私人没有直接的强制或禁止，其直接规范对象仅仅是国家，故而基本权利规范在私法上不能发生作用，但其能够直接以私人作为规范对象之时，可以例外地将该基本权利规范作为保护性规范，在此仍需遵循第823条第2款的辅助性原则，必须先寻找基本权利的具体规定。②

（3）基本权利规范的间接效力与适格规制性规范的法律渊源限制

在德国法理论中，基本权利首先具有防御权功能，国家立法机关、司法机关和行政机关由此应当具有消极保护义务；基本权利也具有一种受益权功能，国家相应地具有给付义务。此时，基本权利似乎仍然是针对国家的权利，故联邦宪法法院通过Lüth案以及之后的一系列判决确定了基本权利的客观价值秩序功能③，简而言之，基本权利不仅是一种主观权利，还是客观规范，是一种由基本权利体系性构成的"客观价值秩序"（eine objektive Wertordnung）或"客观的基本规范"（objektive Grundsatznormen）。如果基本权利具有客观价值秩序功能，为整个社会确立了价值准则和行为规范，那么基本权利就不应当仅仅局限于拘束国家机关了，也当然应当规范私人之间的关系，换言之，本来对抗国家的基本权利也在平等民事主体之间产生效力，约束或者规范私人之间的关系，这就是基本权利的"第三人效力"。但基本权利的第三人效力可分为直接效力理论和间接

---

① *MünchKomm/Wagner*. §823, Rn. 327；颜佑紘. 民法第一百八十四条第二项侵权责任之研究：92.

② Spickhoff. *Gesetzverstoß und Haftung*, S. 157ff.；颜佑紘. 民法第一百八十四条第二项侵权责任之研究：92页以下。关于《德国民法典》第823条第2款的辅助性原则，下文将有详述。

③ BVerfGE 7, 198, 204f.；49, 89, 141f.；56, 54, 73；73, 261, 269；84, 212, 227.

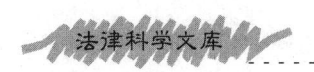

效力理论。①

直接效力理论认为，基本权利规范可以直接适用于人民相互间的私法关系，私人之间的法律关系可以直接以基本权利规范作为规范基础或者请求权规范。而间接效力理论认为，基本权利不能直接适用于私人之间，而只能通过民法上的"概括条款"（Generalklauseln）适用而实现，该等概括条款即实现基本权利的媒介，基本权利规范不能在民事判决中被直接引用作为裁判依据。具体到司法实务中，在法律行为领域，直接效力理论的适用方式是，基本权利规范使得法律行为违法而无效，通过违法条款控制法律行为效力，在我国即通过《合同法》第52条第5项"违反法律、行政法规的强制性规定"、《民法通则》第58条第1款第5项中的"违反法律"或者《民法总则》第153条第1款而使法律行为无效；间接效力理论的适用方式是使法律行为因悖于公共秩序或善良风俗无效，也即通过《合同法》第52条第4项"损害社会公共利益"、《民法通则》第58条第1款第5项中的"违反社会公共利益"或者《民法总则》第153条第2款而使法律行为无效。②

由于直接效力理论使基本权利辐射面过于宽泛，严重忽视了私法本身所蕴含的价值，破坏了法的稳定性和权力分立。因而，德国当前的通说理论是基本权利的间接效力理论，这也为我国大陆和台湾地区学者所普遍赞同。而在侵权法领域，如果采纳间接效力理论，则私人并非基本权利规范的直接适用对象，故基本权利规范并未在私人之间创设义务，因此，基本权利规范并不能作为界定侵权法保护对象的规制性规范。

事实上，除了德国学者Spickhoff的上述论证之外，我国台湾地区学

---

① 关于基本权利的功能和第三人效力，具体请参见张翔. 基本权利的规范建构. 北京：高等教育出版社，2008：47页以下；张红. 基本权利与私法：47页以下；吴庚. 基本权的三重性质//"司法院"大法官释宪五十周年纪念论文集."司法院"大法官书记处，1998；张巍. 德国基本权利第三人效力问题. 浙江社会科学，2007（4）；张翔. 基本权利的双重性质. 法学研究，2005（3）；陈新民. 宪法基本权利及对第三人效力之理论//宪法基本权利之基本理论. 下册. 台北：三民书局，1990. 本书以下对基本权利第三人效力理论的介绍内容皆出自对上述文献的总结，恕不一一注明。

② 具体的总结参见颜佑紘. 民法第一百八十四条第二项侵权责任之研究. 台北：台湾大学，2009：97页以下；我国法上的总结，请参见张红. 论基本权利作为法律行为无效的判断标准. 法学家，2009（6）.

125

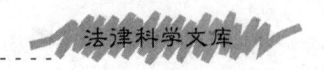

者对此已有阐述，认为基本权利规范的直接效力理论，是将基本权直接视为民法上的权利，侵害者从而承担侵权责任；或者将基本权利规范作为保护性规范使侵害者承担侵权责任。而间接效力理论则是将违反基本权利规范的行为通过《德国民法典》第826条或我国台湾地区"民法"第184条第1项后段中的"故意以违反善良风俗方法"侵害他人，从而使侵害人承担侵权责任。① 因此，基本权利规范原则上不能作为界定侵权法保护对象的规制性规范。②

  这也是德国民法之所以创立民法上的"一般人格权"理论实现对人格利益的保护的原因之一。简单说来，就是因为采纳宪法基本权利的间接效力理论，导致宪法基本权利规范无法透过其《民法典》第823条第2款之规定进入私法之中，同时，基本权利又无法直接作为第823条第1款所规定的"其他权利"而得到保护。在此情形之下，人格利益的保护就只能通过以下方式实现，将刑法等具体部门法的人格保护规定作为第823条第2款意义上的保护性规范，违反导致侵权责任的承担，或者利用第826条故意违反善意风俗侵权的侵权类型规定实现保护。但这两种方式显然过于狭窄，导致对人格利益保护的不足。因此，为了实现对人格利益的充分保护，德国法就只能通过基本权利的价值预设，创设民法上的"一般人格权"，将"一般人格权"作为第823条第1款意义上的"其他权利"，从而实现对人格利益的保护，同时将宪法上的"一般人格权"与民法上的"一般人格权"

---

① 颜佑纮.民法第一百八十四条第二项侵权责任之研究：97页以下.我国大陆学者对此也有提及，张红.基本权利与私法：70，但在其论述宪法不属于保护性法律之时，却对此没有展开论述，未明确将间接效力理论与宪法非属保护性法律联系起来，导致论述失焦，似乎有功败垂成之憾，参见同书：159页以下。需要强调的是，本部分仅讨论能够直接界定侵权法保护对象的规制性规范，而非能够影响侵权法保护对象界定的规制性规范。在这里于一般意义上否认基本权利规范能够直接界定侵权法保护对象，但并不否认基本权利规范能够通过各种方式影响侵权法保护对象之界定，实际上，德国法通过故意背俗行为保护人格利益，在善良风俗界定中将基本权利规范作为重要考虑因素，这是基本权利规范影响侵权法保护对象界定的重要方式，只是因为此种类型的侵权行为必须以故意作为条件，才导致对人格利益保护不足，"一般人格权"的概念本身才具有意义。

② 反对的观点，参见朱岩.侵权责任法通论总论.上册：374，其主张，"宪法所确定的基本权利亦赋予单个主体针对国家公权力享有防御权，基于宪法规范的第三人效力经由民法中一般条款的解释应可间接进入保护性法律的范围"。

第四章　规制性规范对侵权法保护对象的具体界定

区别开来,从而不违反间接效力理论前提下的司法适用方法。①

当然,上述讨论以基本权利规范并未直接规定宪法基本权利规范适用于私人之间关系为前提,但是,在我国宪法第二章,有一些宪法基本权利规范似乎能够直接适用于私人之间。我国《宪法》第 36 条第 2 款规定:"任何国家机关、社会团体和个人不得强制公民信仰宗教或者不信仰宗教,不得歧视信仰宗教的公民和不信仰宗教的公民。"第 40 条后句规定:"除因国家安全或者追查刑事犯罪的需要,由公安机关或者检察机关依照法律规定的程序对通信进行检查外,任何组织或者个人不得以任何理由侵犯公民的通信自由和通信秘密。"第 41 条第 2 款规定:"对于公民的申诉、控告或者检举,有关国家机关必须查清事实,负责处理。任何人不得压制和打击报复。"这三条的基本权利规范似乎均能够直接适用于私人之间的关系。

由此,从理论上而言,这三条基本权利规范似乎例外地能够界定侵权法的保护对象,为了限制这一观点,有学者主张,适用时应当先找出有关这三个基本权利的具体规定,将具体规定作为界定侵权法保护对象的规制

---

① 薛军教授指出,德国法中的一般人格权概念的实质是为具体人格权之外的人格利益保护寻找一个请求权基础,其实质是一般条款,参见薛军. 揭开一般人格权的面纱. 比较法研究,2008 (5). 本书作者认为,德国法创立民法上的一般人格权理论实在更多的是出于法律技术上的原因,而并不能成为我国法的当然选择,毕竟我国侵权法体系和德国侵权法体系不同,我国侵权法体系对于人格利益的保护显然要比德国法灵活得多,且一般人格权保护仍需利益权衡,其整体概念对我国侵权法所保护人格利益的具体界定也无太多意义(并非是其具体类型和界定规则对我国无实际意义,而只是一般人格权的概念无太多实际意义),因此有无必要继受德国法中的一般人格权理论实大有考虑之处。参见姚辉,周云涛. 关于民事权利的宪法学思维——以一般人格权为对象的观察. 浙江社会科学,2007 (1);沈建峰. 一般人格权研究. 北京:法律出版社,2012:30.

需要再次强调的是,本部分仅讨论能够直接界定侵权法保护对象的规制性规范,而非能够影响侵权法保护对象界定的规制性规范。在这里于一般意义上否认基本权利规范能够直接界定侵权法保护对象,但并不否认基本权利规范能够通过各种方式影响侵权法保护对象之界定,实际上,德国法通过故意背俗行为保护人格利益,在善良风俗界定中,将基本权利规范作为重要考虑因素,也是基本权利规范影响侵权法保护对象之界定的重要方式,只是因为此种类型的侵权行为必须以故意作为条件,才导致对人格利益保护不足。

性规范，只有在别无他法时，才能够以这三条基本权利规范作为界定侵权法保护对象的规制性规范。① 但是，同时有学者认为，从实践上而言，由于该等基本权利规范并未规定具体的行为义务，所以并无太大实践意义。②

唯本书认为，这不仅仅是实践意义大小的问题，更为重要的是，即使这些规范中出现了"个人"等语词，但这些规范仍然并非直接以私人作为规范对象，而仅仅是设立了国家的制度性保障义务，即国家有义务通过各种制度保障这些基本权利能够对抗公权力和私人，从而与其他基本权利规范并无二致。同时，如下文所述，适格的规制性规范必须是明确的或已被具体化的强制或禁止规范，而这三个基本权利规范仅仅提供了一个概括条款式（generalklauselartige）的保障，并未规定明确具体的行为义务，既非明确的强制或禁止规范，也非已被具体化的强制或禁止规范，因此，其原则上不得作为适格的规制性规范。

（二）性质特征

德国通说认为，《德国民法典》第 823 条第 2 款意义上的保护性规范必须是明确的强制或禁止规定（bestimmtes Gebot oder Verbot），其必须足够清晰地描述一个行为义务。③ 当然，亦有学者反对此种明确性的要求，认为只要能够证明行为义务的存在，纵然行为义务的明确性并没有被

---

① Spickhoff 就如此认为，并将此观点与"辅助性原则"联系起来，Vgl. Spickhoff. *Gesetzverstoß und Haftung*，S. 171 - 172.

② Wagner 教授对德国基本权利规范的观点就是如此，但是其是以宪法基本权利规范总体上都能作为保护性法律作为前提，与本书主张不同，Vgl. *MünchKomm/Wagner*，§823，Rn. 327；Spickhoff 教授同样认为基本权利规范例外地作为保护性法律时实践意义也极小，Vgl. Spickhoff. *Gesetzverstoß und Haftung*，S. 172.

③ *MünchKomm/Wagner*. §823，Rn. 322ff.；*Staudinger/Hager*. §823，G9；Bistritzki. *Voraussetzungen für die Qualifikation einer Norm als Schutzgesetz im Sinne des §823 Abs. 2 BGB*，Rn. 18ff.；Knöpfle. *Zur Problematik der Beurteilung einer Norm als Schutzgesetz im Sinne des §823 Abs. 2 BGB*，NJW，1967，S. 699；Honsell. *Der Verstß gegen Schutzgesetz im Sinne des §823 Abs. 2 BGB*，JA，1983，S. 103；Peters. *Zur Gesetzetechnik des §823 Abs. 2 BGB*，JZ，1983，s. 913ff.；Endres. *Normen des Umweltrechts als Schutzgesetz im Sinne des §823 Abs. 2 BGB*，S. 65ff.

附加到此原则性规定中,该规定仍然是第 823 条第 2 款意义上的保护性规范。①

但不管在理论上是否承认该明确性要求,实践结果的处理往往区别甚小,可以将实践结果总结为以下结论,即如果某法律仅仅确立了一般化的原则(allgemeiner Grundsatz),或者包含了关于个人所需做出义务的抽象式概念从而需要具体行政行为予以具体化,那么即使该等规范不能因此而被排除出第 823 条第 2 款意义上的保护性规范,但在未通过具体行政行为具体化之前,不得作为第 823 条第 2 款意义上的保护性规范而被适用。② 唯需注意的是,具体化该抽象概念的具体行政行为本身并非第 823 条第 2 款意义上的保护性规范,原因在于具体行政行为并非规范。③ 如果具体行政行为的规范性内容往往在个案中具体化了规制性规范之中的抽象概念,且该具体行政行为在形式上是合法的,那么该规制性规范在个案中的内容之确定就要共同考察规制性规范文本和该个案中的具体行政行为。④ 因此,纯粹倡导性和宣示性规范无法成为保护性规范,仅仅规定应取得特殊的许可证的规制性规范也无法成为保护性规范。

在这个意义上,本书认为,能够界定侵权法保护对象的规制性规范必须是明确规定了或已通过具体行政行为具体化了特定行为义务的强制或禁

---

① Deutsch/Ahrens. *Deliktsrecht*, Rn. 216 - 217; Karollus. *Funktion und Dogmatik der Haftung aus Schutzgesetzverletzung*, S. 287f.; Spickhoff. *Gesetzverstoß und Haftung*, S. 122;颜佑紘. 民法第一百八十四条第二项侵权责任之研究:208.

② BGHZ 122, 1, 3＝NJW 1993, 1580; *MünchKomm/Wagner*. §823, Rn. 331ff.; *Staudinger/Hager*, §823, G10; *BGB-RGRK/Steffen*. §823, Rn. 538.; Pollack, *Schutzgesetzverletzung und "negligence per se"*, S. 71f.; Magnus/Bitttrich. *Tort and Regulatory Law in Germany*, p. 121.;苏永钦. 从动态法规范体系的角度看公私法的调和//民事立法与公私法的接轨. 北京:北京大学出版社,2005:98.

③ BGHZ 122, 1, 3. 同样的观点,参见于飞. 权利与利益区分保护的侵权法体系之研究:152.

④ BGH NJW 2004, 356, 357; BGHZ 62, 265, 266; BGHZ 122, 1, 4; BGH NJW 1997, 55; Karollus. *Funktion und Dogmatik der Haftung aus Schutzgesetzverletzung*, S. 103ff.; Magnus/Bitttrich. *Tort and Regulatory Law in Germany*, in: Boom, Lukas and Kissling ed., *Tort and Regulatory Law*, p. 121f.; Lukas. *Tort and Regulatory Law in Austria*, in: Boom, Lukas and Kissling ed., *Tort and Regulatory Law*, p. 15;福克斯. 侵权行为法:142 页以下.

止规范,否则根本无法确定并因此推论出明确的行为义务,从而也不能直接界定侵权法的保护对象。① 苏永钦教授对此论述道:

> 国家管制往往要到处分的层次才足够具体化,抽象法律既还不能创设明确的行为义务,即不能定性为保护法律。"最高法院"曾在一件码头卸载棉花失火的案例中提到,当时有效的台湾省港区危险品装卸管理办法并未公布危险品分类表,将棉花列为易燃物,在该个案,各港务局也未依该办法核发危险品装卸许可证,故不能认为有违反保护法律,似乎即以核发危险品装卸许可的处分时,才发生具体的行为义务。②

三、适格规制性规范之目的特征

(一) 目的特征之确立

1. 比较法经验——以德国法为观察对象

(1)《德国民法典》第 823 条第 2 款的产生史③

《德国民法典》第一草案(Erste Entwurf,EⅠ)第 704 条第 1 款规定:

> 如果某人因故意或过失通过作为或不作为而做出不法行为(widerrechtliche Handlungen)致他人损害,且其已预见或应当会预见此损害的产生,则他有义务向该他人赔偿其行为所导致的损害,无论损害的范围有没有被预见。

---

① 同样的观点参见解亘. 论管制规范在侵权行为法上的意义. 中国法学,2009(2).

② 苏永钦. 从动态法规范体系的角度看公私法的调和:98.

③ 本部分主要参考了 Pollack. *Schutzgesetzverletzung und "negligence per se"*, Frankfurt amMain/Berlin/Bern/Bruxelles/New York/Oxford/Wien,2003,S. 11 - 12. 关于德国民法典侵权法部分的制定历史,具体请参见 *MünchKomm/Wagner*. Vor § 823, Ⅲ; Benöhr. *Die Redaktion der Paragraphen 823 und 826 BGB*, in hrsg. Zimmermann, *Rechtsgeschichte und Privatrechtsdogmatik*, C. F. Müller Verlag, Heidelberg,1999, ss. 499ff.。中文资料请参见李昊. 交往安全义务论:13 页以下;关于违反保护性法律的侵权类型的简要比较法分析,请参见朱岩. 侵权责任法通论总论. 上册:361 页以下。

损害赔偿义务由此就没有和具体的构成相联系，而是作为一个统一的不法行为的后果，此种做法的基础在于以下理解，即如果侵权责任与特定类型的不法行为相联系的话，则针对不法行为的保护就并非足够。① 据此，如果一个行为违反了绝对的禁止性制定法，尤其是刑法，那么此行为就是不法的。所谓绝对的禁止性制定法之定义是这样的："对一个（主观权利的）侵犯仅仅是相对于权利人而不法，而绝对的禁止性制定法服务于每个人。"②

第一草案制定时，第一委员会以《法国民法典》的概括性条款作为蓝本，而第二委员会充分讨论了概括性条款和限制性条款的立法方式，它们一致认为，概括性条款未准确地提出损害赔偿请求权的条件，这只会遮蔽责任确定中的困难并将此困难移交给法官，但扩大法官的职权非常令人疑虑，并且事实构成的抽象还会导致诉讼的泛滥。③ 因而，第二草案（Zweiter Entwurf）第746条第1款最终是这样规定的：

> 如果某人因故意或过失不法侵犯他人的权利，或者违反旨在保护他人的法律，则他有义务赔偿该他人由此而遭致的损害。根据法律的内容，对该法律的违反在无过错情形下也能发生的，则损害赔偿义务仅在过错情形下产生。

据此可以看出，较之"第一草案"，法律的范围被限缩为"旨在保护他人的法律"，因为第二委员会指责，"如果不考虑被违反的制定法是否是保护受害人利益，而赋予所有受害人损害赔偿请求权"，这将是非常不合理的。④《德国民法典》在此草案的基础上只不过是将第二草案的第746条第1款分为2款，形成《德国民法典》的第823条，同时，以第二草案中的第749条为基础形成《德国民法典》的第826条。

(2) 基本理解

在《德国民法典》起草之时，欧洲地区已经存在的民法典主要有《法国民法典》《普鲁士一般邦法》以及《奥地利民法典》。在侵权法领域，

---

① *Mugdan* II, 1899, S. 405.
② *Mugdan* II, S. 405.
③ *Mugdan* II, S. 1075.
④ *Mugdan* II, S. 1076.

《法国民法典》在众所周知的第1382条和第1383条中运用清楚扼要的措辞规定了经典的侵权法一般性条款。1811年颁布的《奥地利民法典》的第1295条第1款规定:"每个因他人过错行为遭受损害的人,都有权向侵害人要求损害赔偿;引发该损害的原因可能是违反了合同义务,也可能与合同关系无关。"1794年颁布实施的《普鲁士一般邦法》虽然用了7个条款来阐明责任基础,但它只是借助于责任等级来查明赔偿义务的范围,同时还以如下一般原则为基础:凡故意或过失伤害了他人者,皆须对后者给予(全部或部分)赔偿。①

这实际上是当时欧洲关于侵权法的一个一般观念,此观念是由自然法理论所形成的,要求一个普遍的侵权责任原则,可适用于每一种不法过错导致的侵害。②《德国民法典》第一起草委员会就秉持这一观念:

> 损害赔偿义务应在一个基本原则的基础上予以统一化,也即每个人应尊重他人的法权领域,并克制任何对此领域的不法侵犯。违反这个一般的法命令就会产生损害赔偿义务。③

第一草案第704条第1款就是在这个观念的基础上形成的。第二起草委员会基于给予司法者明确指示的考虑,将第一草案的大一般条款改变为小的一般条款,进行了侵权的类型化④,但在第二起草委员会的观念中,个人法权领域仍然是侵权责任的前提。

> 本草案和所有提案的出发点在于,关于不法行为所产生的损害赔偿义务之规定属于以下这种规定,即此规定用于确定个人之法权领域的相互界限,在此领域内,他的自由能够得到发挥,他的利益能够得

---

① *MünchKomm/Wagner*. vor §823, Ⅱ3. 本部分之下内容关于《德国民法典》第823条第2款立法历史部分的阐述也主要参考了 Pollack. *Schutzgesetzverletzung und "negligence per se"*, S. 12ff.

② 当然,《奥地利民法典》在适用过程中,逐渐借助第1294条中的"不法行为"(widerrechtliche Handlung)这个概念、第1295条第2款以及第1311条,向德国法逐渐靠近,区分三种类型的侵权责任类型,Vgl. Hrsg. Koziol/Bydlinski/Bollenberger. *Kurzkommentar zum ABGB*, Aufl. 2, Springer, 2007, §1294, Rn. 4, §1295, Rn. 1, 2.

③ *Mugdan* Ⅱ, S. 405.

④ 齐默尔曼. 罗马法、当代法与欧洲法:59页以下.

到实现。①

在此基础上,第二起草委员会试图确定个人的法权领域,以明确侵权法的保护对象,并将"服务于每个人的法律"修改表述为"旨在保护他人的法律",在第二草案的条文中予以明确规定,在委员们看来:

> 个人的法权领域所包括的……首先是他自己的财产权……之后还包括他的所谓的人格权……该人格权如同物权一样,通过针对任何人的侵犯禁止而得到保护。但是,个人相互之间的法权领域也可以通过以下方式而被确定,即制定法使得某人承担某个为他人利益的义务,强制或禁止他为一定的行为。但在此,只有以下这种强制或禁止才是可以考虑的,即它们旨在保护个人的利益免遭他人侵犯,而并非为公众利益强加某制定法义务,虽然该制定法义务对所有人的利益都是必要的,但它同样对任何人都是有利的。②

因此,委员会试图给法官提示出确定个人法权领域的客观标准,其中标准之一就是"旨在保护他人的法律"。通过此界定,排除了所有以保护全体利益为目的的规定,而只有旨在保护他人的法律才能用以界定个人的法权领域。

在解释第823条第2款时,德国几乎所有的学者都强调,被违反的规定必须是为了保护特定个人(den Einzelnen)或者特定范围的个人(einzelne Personenkreise),以个人保护(Individualschutz)为目的,而不能仅以对公众的保护(Schutz der Allegemeinheit)作为目的,如果某规定的目的仅仅在于保护公众利益,那么它就并非保护性规范,不能对于法益

---

① *Mugdan* II, S. 1073.

② *Mugdan* II, S. 1073. 此种理解被委员会提交给国会的呈文(Denkschrift)所证实:"不法行为规定的目的在于确保个人的法权领域免遭他人的不法侵犯。但是,个人的法权领域可以通过个人的权利而被确定,或者通过普遍性的、主要属于刑法领域的规定而被确定,该等规定为个人之保护而强制或禁止他人的某行为。相应的,第807条使得损害赔偿义务取决于情形,即导致他人损害的行为或者侵害了他人的权利,或者违反了旨在保护他人的法律。"Denkschrift, 1896, S. 149.

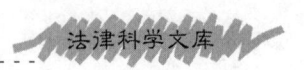

界定产生影响。① 判例对这一点也予以承认。② 例如,《德国刑法典》第258条规定了阻挠刑罚（Strafvereitelung）的犯罪行为,即因行为人的行为而造成他人因违法行为而依法应受的刑罚或措施全部或部分不受追究,因为此规定仅仅保护司法（Rechtspflege）,而非之后的潜在受害人,故而并非保护性规范,不能根据《德国民法典》第823条第2款产生请求权。③

我国台湾地区学者在解释"民法"第184条第2项时,也同样认为,保护性规范必须以保护特定个人或特定范围之人为目的,而不能仅以保护国家公共利益或公众为目的。④

事实上,许多国家都通过一定的技术目的实现相同的功能,所区别者仅仅是概念运用和技术手段的不同。奥地利和瑞士自不待言,《荷兰民法典》第6：163条也明确规定："被违反规则的目的并非防止受害人遭受的此种损害的,不产生损害赔偿义务。"波兰的通说观点也认为,如果违法者所违反规范的意图是保护公共利益和公众利益,那么损害赔偿的请求不

---

① Larenz/Canaris. *Lehrbuch des Schuldrechts*, BT, Bd. Ⅱ, S. 433; Fikentscher. *Schuldrecht*, Rn. 1263; Deutsch/Ahrens. *Deliktsrecht*, Rn. 214; Esser/Weyers. *Schuldrecht*, BT, Teilband 2, S. 199f.; Spickhoff. *Gesetzverstoß und Haftung*, S. 62; Bistritzki. *Voraussetzungen für die Qualifikation einer Norm als Schutzgesetz im Sinne des § 823 Abs. 2 BGB*, Rn. 46f.; Knöpfle. *Zur Problematik der Beurteilung einer Norm als Schutzgesetz im Sinne des § 823 Abs. 2 BGB*, NJW, 1967, S. 697.; Markesinis/Unberath. *The German Law of Torts*, p. 887; 梅迪库斯. 德国债法分论：677; 福克斯. 侵权行为法：143.

② BGH NJW 1973, 1541; BGHZ 66, 388, 390; BGHZ 46, 17, 23; BGH NJW 1954, 675.

③ BGH NJW 1958, 1775; Larenz/Canaris. *Lehrbuch des Schuldrechts*, BT, Bd. Ⅱ, S. 433.

④ 王泽鉴. 侵权行为. 北京：北京大学出版社,2009：288; 姚志明. 侵权行为法研究（一）. 台北：元照出版公司,2002：43页以下; 黄立. 民法债编总论. 北京：中国政法大学出版社,2002：283; 颜佑紘. 民法第一百八十四条第二项侵权责任之研究. 台北：台湾大学,2009：235; 王泽鉴. 违反保护他人法律之侵权责任//民法学说与判例研究. 第2册. 北京：中国政法大学出版社,1998：189; 朱柏松. 论不法侵害他人债权之效力（上）. 法学丛刊,第145期：62; 苏永钦. 再论一般侵权行为的类型：310页以下; 杨佳元. 论保护他人法律之侵权责任. 月旦法学杂志,第58期：72; 刘昭辰. 侵权行为法体系上的"保护他人之法律". 月旦法学杂志,第146期：240页以下.

能被支持。① 而在法国，虽然并不存在所谓的"保护性规则"，但评价受害者所受损失的性质仍要考虑规则的保护目的，例如，违反法律规定进行水污染导致鱼群的死亡，如果法规的目的是保护水生动物种群，那么私人以此要求赔偿就不能被支持。② 在 Cort v. Ash 案中，涉及立法机关是否意图允许受害人基于违反制定法规定而提起诉讼的判断时，美国联邦最高法院宣布了一个四步检验法：第一，原告是否是颁布制定法所要特别保护的群体中的一员；第二，是否存在有关允许还是拒绝此种救济的立法意图的明示或默示的指示；第三，默示给予原告以此种救济，是否与立法计划的隐含目的相一致；第四，在基本属于州法事项领域内，该诉因是否应当一般转交给州法，由此不适合仅依联邦法推导出该诉因。③ 除了最后一步涉及联邦法和州法的分工，前三步都涉及能够被提起私人诉讼的被违反的制定法必须同样具备保护个人的目的。

2. 理由说明

德国学者和我国台湾地区学者虽然都将保护个人的法律作为法益界定的工具之一，但是他们绝大多数所持的都是解释论立场，似乎都未充分说明，为何要以是否旨在保护个人作为判断界定侵权法保护对象的适格规制性规范的标准。

此问题绝非庸人自扰。冯·巴尔教授在对欧洲各国侵权法考察后指出：

> 在德国（民法典第 823 条 II）、葡萄牙（民法典第 483 条 I）和荷兰（民法典第 6：163 条）……只有在违反有关"以保护他人为目的的制定法"时方产生责任，而"在违反的法律规范不是为了防止对受害人造成的同类损害时，不产生损害赔偿义务"。因此，侵权行为中的侵权性被认为是一种相对的不法性，即违反的是一项专注于保护受害人个人利益而不是公共利益的法律或者法规。希腊、意大利、葡萄

---

① Jagielska and Zmij. *Tort and Regulatory Law in Poland*, in: van Boom/Lukas/Kissling ed., *Tort and Regulatory Law*, Springer, Wien/New York, 2007, p. 227.

② Billet and Lichère. *Tort and Regulatory Law in France*, in: van Boom/Lukas/Kissling ed., *Tort and Regulatory Law*, Springer, Wien/New York, 2007, p. 106.

③ Cort v. Ash, 422 U.S. 66, 78 (1975). 对该检验步骤的持续效用一直存在许多争议，转引自 Shapo. *Tort and Regulatory Law in the United States of America*, in: van Boom/Lukas/Kissling ed., *Tort and Regulatory Law*, Springer, Wien/New York, 2007, pp. 331f.

牙、西班牙和奥地利持这一观点。但是在法国尤其是在比利时，违反的是否是致力于保护个人利益的制定法，抑或受到的损害是否在其保护范围之内，都是没有关系的。人们认为制定法的内容不许可做出这样的限制，而且由于此等限制将会导致法律的不确定因而也不希望做出这样的限制。……在认定因果关系和损害时采取更灵活的立场，则可避免这一状况可能导致的任何不便。①

由此可以看出，能够界定侵权法保护对象的适格规制性规范必须旨在保护个人，并非当然。我国台湾地区学者邱聪智言明："惟其何以非以保护他人权利或利益为目的，依愚见却又颇为疑惑。"②

实际上，之所以只有旨在保护个人的适格规制性规范才能影响侵权法所保护法益的界定，上文所引用的《德国民法典》第二起草委员会的说明已经透露出了信息。既然侵权责任的产生起源于对个人法权领域的侵害，那么个人的法权领域就是侵权责任产生的前提，换言之，只有在此法权领域属于个人的前提下，侵权责任才有可能产生。绝对性权利属于个人当无疑问，而通过制定法确定个人的法权领域，则只能要求制定法必须旨在保护个人，即使主要目的不是保护个人而只是附带地保护个人，才能确定法权领域属于个人，个人才可通过诉讼要求他人遵守此制定法，由此才能确定此法权领域属于个人，个人才有权主张要求他人保护此法权领域，由此才可得主张侵权法的保护。举一个最为极端的例子，我国《刑法》第104条规定了武装叛乱、暴乱罪，非常明显，此规定的目的是保护全体国民之利益。假如甲违反了此规定，在某地区组织武装叛乱，导致乙无法在此地区继续商业运行，蒙受损失。此时，乙可否因甲违反了《刑法》第104条的规定主张甲对上述损失予以赔偿。恐怕没有几个人会赞同，原因就在于乙并未因《刑法》第104条的规定取得民事上的法权领域。毕竟，侵权法并不具有像警察一样的维护治安的任务，它的目的只在于对具体的受害人提供个人保护。③

---

① 巴尔. 欧洲比较侵权行为法. 上卷. 张新宝译：42页以下. 也请参见欧洲民法典研究组，欧盟现行私法研究组编著. 欧洲私法的原则、定义和示范规则（第五、六、七卷）. 王文胜等译：458.

② 邱聪智. 新订民法债编通则. 北京：中国人民大学出版社，2003：117.

③ Deutsch/Ahrens. *Deliktsrecht*, Rn. 213.

从社会典型公开性角度考虑，规制性规范首先应当具备对世规范的特征，对于行为人而言，才可能具备防免的期待可能性。但是，如果规制性规范是以保护公众利益为目的，此时仍允许受害人提出请求，那么因行为人的违反行为而遭受损失的人会非常多，从而在赔偿能力上仍只有极低的社会典型公开性和期待可能性，因此，必须把可能的损害赔偿请求人降低到合理的程度，故作为对世规范的规制性规范必须旨在保护个人，这就成为一个合理的筛选机制，生发出其他更为具体化的筛选机制，使得请求权人有特定化的可能性，从而建立行为人赔偿能力的期待可能性。① 在此意义上，冯·巴尔教授才会认为，原则上，只有当某一法律是以保护原告免受实际已经遭受的损害为目的的，违反法定义务才具有侵权法上的意义。②

（二）保护个人目的之概念

如前文所述，在解释《德国民法典》第823条第2款时，德国通说和判例认为，被违反的规范必须是为了保护特定个人或者特定范围的个人，以个人保护（Individualschutz）为目的，而不能仅以对公众的保护（Schutz der Allegemeinheit）作为目的，如果某规范的目的仅仅在于保护公众利益，那么它就并非保护性规范。但是，如果一项规范旨在维护一般公共利益，并不必然意味着其不保护特定人群的利益③，此时个人保护无须是被违反规定的主要目的，只要该维护一般公共利益的规范在保护公众的同时也有意图对具体的受害人提供保护时，并且并非间接的或反射性地进行保护，就有可能被视为保护性规范。④ 但如果某规范的目的完全在于

---

① 具体请参见苏永钦. 再论一般侵权行为的类型：308 页以下.
② 巴尔. 欧洲比较侵权行为法. 下卷：293.
③ Markesinis/Unberath. *The German Law of Torts*, p. 887.
④ BGH NJW 1973，1541；BGHZ 66，388，390；46，17，23；122，1，4；116 7，13；BGH NJW 1954，675；Larenz/Canaris. *Lehrbuch des Schuldrechts*，BT，Bd. II，S. 433；Fikentscher. *Schuldrecht*，Rn. 1263；Deutsch/Ahrens. *Deliktsrecht*，Rn. 214；Esser/Weyers. *Schuldrecht*，BT，Teilband 2，S. 199f.；Spickhoff. *Gesetzverstoß und Haftung*，S. 62；Bistritzki. *Voraussetzungen für die Qualifikation einer Norm als Schutzgesetz im Sinne des § 823 Abs. 2 BGB*，Rn. 46f.；Knöpfle. *Zur Problematik der Beurteilung einer Norm als Schutzgesetz im Sinne des § 823 Abs. 2 BGB*，NJW，1967，S. 697.；Markesinis/Unberath. *The German Law of Torts*，p. 887；梅迪库斯. 德国债法分论：677；福克斯. 侵权行为法：143.

保障国家机关的正常运转,即使该规范的反射层面上同样会发生保护个人的效果,也不能成为保护性规范。①

德国联邦最高法院对此作出了经典的定义。

> 根据以往的审判实践,当一项法律规范的作用在于针对法益损害而对个人或某一类人实施保护时——即使这种保护作用相对于本规范保护公众的作用是次要的——则此项规范为保护性规范。……即使条文首先是着眼于公众的利益,但只要其应当也对个人的利益实施保护,则已足够将其视为保护性的法律。②

德国联邦最高法院将此观点应用于审判之中。例如,联邦最高法院作出过一个判决,该案案情如下。③

> 在第一次世界大战期间,德国政府对于肉类进口进行了严格的限制,并且规定国有的中央购买公司(State-owned Central Purchasing Corporation)有权力控制进口、规制肉类的质量和内部分配(避免肉类短缺),该公司甚至有没收非法进口肉类的权力。某靠近荷兰边境工作的该公司员工不当授权过多的肉类进口,该进口的肉类通过他的同伙而被出卖以分配利益。中央购买公司即起诉要求这些人损害赔偿,依据是第823条第2款,以及设立该公司并授予该公司上述权力的政府相关命令。

法院判决认为,设立该公司的政府命令之目的是公共利益的保护,但这并未阻止认为根据第823条第2款授予该公司以请求损害赔偿的权利。

我国台湾地区的理解与德国法的大致相同,认为保护性规范的判断标准是其旨在保护个人的权益,且此项个人权益的保护得与一般公益并存,但如法律专以维护社会秩序为目的,个人仅因"反射"作用而获得利益,

---

① 朱岩. 侵权责任法通论总论. 上册:374.
② BGH NJW 1992,241,242;福克斯. 侵权行为法:144.
③ RGZ 100,142,146 = BGHZ 46,23;Markesinis/Unberath. *The German Law of Torts*,p.887. 中译文也请参见颜佑紘. 民法第一百八十四条第二项侵权责任之研究:219页以下,但其对于法院的判决似乎作出了完全相反的错误理解。

则该法律不属于保护性规范。① 王泽鉴教授对此举例说明如下。"道路交通管理处罚条例"立法之目的，系"维护交通秩序，确保交通安全"，至其是否属于保护他人之法律，仍应就个别规定之内容判断决定之，例如该条例第 44 条第 7 项规定："在未划有中心线之道路或铁路平交道或不良之道路时，不减速慢行者，汽车驾驶人处一百元以上二百元以下罚援"。其立法目的，旨在保护参与交通者之安全，应属保护他人之法律。反之，如该条例第 36 条规定："汽车驾驶人，有下列情形之一者，处五十元以上、一百元以下罚援：1. 赤足或穿木屐拖鞋者；2. 仅着背心、内裤者；3. 营业客车驾驶人未依规定穿着制服者。"其立法目的旨在维护观瞻，非属保护他人之法律，从而汽车驾驶人仅着内裤驾车撞伤行人时，不构成违反保护他人之法律。②

（三）保护个人目的之查明与公共政策

1. 一般性说明

从整体上而言，以行政法为例，行政法的范围包括两大部分。第一部分是为了国家的存立对社会的管理，这是传统行政法的主要范围，例如税法、财政法等，这主要涉及国家和个人之间的关系，属于严格意义上的公法范围，即使当事人受到损害也只能通过行政诉讼解决，原则上不对民法产生效力。第二部分是为了个人的权利对社会的管理，这属于行政法和民

---

① 王泽鉴. 侵权行为. 北京：北京大学出版社，2009：288；姚志明. 侵权行为法研究（一）. 台北：元照出版公司，2002：43 页以下；黄立. 民法债编总论. 北京：中国政法大学出版社，2002：283；颜佑紘. 民法第一百八十四条第二项侵权责任之研究. 台北：台湾大学，2009：235；王泽鉴. 违反保护他人法律之侵权责任//民法学说与判例研究. 第 2 册. 北京：中国政法大学出版社，1998：189；朱柏松. 论不法侵害他人债权之效力（上）. 法学丛刊，第 145 期：62；苏永钦. 再论一般侵权行为的类型：310 页以下；杨佳元. 论保护他人法律之侵权责任. 月旦法学杂志，第 58 期：72；刘昭辰. 侵权行为法体系上的"保护他人之法律". 月旦法学杂志，第 146 期：240 页以下。

② 王泽鉴. 违反保护他人法律之侵权责任：195 页以下。当然，禁止机动车驾驶人"穿木屐拖鞋"是否不构成保护他人之法律实有疑问，一般认为，该规定的目的是防止鞋子不跟脚延误了刹车时机造成交通事故，妨碍行车安全。在中国大陆，《道路交通安全法》实施以前，《道路交通管理条例》第 26 条第 12 项也同样规定了"不准穿拖鞋驾驶车辆"，而现在实施的《道路交通安全法实施条例》第 62 条对此未作出明确规定。

法交叉的地方。①

　　第二部分的行政法又可以通过多种方式对个人权利进行保护，这又有两种方式。一种方式是行政法通过直接创设权利的方式保护个人的利益，这些权利原则上属于侵权法的保护对象，如果被侵犯，可以被侵权法所保护，但此时仍然要考虑到保护个人目的。如果国家人为地垄断一部分资源，通过发放营业许可创设新的财产权，例如出租车营运证、客运长途班线营运证、航空班线营运证、烟草专卖证等，以及国家在公共资源上创设不同于传统物权的新类型权利，例如采矿权、捕鱼权、取水权、养殖权等"准物权"，这些被立法所创设的直接权利当然可以成为侵权法的保护对象。但是国家针对特定的人群赋予特定的权利，例如残疾人补助金、失业救济金、单身母亲救济金等，这些主观公权利并非以保护个人免受损失为目的，而是基于福利国家或社会国理念所产生的给付行政的对象，权利人只能向国家主张，第三人无侵犯的可能，从而没有成为侵权法保护对象的必要。②

　　另外一种方式通过预先规定行为人行为义务的方式保护他人的权益。或者是规定在特定场合的行为义务，例如《道路交通安全法》和《道路交通安全法实施条例》规定的机动车驾驶人的义务③，建设部关于住宅室内装修管理办法关于装修人的行为义务；或者是规定特定主体的行为义务，例如医生、律师、建筑师、会计师的行为义务，也就是各种专家的行为义务；经营者的反不正当竞争义务；在市场中居优势地位者的反垄断义务等。④ 但所有这些行为义务的规范是否能够界定侵权法的保护对象，仍然需要考虑到这些规范是否具有保护个人的目的。

---

① 方新军. 利益保护的解释论问题. 华东政法大学学报，2013（6）.

② 方新军. 利益保护的解释论问题. 华东政法大学学报，2013（6）.

③ 除此之外，能够构成适格的交通管制规范的还有涉及机动车安全技术和标准方面的管制规范、关于道路通行规定的管制规范等，参见张家勇，昝强龙. 交通管制规范在交通事故侵权责任认定中的作用——基于司法案例的实证分析. 法学，2016（6）.

④ 方新军. 利益保护的解释论问题. 华东政法大学学报，2013（6）. 其同时认为，预先规定特定场合的行为义务的规范主要在过错认定上发挥作用，而预先规定特定主体的行为义务的规范主要在界定侵权法保护对象上发挥作用。该观点似乎并不可绝对化。

例如，就安全规范和与环境有关的规章而言，可能安全规章会被更多地认为具有保护个人的目的。而与环境有关的提供清洁空气等公共产品的规制性规范则较为困难，在此之中，公共利益具有特殊的位置，违反这些规范是否会导致侵权责任仍然需要判断这些规范是否以保护特定个人为目的，由此，在这些规制性规范所想要提供的公共产品领域内，可区分有接受者的特定个人或特定群体之个人的公共产品，以及无特定接受者的公共产品。对后一种规范的违反并不能由此产生个人的侵权请求。[1] 但是，与环境有关的规制性规范中，公共利益具有特殊的位置，这些规范对侵权责任仅具有有限的影响，环境污染的无过错责任就尤其具有重大的意义。[2] 但无论如何，这些规范都不能当然被认为具有保护个人的目的，仍然需要具体判断。

不得不承认的是，规范目的实在是一个神秘的事物，每个人都承认它的存在，但每个人都无法确切地声称他掌握了规范目的。规制性规范的保护个人之目的也同样如此，为了阐明规范的保护个人目的，从而确保法律适用之相对确定，学者们殚精竭虑，提出种种判断标准，但依然众说纷纭。Stanton 教授曾经针对英国法上的违反制定法义务之诉作出如下评论。

> 在英国法上，没有一个公认的概括性原则规定，违反制定法的行为对因违法而受害之人而言是可诉的，同样也不存在一个相对具体的原则规定了因违法行政行为所致之损害能够产生损害赔偿请求权。这种侵权的传统形式是作为一种技巧而存在，经由此技巧，仅能够在少

---

[1] van Boom. *On the Intersection between Tort Law and Regulatory Law—A Comparative Analysis*, in: van Boom/Lukas/ Kissling ed., *Tort and Regulatory Law*, Springer, Wien/New York, 2007, p. 432.

[2] Lukas. *The Function of Regulatory Law in the Context of Tort law-Conclusions*, in: van Boom/Lukas/ Kissling ed., *Tort and Regulatory Law*, Springer, Wien/New York, 2007, p. 463. 甚至在奥地利最高法院的一个案例中，法院一般性地宣称，与保护自然或环境有关的法律规定不是旨在保护个人利益，而是保护公共利益；但是在具体的案例中，法院仍然认为与自然或环境有关的具体法律规定仍有可能具有保护个人的目的，See Lukas. *Tort and Regulatory Law in Austria*, in: van Boom, Lukas and Kissling ed., *Tort and Regulatory Law*, Springer, Wien/New York, 2007, pp. 21, 23.

数案件中提供救济。它既没有与特定类型的损失相联系，也不依附于特定的行为。①

欧洲研究者也认为："决定规制法规则的实际保护范围可能是极为困难的，对在这方面模棱两可的那些法律进行解释所提供给司法者裁决的指导也远不能令人满意。当公法标准所保护的利益是清洁的环境和良好的竞争环境时，情况尤其如此。"② 或谓，此乃不可能的任务，但学者和司法者仍必须尽力完成该不可能的任务。

就本书研究之特定论题而言，规制性规范如要能够界定侵权法保护对象，必须旨在保护个人，但大部分规范的目的无法仅从规范文本之中自动推断而出，故必然涉及规范解释。

2. 德国法

（1）法学观点

在《德国民法典》第 823 条第 2 款之适用中，学者们很早就认为，立法者并未提供太多指示，以致 Heck 教授认为："作为保护性规范的具体规定造成了太多的困难。"③ 第 823 条第 2 款所转介之规定究竟旨在保护何人的何种法益对抗何种危险，这个命题虽然提供了思考的三个方向，即人的范围、物的范围以及致损方式和种类的范围，但这仅仅是一个大致的指南而已，并无太多的内容规定。

为此，在德国文献之中，"洪流般的墨水"涉及这个问题，其中被认为最为具有代表性的是 Knöpfle 于 1967 年发表的文章和 Schmiedel 于 1974 年发表的文章④，但他们却采取了完全相反的出发点。在 Knöpfle 看来，由于保护目的确立的困难，法官必须通过适当的评价确定是否课予损

---

① Stanton. *New Forms of the Tort of Breach of Statutory Duty*, in: Law Quarterly Review, Vol. 120, 2004, p. 327.

② van Boom. *On the Intersection between Tort Law and Regulatory Law—A Comparative Analysis*, in: van Boom/Lukas/ Kissling ed., *Tort and Regulatory Law*, Springer, Wien/New York, 2007, p. 432.

③ Heck. *Grundriß des Schuldrecht*, Tübingen, 1929, S. 452.

④ Staudinger/Hager. §823, G16; Pollack, *Schutzgesetzverletzung und "negligence per se"*, S. 118.

害赔偿责任[①]；而在 Schmiedel 看来，重点毋宁在于根据历史上立法者的意志确定保护目的。[②]

根据 Knöpfle 的观点，第 823 条第 2 款取决于缺少的法政策评价，制定法内容通常并未提供回答该规范是否具有明确的保护目的之任何根据，因此，在判断违反某规范是否依据第 823 条第 2 款产生损害赔偿后果时，不仅要符合"整体法秩序体系的意义"，还要与"所涉制定法的意义、内容和目的"相一致。[③] 由此，在他看来，确定规范目的应分为两个阶段：1）确定当时法规范的客观效力；2）对结果进行评价。在第一个阶段，应考虑该规范是否保护特定的人群，避免造成特定损害和造成损失的特定方式，因此必须保护个人利益。[④] 在第二个阶段，重点考察损害赔偿结果的合适性，Knöpfle 提供了 8 个观察角度，总结起来就是：1）私法损害赔偿请求权不能与被违反之规范的意义和内容相矛盾；2）此请求权必须与整体法秩序的体系和内在关联以及责任法的体系和内在关联相一致；3）此请求权必须是实际可执行的。[⑤] 最终，整体的考察是要回答以下问题，即私法上的请求权与规范违反相连接是否是合适的。

Schmiedel 则试图通过分析帝国法院和联邦最高法院的判决，找到确立保护目的的方法。在他看来，规范目的确定的目标在于认识历史上立法者所作的评价。在此，规范结构、制定法的体系关联以及产生史均可作为确定手段，这三者之间并无优先顺序，而只是达成"同一目标的不同手

[①] Knöpfle. *Zur Problematik der Beurteilung einer Norm als Schutzgesetz im Sinne des § 823 Abs. 2 BGB*，NJW，1967，S. 697-702.

[②] Schmiedel. *Deliktsobligationen nach deutschen Kartellrecht*，Teil. I，Tübingen，1974. 对这两位学者观点的简单介绍，请参见 Pollack. *Schutzgesetzverletzung und "negligence per se"*，S. 118f.；中文资料请参见颜佑紘. 民法第一百八十四条第二项侵权责任之研究. 台北：台湾大学，2009：220 页以下.

[③] Knöpfle. *Zur Problematik der Beurteilung einer Norm als Schutzgesetz im Sinne des § 823 Abs. 2 BGB*，NJW，1967，S. 697ff.

[④] Knöpfle. *Zur Problematik der Beurteilung einer Norm als Schutzgesetz im Sinne des § 823 Abs. 2 BGB*，NJW，1967，S. 700.

[⑤] Knöpfle. *Zur Problematik der Beurteilung einer Norm als Schutzgesetz im Sinne des § 823 Abs. 2 BGB*，NJW，1967，S. 700f.

段"①。Schmiedel 同样确立了两阶层的确定方法：1）根据历史上立法者的观念至少大致上确定保护目的；2）目的随时代改变的情形以及与其他法规定相冲突情形下的谨慎调整。②Schmiedel 还细致分析了保护目的确定的参考因素，具体讨论了作为法规范的结构、法律体系的相互关联以及产生历史。法规范的结构大致相当于文义解释；而法律体系的相互关联大致相当于体系解释，在此之中要分析相关规定的体系，从个别规定中得出规范目的，同时还要考虑整体制定法的目的；产生历史大致相当于历史解释，要分析立法的过程。③

（2）法院判决观点

总体上来说，德国联邦最高法院采纳了文义、历史和体系三种解释方法④，在一些判决中，还主张要通过责任法的整体体系和规范结构的整体关联予以探寻以下问题，即对于个人赋予损害赔偿请求权是否有意义，且在整体责任法体系中是否可容许。⑤

联邦最高法院在 1957 年作出的一个判例，能很好地说明上述的规则。该案的基本案情是⑥：被告是一家公共汽车运营商，主管机关向其颁发了运营公共汽车的许可，许可证上明确禁止在 G 地和 L 地之间开设固定运输线路。被告违反上述禁令，德意志联邦铁路局起诉要求赔偿。哈姆市上

---

① Schmiedel. *Deliktsobligationen nach deutschen Kartellrecht*，Teil. I, S. 226 - 228.

② Schmiedel. *Deliktsobligationen nach deutschen Kartellrecht*，Teil. I, S. 232f.

③ Schmiedel. *Deliktsobligationen nach deutschen Kartellrecht*，Teil. I, S. 159ff. 也请参见 Pollack. *Schutzgesetzverletzung und "negligence per se"*，S. 120f.；颜佑纮. 民法第一百八十四条第二项侵权责任之研究. 台北：台湾大学，2009：227 页以下.

④ Pollack. *Schutzgesetzverletzung und "negligence per se"*，S. 127f.

⑤ BGH NJW 1976, 1740；BGH NJW 1994，1801, 1803；BGHZ 106, 204, 207；BGHZ 125. 366. 374. MünchKomm/Wagner. §823, Rn. 318.；Staudinger/Hager. §823, G4; Pollack. *Schutzgesetzverletzung und "negligence per se"*，S. 126f.；Markesinis/Unberath. *The German Law of Torts*，p. 887；Fikentscher, *Schuldrecht*，Rn. 1268；梅迪库斯. 德国债法分论：677；颜佑纮. 民法第一百八十四条第二项侵权责任之研究：227 页以下.

⑥ BGHZ 26, 42；Markesini/Unberath. *The German Law of Torts*，pp. 943 - 946. 本书中所采用的中文翻译参考了王文胜. 违反成文法义务在我国侵权法中的地位及具体规则之构建. 北京：清华大学，2009：54.

诉法院及联邦最高法院均支持了原告的诉讼请求。在判决中，联邦最高法院认为，被告违反了《陆上旅客运输法》第 1 条、第 2 条、第 4 条和第 40 条第 1 款的规定，该法规定固定运营线路必须取得主管机关许可，并对未取得许可的运营进行处罚，该规定应被确认为第 823 条第 2 款中所言的"保护性规范"，从而原告可以请求赔偿，因为该法保护联邦铁路局的权利是宪法所容许的。综合来看，联邦最高法院即运用了文义、体系等方法，并最终确定赋予侵权损害赔偿请求权是可容许的。

3. 政策判断

无论是文义解释、体系解释还是历史解释，其解释的标准都是极其抽象的，所导致的结论也是不确定的。首先是因为历史上立法者的意思很难确定，其次是因为是否有必要在今日仍以历史上立法者的意思为最终依据存在疑问。这些都导致规范的保护个人目的似乎意义不大。在这个意义上，有学者指出，所有的这些区分事实上是完全不可操作的[1]，或者认为，此种判断标准没有多少说服力，不具有多少实益。[2] 拉伦茨更是明确地指出：

> 如果人们观察此种区分，就会得出以下结论，即规定作为第 823 条第 2 款意义上的保护性规范这个特性仅仅在很少的情形下才会缺少个人保护的特征，这个标准的实践价值很小。[3]

Knöpfle 虽然提出了极其复杂的解释规则，但是他也承认，最终的目标仍然是要确定将规范违反与侵权责任连接起来是否是适当的，此过程中，法官要进行制定法所缺少的评价。在此，Knöpfle 已经指出了法官政策评价的必要性。即使 Schmiedel 仍然坚持以历史上立法者的观念作为依据，他也不得不承认目的随时代改变的情形以及与其他法规定相冲突情形下对该观念的谨慎调整。在 Schmiedel 看来，所有的认识存在于"侵权法与其他法秩序之关联中的深思熟虑"[4]。Knöpfle 与 Schmiedel 之间的区别仅仅是在于所承认的法官的政策评价空间之大小问题而已，但前提是法官

---

[1] Bistritzki. *Voraussetzungen für die Qualifikation einer Norm als Schutzgesetz im Sinne des § 823 Abs. 2 BGB*, Rn. 29.

[2] 梅迪库斯. 德国债法分论：677.

[3] Larenz/Canaris. *Lehrbuch des Schuldrechts*, BT, Bd. II, S. 434.

[4] Schmiedel. *Deliktsobligationen nach deutschen Kartellrecht*, Teil. I, S. 231ff.

必然享有政策评价空间。① 所有的解释方法的最终目标都是要判断"从整个责任法的角度考虑，赋予原告以损害赔偿请求权是否有意义、合理并且可以接受"②。以提出这一命题的德国联邦最高法院判决为例，本案大致案情如下。③

一建筑企业（被告）在一块私人所有的土地上进行挖掘作业时，挖断了一个供电企业的电缆，由此导致原告企业供电中断27分钟，停工导致的损失是1 157马克。原告要求被告赔偿该等损失，其主张的主要依据是《德国民法典》第823条第2款结合《土地建筑条例》（LBauO）第18条第3款，该款规定："建筑施工期间，必须对公共交通用地、水电供应、排水设施、通讯设施、测量标记、地界标记进行保护，在必要时应采取安全防范措施。"

法院判决认为，被告所违反的上述规范，不属于保护性规范。几乎无法想象哪一条公法条文不是在较为一般的意义上，以保护人民为目的。此种一般的保护功能不能表明在何种情况下，存在一项第823条第2款意义上的保护性规范，以及哪些利益应当受到保护。此处的规范并不属于保护性规范，某规范是否属于保护性规范的最终判断途径是："从整个责任法的角度考虑，赋予原告以损害赔偿请求权是否有意义、合理并且可以接受。只有这样，上诉法院所正确地担心的以下问题才能得以避免，即不断增强的依据《民法典》第823条第2款主张损害赔偿的趋势，会使立法者反对有关纯粹经济损失的一般性责任的立法目的落空。"④ 在这里，我们可以清晰地看出不将该案中被违反的规范作为保护性规范的理由：赋予原告损害赔偿请求权会导致责任的过分扩张。这很明显是一个政策判断，不将该案所涉法律规范作为保护性规范仅仅是政策判断的结果。这种政策判断的存在甚至被德国联邦法院总结为：

---

① Pollack. *Schutzgesetzverletzung und "negligence per se"*，S. 124.
② BGHZ 66，388 = NJW 1976，1740.
③ BGHZ 66，388ff.；本案英文翻译请参见 Markesinis/Unberath. *The German Law of Torts*，pp. 209 - 210.；中文翻译请参见福克斯. 侵权行为法：143 页以下.
④ BGHZ 66，388ff.；Markesinis/Unberath. *The German Law of Torts*，pp. 209f.；福克斯. 侵权行为法：144.

旨在个人保护的观点是规定被承认为保护性规范的基本前提，但是这并不充分。毋宁说，必须根据规范结构的整体关联而得出，损害赔偿请求权的设立根据具体情势是制定法所追求的，也即，此种特别的损害赔偿请求权是有意义的并且根据责任法的整体体系是可容忍的。在这种相互联系中，受害人是否在其他地方获得了足够的保障，这也具有一定的作用。最后，还应注意的是，通过保护性规范设立的损害赔偿请求权是否与整体的法律原则相矛盾，探寻这种矛盾是否是实际所意欲的。①

我国台湾地区"最高法院"2006年台上字第395号判决也同样运用了政策判断而确定规制性规范是否属于保护性规范。

而民法第一百八十四条第二项所谓"违反保护他人之法律"，系指保护他人为目的之法律，亦即一般防止妨害他人权益或禁止侵害他人权益之法律而言。刑法第一百九十三条关于违背建筑术成规罪之规定，系规范承揽工程人、监工人于营造或拆卸建筑物时，应依照建筑术成规而行，以维护公众安全，间接及于保护个人权益之安全，当属于保护他人之法律；又不动产之价格高昂，乃为居住者身家安宁之所在，而因不动产之建造为专门之技术，一般消费者无法以己力完成，仅得诚心仰赖于专业建造业者，建造业者亦从中获取利润，故建造者自应遵循政府制定之建筑术成规施作工程，确保住居安全无虞，始合于社会生活之根本原理。

在该判决中，法院通过审查，认为从整个责任法的角度考虑，赋予原告以损害赔偿请求权是有意义、合理并且可以接受的，这很明显也是一种政策判断。苏永钦教授对转介条款中的政策判断必要性进行了解释。

然而作为基本规范的转介条款，不同于这些特别民法的地方，正在于此：立法者在做出特别民事规定的时候，已经对公共政策和私法自治的价值冲突做出了评价，民事法官的任务只是循着这样的评价去适用法律。但转介条款却只是概括地转介某个社会伦理或公法规定，对于它在私法领域的具体适用，如何与私法自治的价值适度调和，都

---

① BGH NJW 1994，1801，1803.

还未做成决定,司法者站在公私法汇流的闸口,正要替代立法者去做决定:让公法规范以何种方式,以多大的流量,注入私法。①

美国的一些判决更为明显地表述了政策判断因素。例如,在 Garcia v. Hargrove 一案中②,案情大致如下:被告酒店主违反制定法规定,将酒出售给了一个喝醉的人,其后原告坐在醉酒者驾驶的车上,醉酒者与他人相撞导致原告受伤。法院作出判决认为:"本案的结果,不是由所谓近因原则来决定的,也与是否存在制定法的规定无关。决定性的因素是公共政策方面的,本院认为,公共政策方面的原因决定了,责任不能按原告所要求的那样进行扩张。"美国学者亦有认为:"传统上对这些规则的讨论往往默示该问题是一个法律解释的问题,而非司法公平与政策的问题。那样的默示可能是错误的。"③

4. 解释基本框架

事实上,政策判断在法律适用过程中是必须做的,但是是否由此就可以认为解释方法是没有意义的呢?绝非如此!政策判断是必须做的,但是如果放任法官的政策判断,则会使得法官评价变为一种恣意,"同等情况同等对待"的基本要求就会被忽略,法的确定性荡然无存。事实上,Schmiedel 就是因为这种担心,才认为应当限缩法官的政策评价空间。Pollack 曾经对德国联邦最高法院作出的关于《德国民法典》第 823 条第 2 款的其中一些判决进行了梳理,在 50 个判决中只有 8 个是非常特别,所采用的立场类似于 Knöpfle 的解释立场,据此,Pollack 得出了结论:"只有很少一些特别的裁决中,最高法院选择了一个更为广泛的、与 Knöpfle 的建议相一致的出发点。但是,最高法院原则上采用常规的解释方法,毋宁是支持了 Schmiedel 的建议。"④ 这绝非偶然,解释方法的应用使得政策评价具有了外衣,但此件外衣并非可有可无的装饰,而是实质要求的对政策评价的一种限制,自此,政策评价既有了工具,但同时也具有了限制;既有了正当性,但也有了枷锁。

---

① 苏永钦. 再论一般侵权行为的类型:331.
② Garcia v. Hargrove, 52 Wis. 2d 289 (Wis. 1971).
③ 多布斯. 侵权法. 马静等译:285.
④ Pollack. *Schutzgesetzverletzung und "negligence per se"*, S. 144f.

(1) 解释对象和解释目标

必须明确的是，保护目的探寻之解释的对象并非整部法律，而仅能是特定的规范。我们不能说《消费者权益保护法》具有保护消费者目的，故而其所规定的所有规范都具有保护消费者的目的。同样，我们也不能泛泛而讨论某部法律是否具有保护个人目的，而只能讨论某一规范是否具有保护个人目的。

解释目标则可以用德国联邦法院的语言来概括："从整个责任法的角度考虑，赋予原告以损害赔偿请求权是否有意义、合理并且可以接受。"

(2) 解释立场

法律解释的主观目的理论和客观目的理论争议也在规范的保护个人目的之解释中反映出来。对于法律解释的最终目标，拉伦茨认为：

> 法律解释的最终目标只能是：探求法律在今日法秩序的标准意义（其今日的规范性意义），而只有同时考虑历史上的立法者的规定意向及其具体的规范想法，而不是完全忽视它，如此才能确定法律在法秩序的标准意义。这个意义是一种思考过程的结果，过程中，所有因素不论是"主观的"或是"客观的"，均应列入考量，而且这个过程原则上没有终极的终点。①

同样，我们在考虑规范是否具有保护个人的目的以及保护的具体范围时，应当通过各种解释标准确定该规范所应当具有的"规范性目的"，该"规范性目的"可能等同于，也可能不同于立法者所具有的意图，但无论如何，我们不能无视历史上立法者的意图，但也不能完全服从于该意图，而是需要与该意图取得合理化的联系。

下面以一个案例来阐释这一点，该案例是奥地利最高法院的一个判决。② 该案案情如下，某城市的市政委员会规定，饲养的狗必须保持一直有人牵着，但被告并未遵守该规定，导致他的狗咬伤了一个小孩。最高法院首先阐明历史上立法者的意图，它探求了当时的立法历史，根据市政委员会的一个为时几分钟的会议的一个记录，确定了当时立法者颁布该规范

---

① 拉伦茨. 法学方法论：199.

② OGH EvBl 1960/127.；Lukas. *Tort and Regulatory Law in Austria*, in: Boom, Lukas and Kissling ed., *Tort and Regulatory Law*, p. 18.

的意图是保护公共花园。但是，最高法院认为根据目前的情形，该规范的目的也在于保护个人，同时认为市政委员会的理由是无关紧要的。Koziol教授对此表示赞同，认为最高法院并非集中于规则制定者的短视动机，而是集中于理性立法者通过此规定所本应追求的目的，也即该规范的规范性目的。①

（3）解释标准和运用

1）文义。解释的开端必然是文义，此处所指的文义并非单个语词的含义，而是某特定规范中的语词的含义。这时必然考察该规范的结构，从该个别规范中得出规范目的。当该规定在构成要件之中明确宣示了保护目的和保护范围时，这就是该规定的规范目的。② 2）历史。可以依据立法资料、立法讨论等规定来解释规范目的，这一点当无疑问。3）体系。要考虑的是某规范在整部法律和整体法秩序中所处的地位。首先要考虑整部法律的立法目的。我国立法的一大特色之一就是多在规范第1条宣布整部法律的立法目的，可以作为参考。其次要考虑规范之间的协调，如果A规范依据体系应与B规范具有相同目的，而B规范具有保护个人的目的，那么就可以得出A规范也具有保护个人的目的。

所有的解释标准都服务于共同的解释目标，故不应个别地发挥作用，应相互合作，这些解释标准也并没有特定的优先考量顺位，必须一并考量。

5. 涉及纯粹经济损失之规范的保护个人目的查明

（1）辅助性原则

按照德国联邦最高法院的观点③，如果受害人的请求在其他地方可以得到充分保障，那么《德国民法典》第823条第2款所提供的侵权法保护就并非必须，这就是所谓的为第823条第2款所提出的"辅助性原则"（Subsidiaritätprinzip）④。梅迪库斯则提出了类似的要求："从被认定为保

---

① Lukas. *Tort and Regulatory Law in Austria*，in：Boom, Lukas and Kissling ed.，*Tort and Regulatory Law*，p. 18.

② Schmiedel. *Deliktsobligationen nach deutschen Kartellrecht*，Teil. I, S. 159ff.

③ BGHZ 84, 312, 314; BGH NJW 1980, 1792, 1793; BGHZ 110, 342, 360.

④ Larenz/Canaris. *Lehrbuch des Schuldrechts*，BT, Bd. II, S. 435.

护性法规的'外围环境'中，必须能够得出，其保护目的恰恰（也）应当通过私法上的损害赔偿请求权来实现。"①

在涉及纯粹经济损失赔偿时，德国联邦最高法院的多个判决都援用了"辅助性"原则。对此原则最具有说明意义的是德国联邦最高法院所作出的以下这个重要判例。②

> 被告车辆到期后没有继续使用该车，但却未将该车之车辆行驶证交换给车辆准行管理机关，亦未注销车牌号。该做法违反了《道路交通许可条例》（StVZO）第29d条的规定。而后，在此情形下，被告将该车转卖他人，但在出卖时，被告已经对买主说明该车已无保险。买主买得该车后亦未投保。嗣后，买主使用该车致他人受害，且买主并无赔偿能力。故受害人原告依据《道路交通许可条例》第27条第1款第3句（即车主在转让机动车时，应当向车辆准行机关申报）和第29d条第1款（即机动车辆没有参加规定的保险，包括保险到期时，车主应当及时申报，并交还行驶证同时注销车牌号）规定，起诉被告赔偿其损失。

虽然《道路交通许可条例》中的两项规定，客观上都是为了阻止没有参加保险的车辆投入使用，避免此种车辆致害后被害人无法得到赔偿。但是，联邦最高法院最终还是拒绝了原告依据该规定获得赔偿。为此，法院认为，立法者无意超出行政罚款的范围，而将违反申报义务与侵权行为法中的损害赔偿请求权联系起来。同时，另外一个重要的论据是，受害人可以通过其他途径要求赔偿。因为，原告可以根据《机动车主义务保险法》（PflVG）第3条第5款结合《保险合同法》（VVG）第158c条第3至5款规定的保险人的介入义务（此介入义务为，如果保险人在车辆保险到期后没有将情况通报给机动车车辆准行管理机关，则在发生事故时，虽然已无保险合同关系，但仍有介入赔偿义务），必要时，可以根据《德国民法典》第839条对车辆准行管理机关的不当行为提起诉讼。根据这一判决以及联邦最高法院的一贯判决，如果受害人的纯粹经济损失能够通过其他途

---

① 梅迪库斯. 德国债法分论：677页以下.
② BGH NJW 1980，1792.；福克斯. 侵权行为法：145.

径得以保障，那么就不承认规制性规范是第 823 条第 2 款意义上的保护性规范。① 但是，需要注意的是，按照德国联邦最高法院的观点，仅规定刑事制裁不能被认为是对受害人的充分保护，因此并不会排除对受害人的侵权法保护，在此并不适用"辅助性原则"②。

（2）纯粹经济损失保护

辅助性原则通常被学者们所批评，因为受害人是否可以通过其他途径得到充分的保障，对这个问题的回答往往不可能是充分的和终局的，同时最高法院的这个做法可能过于仓促。但是，在 Canaris 看来，虽然"辅助性原则"可能确实很难经受住批评，但最高法院的基本立场是值得赞同的，只是需要进行其他方式的论证，即在涉及违反规定而导致他人纯粹经济损失的情形中，如果被违反的规定仅仅是规定了罚款处罚或者根本未规定处罚，那么一般应当拒绝对该纯粹经济损失的赔偿。③

结合上述的"电缆案"，我们可以看出德国联邦最高法院的态度，即应避免的是，过分适用第 823 条第 2 款，会产生一个对总括财产实行广泛保护的手段，从而使得法益区分思想的限制功能形同虚设。④ 不得不承认的是，纯粹经济损失被规制性规范所涉及，这或多或少是一件偶然的事情，因此，侵权法财产保护的射程就不可能取决于这种偶然。⑤ 在"电缆案"中，很明显的是，纯粹经济损失并没有因为一个规制性规范的存在而被判决赔偿，规制性规范存在并非是赔偿因过失而间接造成的纯粹经济损失的充分理由。在考虑保护性规范的确定时，必须以上述的法益区分理论作为出发点，Canaris 认为，这很显然是一个体系—目的解释的结果。因此，在依据第 823 条第 2 款对纯粹经济损失提供保护时，需要一个特别的目的性证成（besonderen teleologischen Legitimation）。⑥

但在涉及纯粹经济损失时，某规制性规范是否是以保护他人为目的从

---

① 福克斯. 侵权行为法：145 页以下.
② Vgl. *Staudinger/Hager*. §823，G5f，17.
③ Larenz/Canaris. *Lehrbuch des Schuldrechts*，BT，Bd. Ⅱ，S. 435.；auch siehe Canaris. *Schutzgesetz-Verkehrspflichten-Schutzpflichten*，S. 62f.
④ 福克斯. 侵权行为法：143.
⑤ Larenz/Canaris. *Lehrbuch des Schuldrechts*，BT，Bd. Ⅱ，S. 436.
⑥ Larenz/Canaris. *Lehrbuch des Schuldrechts*，BT，Bd. Ⅱ，S. 435f.；auch siehe Canaris. Schutzgesetz-Verkehrspflichten-Schutzpflichten，S. 48f.

而被认为是保护性规范究竟该如何判断呢？Canaris教授认为，在满足以下两个条件的前提下，可以判断某规制性规范是以保护他人为目的，从而可以作为第823条第2款意义上的保护性规范，产生纯粹经济损失的赔偿请求权。

第一，财产是所涉及规范的主要且直接保护对象，而不仅仅是或多或少有些偶然的保护对象之一；

第二，如果产生侵权责任，不会导致不可容忍的评价矛盾，体系可容忍性必须被确保。①

仅仅满足第一个条件并不充分，但第一个条件至少提供了一个极其重要的评价基点。对于第二个条件的回答要更复杂一些。根据第823条第2款的历史上立法者的解释，刑法规范是构成保护性规范的一个典范（Paradigma）。② 同时，这也是一个体系和目的解释结果，较之单纯违反秩序而未规定刑事处罚后果的行为，受刑事处罚的行为往往意味着该行为具有特别高的不法性，因此将刑法规范作为保护性规范从而赋予损害赔偿请求权，并不会造成体系内的评价矛盾，但这并非是认为只有刑法规范才能被认为是保护性规范，而只是说，在判断某规制性规范是否属于保护性规范时，刑法规范享有特殊地位，而其他规范是否属于保护性规范则还需另外附加特殊的标准，需要特别的目的性证成。③

上述"电缆案"之中，之所以判决不对纯粹经济损失予以赔偿，是因为所违反规范的主要保护对象是电缆所有权，而非挖断电缆导致的纯粹经济损失，因此就不能认为所违反的规范是保护性规范。再举一个案例，该案例的主要案情如下。④

根据德国《饲料法》第3条第3项规定，饲料生产人不得使得饲料的特性或成分与通常理解不相一致，由此使得其价值，尤其是作为饲料的价值，或者其可使用性并非不显著地被减损。被告违反了该规定，且原告使用了该饲料，导致原告产生了某纯粹经济损失，原告以

---

① Larenz/Canaris. *Lehrbuch des Schuldrechts*，BT，Bd. Ⅱ，S. 442.
② *Mugdan* Ⅱ，S. 1073；*Denkschrift*，1896，S. 149.
③ Larenz/Canaris. *Lehrbuch des Schuldrechts*，BT，Bd. Ⅱ，S. 438.
④ BGHZ 105，346，356f.

《德国民法典》第 823 条第 2 款为由要求被告赔偿。

德国联邦最高法院认为《饲料法》第 3 条第 3 项的规定属于第 823 条第 2 款意义上的保护性规范，并判决被告承担侵权责任。虽然违反该规定的行为并不会受到刑事处罚，但首先，该规定的主要保护对象很明显是总括财产；其次，将其作为保护性规范从而适用第 823 条第 2 款，这与现行的责任法体系并不矛盾。①

德国联邦法院的另外一个案例也可作为说明。德国《有限责任公司法》（GmbHG）第 30 条以下条款规定了构成公司财产的出资不得向股东偿还，如果公司的经营人过失地违反了该等规定，是否可以根据第 823 条第 2 款对债权人因违反行为而导致的纯粹经济损失要求经营人赔偿呢？德国许多法学文献承认这一点，将该等规定作为第 823 条第 2 款意义上的保护性规范，但联邦最高法院予以了否认。其理由是，《有限责任公司法》第 31 条以下已经规定了所受偿还的股东单独或者其他股东连带归还该等支付的义务，故公司债权人已经通过《有限责任公司法》而得到了足够的保护，根据"辅助性原则"，所违反的规定不能被认为是第 823 条第 2 款意义上的保护性规范。②运用辅助性原则当然不能令人信服，因为在股东破产、逃匿等的情形下，支付可能就无法得到偿还。但是，运用上述的判断标准可以证明德国联邦最高法院的结论是正确的。《有限责任公司法》第 30 条很明显将公司债权人的利益作为主要保护对象，这已经满足了第一个条件。但是《德国刑法典》第 15 条以下③以及其他法律都认为，此种总括财产侵权原则上只能在经营人故意的情形下才能构成，这在第 823 条第 2 款的框架内也是适用的。如果将《有限责任公司法》第 30 条作为第 823 条第 2 款意义上的保护性规范，则会导致过失违反该规定也会根据第 823 条第 2 款产生侵权请求权，这就会导致责任法体系内的极大评价矛盾。因此，第二个条件就无法得到满足。④

根据以上论述，我们可以看出，德国联邦最高法院在纯粹经济损失保

---

① Larenz/Canaris. *Lehrbuch des Schuldrechts*，BT，Bd. II，S. 443.
② BGHZ 110，342，359f.
③ 该规定为：对于经营人的违法行为，"本法仅处罚故意行为，但明文规定处罚过失行为的除外"。
④ Vgl. Larenz/Canaris. *Lehrbuch des Schuldrechts*，BT，Bd. II，S. 437.

护时所采取的"辅助性"原则实际上需要重新阐释。具体而言，在对纯粹经济损失进行保护时，要采取两个标准：1）财产是所涉及规范的主要且直接保护对象，而不仅仅是或多或少有些偶然的保护对象之一；2）如果产生侵权责任，不会导致不可容忍的评价矛盾，体系可容忍性必须被确保。这一点已经证明，虽然在涉及纯粹经济损失保护时，能界定保护对象的规制性规范之认定需要更为严格的条件，但最终解释目标仍然并无太大区别，第一个条件是第一层过滤，但第二个条件才是最为重要的。

四、实际违反规制性规范

通过上文论述，我们可知，如果规制性规范能够界定侵权法保护对象，则它必须是旨在保护个人，即该规制性规范是保护性规范。唯此条件仅为必要条件，而非充分条件。在违反规制性规范侵害非属绝对权之法益的个案情形中，如要最终界定该个案中被侵害的法益受侵权法保护，则除了被违反的规范是保护性规范之外，还需要构成对保护性规范的实际违反。而要满足后者，也必须存在一定的要件。

（一）被违反规范之构成要件被充足

如果一行为违反了某规制性规范，则它应首先充足该被违反之规制性规范的构成要件。这一点至为明显，因为如果行为未充足被违反规范之构成要件，就不能认为该行为违反了该规范。[①] 德国联邦最高法院就通过多个判决认为，在它检讨是否依据保护性规范违反产生侵权责任时，应首先考察被违反规范的构成要件是否充足。[②] 美国法也同样如此认为，在《侵权法重述》（第一次）之中，注释认为，一个刑法规范所禁止的行为只有在它可受刑事处罚时，才可能会承担侵权责任。[③] 《侵权法重述》（第二次）虽未作出此注释，但通常仍如此认为。[④]

[①] Schmiedel. *Deliktsobligationen nach deutschen Kartellrecht*, Teil. I, S. 67; Pollack. *Schutzgesetzverletzung und "negligence per se"*, S. 73f.

[②] BGH NJW 1987, 2433f.；BGH NJW 1982, 1037f.；BGH NJW 1979, 1829f.；BGH NJW 1974, 1086f.

[③] Restatement of the Law, Second, Torts, The American Law Institute, 1934，§286 Comm. c, p. 753.

[④] Pollack. *Schutzgesetzverletzung und "negligence per se"*, S. 82.

以一个案例来说明这一点。

陈某于1999年10月报考了北京大学的硕士研究生，但是由于邮政工作人员的失误，导致北京大学寄出的准考证延迟了一个月，直至2000年2月3日才到达陈某手中，而研究生入学考试的日期是1月22日。由于邮局的失误，导致陈某丧失参加研究生入学考试的机会，精神受到极大的痛苦。于是，陈某向法院起诉要求精神损害赔偿。[1]

本案判决适用《合同法》判决原告胜诉，非常令人疑惑，因为邮寄合同的交寄人是北京大学，故原告陈某并未与邮局缔结邮寄合同，原被告之间并无合同关系。有学者认为，本案在法理上应属于"违反保护他人法律"的侵权类型，应由邮局赔偿原告的机会利益损失和精神损失，其原因在于被告违反了《刑法》第304条的规定。[2]

但是，查《刑法》第304条的规定："邮政工作人员严重不负责任，故意延误投递邮件，致使公共财产、国家和人民利益遭受重大损失的，处二年以下有期徒刑或者拘役。"因此，违反该条规定构成犯罪行为的要件之一是"严重不负责任，故意延误投递邮件"。但在本案中，如果被告的工作人员仅仅具有一般过失，从而《刑法》第304条的构成要件未得到充足，自不能依据该条承担侵权责任，如认为原告应受侵权法保护，则必须另寻他途。[3]

（二）规范的保护范围

如果规制性规范旨在保护个人而构成保护性规范，那么通常认为，判断某行为是否构成违反保护性规范的行为时，还需要注意该保护性规范的保护范围。如果某行为虽然充足了被违反之保护性规范的构成要件，但却并未侵犯该规范的保护范围，则在侵权法意义上，就不存在违反保护性规范的行为。[4]

---

[1] 张艳丽主编. 法例法理. 北京：北京理工大学出版社，2003：128.

[2] 张红. 基本权利与私法：165.

[3] 之所以加上"如果认为原告应受侵权法保护"这句话，是因为原告是否应受侵权法保护本身就值得争议，于飞教授就认为此种情形下让被告承担责任是没有意义乃至有害的，参见于飞. 权利与利益区分保护的侵权法体系之研究：25.

[4] 王泽鉴教授的体系安排似乎与本书类似，请参见王泽鉴. 违反保护他人法律之侵权责任//民法学说与判例研究. 第2册：189.

在德国，通过 Endemann、Liszt 等学者的努力①，最终由 Rümelin 详细阐述了保护范围②：（1）所保护的人的范围；（2）所保护法益或者物的范围；（3）应被避免危险的方式和种类。德国学者们大多采纳这一方式，或者将第三种范围纳入第二种范围之中。③ 判决亦多采纳。④ 我国台湾地区通说观点⑤和判例⑥也如此认为。为简化起见，本书将第三种范围纳入第二种范围之中。

但保护范围的确定如同保护目的的确定一样是个非常困难的问题。例如，《公司法》第 187 条第 1 款规定："清算组在清理公司财产、编制资产负债表和财产清单后，发现公司财产不足清偿债务的，应当依法向人民法院申请宣告破产。"当清算组成员违反该条规定时，清算组成员是否要承

---

① Endemann. *Lehrbuch des Bürgerlichen Rechts*，Bd. 1，Aufl. 3，Berlin，1898，S. 910，Fn. 13；Liszt. *Die Deliktsobligationen im System Bürgerlichen Gesetzbuchs*，Berlin，1898，S. 32.

② Rümelin. *Die Verwendung der Causalbegriffe im Straf—und Zivilrecht*，AcP 90（1900），S. 306.

③ *Staudinger/Hager*．§823，G 26f.；Larenz/Canaris. *Lehrbuch des Schuldrechts*，BT，Bd. Ⅱ，S. 443f.；Deutsch/Ahrens. *Deliktsrecht*，Rn. 214f.；Esser/Weyers. *Schuldrecht*，BT，Teilband 2，S. 200；*MünchKomm/Wagner*．§823，Rn. 322；Fikentscher. *Schuldrecht*，Rn. 1270；Pollack. *Schutzgesetzverletzung und "negligence per se"*，S. 72f.；Honsell. *Der Verstß gegen Schutzgesetz im Sinne des § 823 Abs. 2 BGB*，JA，1983，S. 105；Markesinis/Unberath. *The German Law of Torts*，p. 888；梅迪库斯. 德国债法分论：678；福克斯. 侵权行为法：146.

④ BGH 22，293，296f.；BGHZ 19，114，125f.；BGHZ 39，366，367f.；BGH NJW 1955，1316；BGH NJW 1965，534；BGHZ 29，100，105f；BGHZ 100，19，23f.；BGHZ 108，134，136.

⑤ 王泽鉴. 侵权行为：291 页以下；黄立. 民法债编总论：284 页以下；姚志明. 侵权行为法研究（一）：48 页以下；王泽鉴. 违反保护他人法律之侵权责任//民法学说与判例研究. 第 2 册：189；陈聪富. 论违反保护他人法律之侵权行为//侵权归责原则与损害赔偿：68 页以下；刘昭辰. 侵权行为法体系上的"保护他人之法律". 月旦法学杂志，第 146 期：240 页以下.

⑥ 例如，1999 年台上字第 1862 号判决即认为："且民法第一八四条第二项所保护之客体，须权益所遭受之侵害为保护他人之法律所欲防止者，换言之，违反保护他人之法律而构成侵权行为损害赔偿义务，必须具备二个要件，一为被害人须属于法律所欲保护之人之范围，一为请求赔偿之损害，其发生须系法律所欲防止者。"

担侵权责任？难点之一就是保护范围的确定，例如，是应当申请宣告时的现有债权人利益，还是也包括应当申请宣告后的所有债权人，债权范围限于假设破产宣告可以清偿的范围，还是全部债权。① 但保护范围的确定方法在上文已有论述，这里不再赘述。事实上，此保护范围在判断因果关系时常常采用的法规目的理论中也被同样运用，具体请参见下文论述。

1. 人的范围

简而言之，即受害人必须属于被违反规定所意图保护之人的范围，否则受害人就不得因保护性规范被违反而享有侵权请求权。

德国通说和判例都如此认为②，德国联邦最高法院曾作出一个判决可堪说明。③

一少年车主在知道另一少年 H 没有驾照的情况下，将自己的轻型摩托车借给了 H。H 又将车转借给了 B，并且车主和 H 都知道 B 也没有驾照。B 驾车时发生了事故，B 的医疗保险人基于让与的诉权，根据第 823 条第 2 款结合《道路交通法》（StVG）第 21 条第 1 款第 2 项起诉车主。

在此情形下，受伤的 B 就不能根据《德国民法典》第 823 条第 2 款要求车主赔偿损失，因为《道路交通法》这一条文是为了保护他人免于无证驾驶者驾车所产生的危险，而不是为了保护无证驾驶者本人。

我国台湾地区"最高法院"1997 年台上字第 2131 号判决亦可作为说明，本案中原告主张其并非合作社社员，依照制定法规定不得向合作社借款，但被告却违反规定而放款给原告，故原告主张依台湾地区"民法"第 184 条第 2 项主张侵权责任。但"最高法院"否认了原告主张。

另信用合作社管理办法第十一条虽规定，信用合作社对其社员，非依合作社法第十四条之规定完成入社手续一个月后，不得放款；同办法第五条第一项，信用合作社之社员以加入一社为限，同条第二项并课信用合作社负责查明有无加入其他信用合作社之务；惟此仅行政

---

① 朱岩. 侵权责任法通论总论. 上册：383.
② 具体参考文献请参见本节开始时论述有关德国学说对保护对象划定时所列明的参考文献。
③ BGH VersR 1991, 196；福克斯. 侵权行为法：146.

命令，非法律规定，且此规定，系对信用合作社之约束，使之不得有滥行放款之行为，其旨在保护合法社员，而非在保护非社员之贷款者，则信用合作社对非社员贷款，并非无效。

2. 物的范围

保护性规范在通常情况下只是意图对确定的法益予以保护，因此，受害人试图请求赔偿的法益必须是被违反的规范所想要保护的法益；如果被违反的保护性规范旨在避免特定危险的方式和种类，则个案中实际发生危险的方式和种类必须是规范所旨在避免的危险的方式和种类。例如，要求企业必须为雇员设定劳动保护措施的目的仅指向防止雇员遭受人身损害，此种保护的范围并不及于财产损害。①

德国法学说即是如此认为，即"只有当避免某些损失是保护性规范的目标时，这些损失才为第823条第2款所包含。当一项损失不属于被违反的法律规范所划定的保护范围时，则对这一损失将不予赔偿"②。德国联邦最高法院的一则判例可作为说明。原告委托被告为其建房，后来，所建房屋的屋顶出现了裂缝，原告认为必须对房屋进行翻新，试图依据第823条第2款结合《刑法典》第319条关于建筑危险罪的规定，要求被告就翻新房屋的费用进行赔偿。该诉讼请求被法院驳回，因为根据《刑法典》第319条的规定被认为只对他人的身体和生命予以保护，而翻修费用作为纯粹财产损失不属于该规定所意在防止的损害，故不属于该规定的保护范围。③ 美国《侵权法重述》（第二次）也提出了一个案件④，被告违反了有关建筑物安全的规则，导致了建筑物的倒塌，《重述》认为，该制定法无疑要保护工人们免受身体的损害，但并没有意图保护他们免受在修理建筑物的过程中因不能工作而遭受的纯粹经济损失，因此，被告对没有受到身体伤害却损失了工资的工人们不承担法律责任。

对物之范围的认定随着个案的情形可能会发生变化，这仍然会涉及前文

---

① 朱岩. 侵权责任法通论总论. 上册：379.
② 福克斯. 侵权行为法：146；其他参考文献请参见本节开始时论述有关德国学说对保护对象界定时所列明的参考文献.
③ BGHZ 39, 366；福克斯. 侵权行为法：146.
④ *Restatement of the Law*，Second，Torts，Vol. 2，The American Law Institute，1964，§286（c）.

所述的解释立场问题。美国联邦最高法院所判决的 Kernan v. Am. Dredging Co. 一案最好地解释了这一点。在该案中，制定法规定，平底船必须每一端都携带一盏白色的灯，并且该灯必须在水平面 8 英尺以上，受害人是被告的雇员，他所处的属于被告所有的平底船所携带的明火灯位于河面上不足 3 英尺，由于河面上有浮油并产生了蒸汽，因此灯点燃了这些蒸汽并产生火灾，导致了受害人的死亡，其继承人提起诉讼。原审理法官认为该制定法规定的立法者目的仅仅是避免船舶碰撞，因此作出了支持被告的裁决，但美国联邦最高法院推翻了该裁决，其多数意见认为，依据保护铁路工人的制定法，将责任限制于制定法所意图的损害已经被多次拒绝，而应采取从宽（liberal）解释原则。[①] 在美国联邦最高法院看来，对制定法的物的保护范围的认定不应局限于历史上立法者的主观意图，而应探求该制定法规范在今日法秩序中的"规范性目的"。

再如，德国《有限责任公司法》（GmbH）第 64 条规定了总经理的破产申请义务，当公司无支付能力时，总经理必须不迟延地提出破产申请。按照德国联邦最高法院以往的观点，该规定是为了防止支付不能时已存在的公司债权人在破产分配时受偿还的份额减少，也即为了防止份额损失（Quotenschaden）[②]，但如果某人对支付不能公司提供贷款，则该新债权人由此而导致的损失是否包含在保护范围之内，这个问题并未被考虑。但联邦最高法院现在认为，该损失也应纳入保护范围。

    规定法定的破产申请义务的条文目的在于，将应当破产的有限责任公司排除出商业交易领域，以避免这种状况的组织给债权人造成损失或造成损失的危险……新债权人以总经理过错地违反破产申报义务为理由，要求他补偿因此而发生的损失，对这一诉讼请求之所以予以支持，是因为已将他们双方之间的法律关系与资不抵债或无支付能力的公司与他们之间的法律关系划清了界限。[③]

---

 ① Kernan v. Am. Dredging Co., 355 U. S. 426, 432 (1958). Shapo, *Tort and Regulatory Law in the United States of America*, in: van Boom/Lukas/ Kissling ed., *Tort and Regulatory Law*, Springer, Wien/New York, 2007, p. 335.

 ② BGHZ 29, 100, 105f.; BGHZ 100, 19, 23f；BGHZ 108, 134, 136；BGHZ 110, 342, 360f.；Larenz/Canaris, *Lehrbuch des Schuldrechts*, BT, Bd. II, S. 444.

 ③ BGHZ 126, 181, 190；福克斯. 侵权行为法：152.

第四章　规制性规范对侵权法保护对象的具体界定

在我国台湾地区，针对建筑物应有价值之财产损失是否属于"刑法"第193条①关于违反建筑术成规罪以及其他相关规范的保护范围，观点并不一致。② 例如，台湾地区"最高法院"2006年台上字第637号判决中，原审法院认为：

> 而建筑法之立法目的，乃为实施建筑管理，以维护公共安全、公共交通、公共卫生及增进市容景观，其所欲保护之对象系属公共利益及个人之生命安全，非个人之财产安全。依"司法院"大法官释字第三九四号解释意旨，可知营造业管理规则之立法目的在于对于营造业者之行政管理，规范目的亦非在于保护个人之财产安全，建筑技术规则亦同此旨。刑法第一百九十三条违背建筑术成规罪之规范目的在于防范对于"人身"之侵害，建筑物本身具有瑕疵并不构成对于所有权之侵害，自无该条项规定之适用。

与原审法院观点以及德国通说观点相反，"最高法院"则认为：

> 惟刑法第一百九十三条所定违背建筑术成规罪，虽规定于以保护社会法益为主之公共危险罪章，惟条文既以"致生公共危险"为犯罪构成要件之一，而刑法所保护之个人法益中，除生命、身体外，尚包含财产法益，则不特定或多数人之生命、身体或财产之安全应均在该条所保护之法益范围。而建筑技术规则建筑构造编第六十二条（九十年九月二十五日修正前）亦规定建筑物之基础设计及施工时，应对邻近建筑物为安全防护设施，以防止邻屋之损害；则建筑法第一条所定以维护公共安全为目的所实施之建筑管理，是否已排除对不特定或多数人"财产法益"之保护？已非无疑。

但无论如何，这两种观点之间存在共同前提，即认为要对建筑物应有价值之财产损失这种纯粹经济损失依据第184条第2项结合"刑法"第193条提供侵权保护，前提是该纯粹经济损失必须属于"刑法"第193条的保护范围，这一点当无疑义。

---

① 该规定为："承揽工程人或监工人于营造或拆卸建筑时，违背建筑术成规，致生公共危险者，处三年以下有期徒刑、拘役或三千元以下罚金。"

② 具体请参见王泽鉴. 侵权行为：324页以下.

五、我国法中的具体适用

(一) 适用的一般程序

适格的规制性规范能够直接界定侵权法保护对象,具体个案论证框架如下。

1. 该规制性规范应处于适格的法律渊源范围之中,该法律渊源从解释的立场来看,不存在位阶限制,但不能是仅仅与行政机关的内部活动相关的"行政规则",也不能是宪法规范。

2. 该规制性规范必须是明确的或已通过具体行政行为具体化的强制或禁止规范。前者指的是规定了明确具体的行为义务,后者是虽仅规定了抽象的行为义务,但此抽象行为义务已通过具体行政行为具体化了。

3. 该规制性规范必须以保护个人或特定范围之人为目的,而不能仅以保护国家公共利益或公众为目的。

在通过解释确定该目的时,法官有政策评价的余地。解释的对象应是该规制性规范本身,而不是规制性规范所处的整部法律;解释立场不能拘泥于历史上立法者的意图,而要探寻该规制性规范的"规范性目的";解释目标是要考虑,从整个责任法的角度来看,赋予原告以侵权损害赔偿请求权是否有意义、合理并且不会导致法秩序整体内部的评价矛盾因而可以接受;解释方法包括文义、体系和历史解释。

如果涉及纯粹财产损失,界定规制性规范是否具有保护个人的目的时,应具有更加严格的条件。具体包括:(1) 总括财产是所涉及规范的主要且直接保护对象,而不仅仅是或多或少有些偶然的保护对象之一;(2) 如果产生侵权责任,不会导致不可容忍的评价矛盾。

4. 必须存在对旨在保护个人的规制性规范的实际违反,具体包括被违反规范的构成要件被充足,受害人和受害人的损失处于该规范的保护范围之内(人的范围、物的范围)。[①]

以第三人干扰婚姻关系为例,配偶利益能否成为侵权法保护的对象仍

[①] 本部分仅讨论了规制性规范对界定侵权法保护对象的意义,如果某适格规制性规范能够界定侵权法的保护对象,则虽然并不能直接判定行为人应承担侵权责任,但却可因行为人违反该等规范而通过表见证明规则推定行为人过错和因果关系的存在,从而大大降低受害人的证明责任,具体参见本书下文论述。

然是一个非常困难的问题,此时配偶能否请求干扰婚姻关系的第三人承担侵权责任,仍存在诸多争议。① 但是,《刑法》第 259 条"破坏军婚罪"第 1 款规定:"明知是现役军人的配偶而与之同居或者结婚的,处三年以下有期徒刑或者拘役。"该规定属于《刑法》规定,明确禁止了特定的行为,并且该规范属于"侵犯公民人身权利、民主权利罪",至少以保护军人之配偶利益作为目的之一,由此,如果第三人明知是现役军人的配偶而与之同居或结婚的,则此时,该现役军人能够请求该第三人承担第三人干扰婚姻关系的侵权责任。换而言之,《刑法》第 259 条第 1 款能够直接界定侵权法的保护对象。

需要说明的是,本部分的主旨在于分析规制性规范能否及如何界定侵权法的保护对象,但这并不意味着违反人一定要承担侵权责任。德国法中的违反保护他人法律侵权类型具有界定或扩张侵权法保护对象和范围的功能,但其外在体系前提在于三个小概括条款,违反保护他人法律属于独立的侵权类型,构成独立的请求权基础;我国《侵权责任法》对过错侵权则采用了大的概括条款即第 6 条第 1 款,因此在解释立场上,本书的基本前见是认为适格的规制性规范对该条中所规定的"具有法律相关性的损害""过错"和"因果关系"这些概念具有具体化的作用,是这些概念的具体化方式之一,故无法构成德国式的独立侵权类型,而应隶属于作为请求权基础的第 6 条第 1 款。按照该条的规定,过错侵权责任的构成除了受侵害法益属于侵权法保护对象这个要件之外,至少还需要因果关系和过错这两个要件被充足。如果适格的规制性规范能够界定侵权法的保护对象,那么该规制性规范的违反可能会减轻受害人对因果关系和过错的证明负担,但并不意味着该规制性规范的违反会导致因果关系和过错被认定。②

以《公司法》第 185 条第 1 款的规定为例,该条规定:"清算组应当自成立之日起十日内通知债权人,并于六十日内在报纸上公告。债权人应当自接到通知书之日起三十日内,未接到通知书的自公告之日起四十五日内,向清算组申报其债权。"在违反该条规定的情况下,《公司法解释(二)》(法释〔2014〕2 号)第 11 条第 2 款规定:"清算组未按照前款规定履行通

---

① 对此问题的集中讨论以及对德国法、法国法、意大利法、英美法、日本法以及我国台湾地区法的梳理,参见华东政法大学学报,2013(3)。

② 具体的分析请参见本书下文论述。

知和公告义务,导致债权人未及时申报债权而未获清偿,债权人主张清算组成员对因此造成的损失承担赔偿责任的,人民法院应依法予以支持。"但是,司法解释中的该条规定并未清晰表明,清算组成员所承担的责任是否是过错责任,是否需要清算组成员的过错,是否需要结合《公司法》第189条第3款的规定"清算组成员因故意或者重大过失给公司或者债权人造成损失的,应当承担赔偿责任",不仅要求过错,还要求清算组成员的故意或重大过失。即使认为该种情形中,债权人损失这种纯粹经济损失是侵权责任的保护对象,但是,或者由于特别请求权基础的存在,或者结合《侵权责任法》第6条第1款,无论如何,并不能意味着清算组成员就一定会承担侵权责任,除此之外,还需要清算组成员的主观要件。

再以《保险法》第65条第3款为例,该款规定:"责任保险的被保险人给第三者造成损害,被保险人未向该第三者赔偿的,保险人不得向被保险人赔偿保险金。"这一款规定了保险人的保险金留置义务,如果保险人违反该等义务,在被保险人未向第三者赔偿时就向被保险人赔偿保险金,但被保险人破产或将保险金另作他用而导致第三者无法获得保险金的赔偿,第三者是否可以向保险人请求侵权损害赔偿呢?这里仍然涉及纯粹经济利益的赔偿问题。仔细思考该款目的,虽然有减少整个保险行业的经营风险和道德风险的立法目的;但是,必须要考虑到的是,如果没有该款规定,就会出现被保险人取得保险金后不及时向第三者赔偿的现象,这样使得第三者迟迟得不到赔付,还要承担被保险人破产无法赔付或将保险金另作他用的风险,因此,该款规定的立法目的包含保护第三人利益,避免此等风险和第三人的纯粹经济损失。由此,有学者主张:"在被保险人实际赔偿受害者之前,保险人不得向被保险人支付保险赔偿金,保险人违反此项规定的,第三者有权以违反注意义务为由向保险人主张损害赔偿。"①但是,按照前文所说的纯粹经济损失在违反规制性规范情形下成为侵权责任的保护对象的条件有两个:第一,总括财产是所涉及规范的主要且直接保护对象,而不仅仅是或多或少有些偶然的保护对象之一;第二,如果产生侵权责任,不会导致不可容忍的评价矛盾。如果认为《保险法》第65条第3款的主要且直接保护对象确实是第三者的总括财产,则符合第一个

---

① 吴定富主编.《中华人民共和国保险法》释义.北京:中国财政经济出版社,2009:161.

条件。但是，由于第 65 条第 1 款（"保险人对责任保险的被保险人给第三者造成的损害，可以依照法律的规定或者合同的约定，直接向该第三者赔偿保险金"）仅规定了保险人的权利（"可以"）而非义务，而按照该条第 2 款第 2 句规定（"被保险人怠于请求的，第三者有权就其应获赔偿部分直接向保险人请求赔偿保险金"），只有在被保险人怠于请求的情况下，第三者才有权请求保险人直接赔偿保险金，那么，被保险人未向第三者赔偿时就向被保险人赔偿保险金恰恰证明了被保险人没有怠于请求，这导致了第三者没有向保险人请求赔偿保险金的权利。在这种情况下，如果允许第三者可以向保险人请求侵权损害赔偿，则隐含的前提就是第三者在这种情形中具有针对保险人的赔偿保险金的请求权，这就会导致法秩序内的评价矛盾。对此，只能得出结论，第三者在这种情形下的纯粹经济损失无法依据保险人违反了《保险法》第 65 条第 3 款的规定请求保险人承担侵权责任。[①]

（二）对我国两个实务案例中相关问题的重新分析

对上文中所举的案例，本书在这里根据上面所确定的论证框架，对相关问题进行一个具体的分析，以确立上述论证框架分析问题时的解释力。但限于篇幅的原因，本书只选择其中的两个案例进行重新分析。

1. 广西广播电视报社诉广西煤矿工人报社电视节目预告表使用权纠纷案

假如电视节目预告表不能适用著作权法保护[②]，则原告的损失就是纯粹经济损失，在此前提下，按照本书所确定的思路，具体的分析思路应当

---

① 因此，从立法上而言，如果认为第三者的这种纯粹经济损失值得保护，则应当对《保险法》第 65 条第 2 款进行修改，扩大第三者直接请求权的范围，从而避免此种评价矛盾。在此感谢中国人民大学法学院邢海宝教授对该问题的启发和与本书作者的讨论。

② 梁慧星教授的主旨观点是认为电视节目预告表应当受到著作权法保护，参见梁慧星. 电视节目预告表的法律保护与利益衡量. 法学研究，1995（2）。但法院在判决中虽然特别地认为电视节目预告表不属于时事新闻，但是也没有明确地说广西广播电视报应受著作权法的保护，更没有援引著作权法的任何条文，似乎认为原告受损的利益并非著作权的保护范围。故本书在此前提之下讨论，但并不意味着本书反对梁慧星教授的观点，事实上，本分析第（4）部分就部分利用了梁慧星教授的观点，而且梁慧星教授也认为通过《民法通则》第 106 条第 2 款进行保护是一个可以考虑的方式。

如下。

(1)《新闻出版署报纸管理局关于广播电视节目预告转载问题的通知》属于行政规定（其他规范性文件），但是，其虽以"通知"为名，而依据其规范的对象为"各地报纸和以报纸形式出现的期刊"，绝非仅仅适用于内部关系，因此属于具有法律规范功能的行政规定（"法规命令"而非"行政规则"）。

(2) 该《通知》中所确定的行为义务非常明确。

(3) 依据该《通知》所确定的规制性规范文本："各地报纸和以报纸形式出现的期刊可转载广播电视报所刊当天和第二天的广播电视节目预告。但不得一次转载或摘登一周（或一周以上）的广播电视节目预告。如需要转载整周的广播电视节目预告，应与有关广播电视报社协商。"依据文义解释，很显然，该规范旨在直接保护广播电视报的财产利益；依据历史解释，该《通知》中已经说明："目前，各地一些报纸自行转载广播电视报刊登的节目预告，许多广播电视报对此提出意见，认为侵犯了版权。就这一问题，国家版权局办公室已于1987年12月12日向有关单位下发了《关于广播电视节目预告转载问题的意见》（〈87〉权字第54号），据此作如下通知：……"依据历史解释，这意味着历史上立法者的意图直接旨在保护广播电视报的财产利益。因此，广播电视报的财产利益是该规范的主要且直接保护对象。

(4) 电视台通过复杂的专业技术性劳动制作完成电视节目预告表，并由原告通过与电视台订立协议方式有偿取得在广西地区以报纸形式向公众传播的使用权，但由于被告故意违反规范的行为，导致原告财产利益受损，故赋予原告以侵权损害赔偿请求权不但不会导致被告责任的过分扩张，而且有助于实现保护广播电视报之利益这个规范性目的。电视节目预告表虽不属于著作权法的保护范围，但并不必然排除原告因利益受损而提起侵权损害赔偿请求权。因此，赋予原告侵权责任请求权是合理的、有效的，并且不会导致整体法体系的内在评价矛盾。

(5) 被告的行为已经充足了该《通知》中所确定规范的构成要件，并且该案的原告、原告所遭致的损失均属于该规范的保护范围，故存在对规范的实际违反。

结论：原告的损失应作为侵权法保护的对象。

2. 定边县塑料制品厂与中国工商银行咸阳市支行营业部侵权赔偿纠纷再审案

本案判决之中有关本书研究问题的理由阐述似乎颇多可议之处，具体分析如下。

（1）《中国人民银行结算办法》（结算办法）第10条第2项规定："汇款单位派人到汇入银行领取汇款的，可在汇款委托书上注明'留行待取'字样。"该规定不属于规定明确行为义务的强制性规范，因此不能直接认定违反该规范所造成的纯粹经济损失属于侵权法保护对象。

（2）结算办法第10条第6项规定，汇往外地购货的款项"除采购员旅差费可以支取少量现金外，一律转账"。依据该办法第1条的规定，该办法的立法目的是"防止和打击资本主义活动，准确及时地办理结算，加速资金周转，积极促进国民经济有计划、按比例、高速度地发展"。可以推断，该规范的目的并非是保护原告的利益，而是实现加速资金周转和防止资本主义活动的公益目的，故而该规范并非以原告的财产作为直接和主要的保护对象。

（3）中国人民银行1982年规定，国营、集体企业单位的公款不得以任何名义存入储蓄。该规范的具体来源并未找到出处，但似乎它的目的是防止这些单位的公款不被私人侵吞，故规范保护范围是否包括防止冒名取款则颇有可斟酌余地。

综上，所有这些规范并不能够直接界定侵权法的保护对象。原告所遭受的纯粹经济损失必须另寻其他理由证成其应当受到侵权法保护，但此时，这些规范的违反是否能够被纳入过失范畴仍有可思考余地，但本书因为主题限制，对此就不进行过多论述了。①

（三）类型的规范确立

从上述分析可以看出，我国法律实务中对规制性规范直接确定侵权法保护对象这个问题的分析，或者流于简单，或者似乎存在错误，其原因在于《民法通则》第106条第2款和《侵权责任法》第6条第1款所使用的"人身、财产"以及"民事权益"的文义射程极广，虽然对非绝对权的侵

---

① 严格来说，本案判决似乎仅仅将违反这些规范作为认定过错的证据，但是，它似乎完全忽视了论证原告的纯粹经济损失是否能够作为侵权法的保护对象，本书的分析在这个意义上似乎是借题发挥。

权保护不会存在所谓的"法律漏洞",但是恰恰因为此,我国侵权法中缺少界定保护对象的可堪适用的合理指引,从而可能会使得"同等情况无法得到同等处理",违反正义的基本要求。我们不得不承认,政策判断在法律适用过程中具有影响力,但在法院就实际案例判断时,必须确立合理的论证框架,以使判决具有事后审查的可能性。

有助于扭转此种情况的就是具体类型的整理。通过论辩而达成的个案判断总需要有其正当化的论证依据,具体类型对此恰恰起到了很大的作用。在法律论证理论中,最为著名的原理之一就是佩雷尔曼所提出的"惯性原理",也就是说,如果之前存在可以接受的观点,那么对于此观点的反驳的举证责任就落在了反驳人的身上。类型大概就有助于形成这种"惯性",故而类型的确定就是很有助益的,类型的确定恰恰可以成为通过论辩而达成的个案判断的补充,前者为后者的正当化论证提供了一个起点。

在这个意义上,我们能够将违反保护性规范所致的损失作为侵权法所保护法益的一个类型。但类型确立的方式有很多种,本书所选择的方式是根据"整体类推"的方式建立类型。① 所谓整体类推,按照拉伦茨的界定,指的是:

> 将有多数——针对不同的构成要件赋予相同法效果的——法律规定得出"一般的法律原则",该原则在评价上也同样可以适用到法律并未规整的案件事实上。②

在本书研究的问题上,运用整体类推建立类型的思考过程可以简述如下。③

(1) 对于许多规制性规范,法律都规定违反该规范可能会导致侵权责任的承担,换言之,这些规制性规范能够直接界定侵权法保护的客体。具体的赔偿责任规范的整理参见上文。

(2) 被违反的规范都属于强制性的规制性规范,都是明确规定了具体

---

① 通常来说,"整体类推"是对于法律漏洞进行填补的方式,但我认为,在不存在法律漏洞的情形中,"整体类推"事实上也是类型建立的方式之一,通过"整体类推"确定一个类型,这未尝不是一个可以考虑的方式。

② 拉伦茨. 法学方法论. 陈爱娥译. 北京:商务印书馆,2003:260.

③ 之下的思路借鉴了拉伦茨对于持续性债之关系之终止权的论证思路,参见拉伦茨. 法学方法论. 陈爱娥译. 北京:商务印书馆,2003:260.

行为义务的强制或禁止规范，且都具有保护特定个人或特定人群的目的。

（3）此类被违反的规制性规范旨在保护特定个人或特定人群且明确规定了行为义务，具有明确的保护范围，由此确定了个人法权领域的范围，他人即负有按照规制性规范行为的义务，由此建立了社会典型公开性或期待可能性，使得这些规制性规范成为侵权责任合理的筛选机制之一。

（4）之所以对违反这些规制性规范规定侵权责任，使得违反该等规制性规范即能界定侵权法的保护对象，原因恰在于此。

（5）因此，（3）之中所确立的法律理由，不仅适用于明确规定违反即可能承担侵权责任的规制性规范，而且适用于所有符合上述特征的规制性规范。

（6）在我们的法秩序中应确立以下一般原则：如果规制性规范是明确规定了行为义务的强制或禁止规范，且具有保护特定个人或特定人群的目的，且受害人和受害人的损失均处于该等规范的保护范围之内，则违反该等规范致使他人遭受的损失就可以成为侵权法所保护的客体。

第五章 规制性规范违反与过错判断

在前面两章中，本书已经分析了规制性规范对于侵权法保护对象界定的意义，并确立了分析框架。但是，即使适格的规制性规范能够界定侵权法的保护对象，违反该类规制性规范也不必然会构成侵权责任。根据《侵权责任法》第6条第1款，成立侵权责任以过错为要件，而过错通常被认为是行为标准的违反。由此就产生了一个问题，违反规制性规范所设定的行为标准而导致他人受损，是否会满足侵权责任的过错构成要件。推而广之，规制性规范对于过错判定究竟具有何种意义，这就是本章所要寻求解决的主要问题。

一、中国法实践

在规制性规范与过错判定的一般理论上，我国的法律文本和法律实践中并没有表达出整体的观点。但在一些类型的侵权责任的相关规范和实践之中，可以看出一些端倪。

(一) 医疗损害领域

在关于医疗损害的侵权责任问题上，《侵权责任法》实施之前，根据最高人民法院《关于参照〈医疗事故处理条例〉审理医疗纠纷民事案件的通知》（法〔2003〕20号，已废止），采取的是两元体系，即区分医疗事故赔偿纠纷和医疗事故以外的其他医疗赔偿纠纷。医疗事故赔偿纠纷的重要依据是《医疗事故处理条例》，其在第31条中规定，医疗事故技术鉴定书应当包括的内容中应当说明医疗行为是否违反医疗卫生管理法律、行政法规、部门规章和诊疗护理规范、常规，但这并没有对违反相关规制性规范对于过错判定的意义作出明确说明。

而《侵权责任法》第58条规定："患者有损害，因下列情形之一的，推定医疗机构有过错：（一）违反法律、行政法规、规章以及其他有关诊疗规范的规定……"在此，医务人员对患者在诊疗活动中的损害应当承担过错责任。如果医疗机构违反了法律、行政法规、规章以及其他有关诊疗规范的规定，则就应当推定医疗机构有过错。在此，规制性规范对过错认定的作用是推定过错的存在[1]，如医疗机构认为自己没有过错，则应由医疗机构举证证明自己没有过错，换言之，就是医疗机构可以反证证明自己没有过错。[2] 因此，在此领域，医疗机构违反有关诊疗规范的规定，就可以产生过错推定的效果。

在司法实践中，法院常常以医疗机构没有遵守相关规制性规范判定原告存在过错。例如，在严某诉得胜镇卫生院等预防接种异常反应后医疗错

---

[1] 这一规定事实上改变了最高人民法院《关于民事诉讼证据的若干规定》（法释〔2001〕53号）第4条第1款第8项的规定："因医疗行为引起的侵权诉讼，由医疗机构就医疗行为与损害结果之间不存在因果关系及不存在医疗过错承担举证责任。"按照《侵权责任法》的规定，只有在原告证明了医疗机构存在违反有关诊疗的规制性规范的情形下，才可以推定医疗机构存在过错，而并非一概的举证责任倒置。

[2] 王利明，周友军，高圣平. 中国侵权责任法教程：603. 但也有学者认为，在此种情形下应当直接认定为存在过失，或者将"推定"解释为"不可推翻的推定"，不允许反证予以推翻，参见杨立新主编. 中华人民共和国侵权责任法草案建议稿及说明. 北京：法律出版社，2007：262；梁慧星主编. 中国民法典草案建议稿附理由（侵权行为编、继承编）. 北京：法律出版社，2004：63；对这种观点以及该规定本身的批评，请参见叶名怡. 论违法与过错认定. 环球法律评论，2009 (5).

误损害赔偿案中①，法院认为："刁某碧的行为违反了卫生部1982年11月29日颁布的《全国计划免疫工作条例》第十六条、第二十一条的规定，是为过错，应承担相应的民事赔偿责任。得胜镇卫生院……违反了卫生部1980年1月颁布施行的《预防接种后异常反应的诊断及处理细则》的规定，有过错，应承担相应的赔偿责任。"

（二）交通事故领域

在《道路交通安全法》实施以前，《道路交通事故处理办法》在第17条中规定："公安机关在查明交通事故原因后，应当根据当事人的违章行为与交通事故之间的因果关系，以及违章行为在交通事故中的作用，认定当事人的交通事故责任。当事人有违章行为，其违章行为与交通事故有因果关系的，应当负交通事故责任。当事人没有违章行为或者虽有违章行为，但违章行为与交通事故无因果关系的，不负交通事故责任。"简而言之，在公安机关的交通事故认定中，交通事故责任应具备三个要件，即违章行为、交通事故损害和因果关系。如果将其放在侵权责任构成要件下进行观察，尤其是在机动车之间发生交通事故的情形中，实际上可能是将违章行为等同于过错。

2007年修正之前的《道路交通安全法》第76条第1款第2项规定："机动车与非机动车驾驶人、行人之间发生交通事故的，由机动车一方承担责任；但是，有证据证明非机动车驾驶人、行人违反道路交通安全法律、法规，机动车驾驶人已经采取必要处置措施的，减轻机动车一方的责任。"修正之后，该规定变更为："机动车与非机动车驾驶人、行人之间发生交通事故，非机动车驾驶人、行人没有过错的，由机动车一方承担赔偿责任；有证据证明非机动车驾驶人、行人有过错的，根据过错程度适当减轻机动车一方的赔偿责任；机动车一方没有过错的，承担不超过百分之十的赔偿责任。"这其中的变化巨大，其中之一就是，对于非机动车驾驶人和行人而言，之前似乎规定为只要其违反道路交通安全法律法规就可以减轻机动车一方的责任，而修正后的规定是非机动车驾驶人和行人具有过错的才可以减轻责任。两相对比，至少可以认为对非机动车驾驶人和行人而言，违反道路交通安全法律法规并不直接等同于过错，而应由法院结合具体情形进行具体认定，违反涉及交通的规制性规范仅仅是认定过错需要考

---

① 最高人民法院应用法学研究所编. 人民法院案例选，1999年第4辑.

虑的因素之一。虽然这是对于责任减轻事由的规定，但也具有重要意义。

在实践中，无论是对于机动车驾驶人还是对于非机动车驾驶人或行人，法院常常以他们违反了道路交通方面的规定而直接认定其存在过错。[1] 例如，在"庄某龙、庄某海诉金华市恒辉热镀锌有限公司、中国人民财产保险股份有限公司金华市分公司道路交通事故损害赔偿纠纷案"中[2]，法院认为："张某菊在本起交通事故中经人行横道过路口未下车推行，其行为违反了《中华人民共和国道路交通安全法实施条例》第七十条的规定，张某菊有一定的违章行为，故可适当减轻被告的赔偿责任。"在"黄某军等与吴某斌等道路交通事故人身损害赔偿纠纷上诉案"中[3]，法院认为，王某营偏左行驶，且没有戴安全头盔，违反《道路交通安全法》第35条关于右侧通行的规定及第51条关于摩托车驾驶人及乘坐人员应当按规定戴安全头盔的规定；吴某斌会车时没有很好减速靠右，违反了该法第48条有关在没有中心隔离设施或者没有中心线的道路上机动车遇相对方向来车时应当减速靠右行驶并与其他车辆、行人保持必要的安全距离的规定，因此上述二人均存在过错。在"周某安诉王某元、李某荣道路交通事故损害赔偿纠纷案"中[4]，法院认为案外人违反了《道路交通管理条例》第6条关于驾驶车辆必须右侧通行的规定，第36条第3项关于机动车遇风、雨、雪、雾天能见度在30米以内时最高时速不准超过20千米的

---

[1] 《道路交通安全法》第73条规定，交通事故认定书可作为处理交通事故的证据。最高人民法院《关于审理道路交通事故损害赔偿案件适用法律若干问题的解释》第27条规定："公安机关交通管理部门制作的交通事故认定书，人民法院应依法审查并确认其相应的证明力，但有相反证据推翻的除外。"因此，交通事故认定书在司法实践中是作为证据处理的。2005年1月5日，全国人大常委会法工委《关于交通事故责任认定行为是否属于具体行政行为，可否纳入行政诉讼受案范围的意见》（法工办复字〔2005〕1号）认为，责任认定行为不属于具体行政行为，不能向人民法院提起行政诉讼。据此，事故当事人对交通事故认定不服的，只能根据《道路交通事故处理程序规定》第51条和第55条第2款规定向上一级公安机关交通管理部门申请复核，复核以一次为限。

[2] "庄信龙、庄信海诉金华市恒辉热镀锌有限公司、中国人民财产保险股份有限公司金华市分公司道路交通事故损害赔偿纠纷案"，最高人民法院应用法学研究所编. 人民法院案例选，2008年第3辑.

[3] 海南省海南中级人民法院民事判决书（2008）海南民二终字第141号.

[4] 最高人民法院公报，2002（5）.

规定，造成了被害人死亡，因此应当负主要责任。

总之，正如有学者在经过了实证的类案研究之后所发现的那样：

>法院在案件审理过程中更倾向于将交通管制规范所确定的行为规范作为行为人应当遵守的法定注意义务标准，只要行为人存在违反管制规范的行为，即认定其满足违法性要件而成立侵权行为，或者认定其满足过错要件而须承担侵权责任。在案件基础事实存在争议时，行为人对交通管制规范的违反也可作为侵权责任成立的推定依据，而在与有过失（共同过失）案件中，法院更倾向于将其作为判断过错程度的依据，从而通过过失相抵规则确定原告、被告之间的损害分担范围。①

（三）高压电触电损害赔偿

最高人民法院《关于从事高空高压对周围环境有高度危险作业造成他人损害的应适用〈民法通则〉还是〈电力法〉的复函》（〔2000〕法民字第5号）规定："民法通则规定，如能证明损害是由受害人故意造成的，电力部门不承担民事责任；电力法规定，由于不可抗力或用户自身的过错造成损害的，电力部门不承担赔偿责任。这两部法律对归责原则的规定是有所区别的。但电力法是民法通则颁布实施后对民事责任规范所作的特别规定，根据特别法优于普通法，后法优于前法的原则，你院所请示的案件应适用电力法。"《电力法》第60条第2款规定："电力运行事故由下列原因之一造成的，电力企业不承担赔偿责任：（一）不可抗力；（二）用户自身的过错。"同时，最高人民法院《关于审理触电人身损害赔偿案件若干问题的解释》（已废止）第3条规定："因高压电造成他人人身损害有下列情形之一的，电力设施产权人不承担民事责任：（一）不可抗力；（二）受害人以触电方式自杀、自伤；（三）受害人盗窃电能，盗窃、破坏电力设施或者因其他犯罪行为而引起触电事故；（四）受害人在电力设施保护区从事法律、行政法规所禁止的行为。"

将这三个规范结合起来，可以认为，在这三个规范都得以适用的前提下，按照体系解释的原则，"受害人在电力设施保护区从事法律、行政法规所禁止的行为"就被认为是"用户自身过错"的一种情形，在此，违反

---

① 张家勇，昝强龙．交通管制规范在交通事故侵权责任认定中的作用——基于司法案例的实证分析．法学，2016（6）．

规制性规范被直接认定为过错。虽然这里涉及的是受害人过错的判定，但较之行为人过错的判定，其中所适用的基本原理具有共同性。

(四) 其他领域

在证券领域，根据最高人民法院《关于审理证券市场因虚假陈述引发的民事赔偿案件的若干规定》规定，发行人、上市公司负有责任的董事、监事和经理等高级管理人员，证券承销商、证券上市推荐人及其负有责任的董事、监事和经理等高级管理人员，专业中介服务机构及其直接责任人，在违反了规制性规范义务导致虚假陈述并致他人受损的情形下，皆应承担责任，但有证据证明无过错的，应予免责。①《证券法》第69、173条作出了类似的规定，在此可以看出，违反规制性规范导致过错推定，但行为人可以以反证推翻。

最高人民法院《关于审理涉及会计师事务所在审计业务活动中民事侵权赔偿案件的若干规定》第4条第1款规定："会计师事务所因在审计业务活动中对外出具不实报告给利害关系人造成损失的，应当承担侵权赔偿责任，但其能够证明自己没有过错的除外。"第6条第2款规定了应当认定会计师事务所存在过失的情形，其中就包含了违反规制性规范的情形。第7条则规定了免责事由，其中就包含会计师事务所不存在过错的情形。综合起来，该解释似乎认为，违反规制性规范导致过错推定，但行为人可以以反证推翻。

在其他领域的具体实践中，法院经常以当事人违反了规制性规范为由直接认定当事人存在过错。②

但是，还有一些领域中，规定并不清晰。例如，《公司法解释（二）》第23条第1款规定："清算组成员从事清算事务时，违反法律、行政法规或者公司章程给公司或者债权人造成损失，公司或者债权人主张其承担赔偿责任的，人民法院应依法予以支持。"此时，清算组成员的此种侵权责任承担在违反规制性规范的情形下，是否不需要清算组成员的过错呢？抑或需要过错，只不过因为违反规制性规范被推定为具有过错？如果是后一

---

① 参见该规定第21、23和24条。
② 例如，"姜庚祥诉汤铁红健康权纠纷案"，湖南省宁乡县人民法院（2010）宁民初字第2633号民事判决书；其他一些具体案例的分析，请参见王文胜. 违反成文法义务在我国侵权法中的地位及具体规则之构建. 北京：清华大学，2009：第2章.

种解释的话，那么此种过错的推定是否是不可推翻的？是否需要结合《公司法》第 189 条第 3 款予以解释，对此并不清晰。

(五) 问题提出

根据上文的分析，在规制性规范与过错判断之关系这个问题上，观点极为不统一。综合起来，大概存在三种观点：违反规制性规范即可直接认定为过错而不允许推翻；违反规制性规范即可推定过错，但可以反证推翻；违反规制性规范仅作为过错考虑因素之一。而在实践中，法院经常以当事人违反了规制性规范为由认定当事人存在过错，论述理由常常并不十分清晰，是因为违反规制性规范即可直接认定过错而不允许推翻，还是违反规制性规范可推定过错但对方当事人并未提出反证，抑或违反规制性规范仅作为法院判定过错的考量因素之一并最终结合其他证据确定了过错的存在。很明显，不同的理论构成对于当事人利益影响巨大，故本章试图对此问题进行梳理。①

二、过错判断的独立性

在上文中，本书在讨论公法规范与私法规范之间的关系时认为，公私法规范绝非相互区隔，但也并无一般的优位次序，两者毋宁应当接轨汇流，从而在整体法秩序下相互配合，进行相互支援和相互工具化，立法者在制定公法规范时，也较少考虑到其对私法规范的体系效应，因此，此种体系效应的具体考量应由司法者自己作出评价，这里存在立法者对司法者的概括授权。② 如果将此一般理论应用于本部分所研究的问题，即违反规

---

① 需要说明的是，本部分并没有对环境侵权领域作出细致考察，其原因在于环境污染侵权之构成并不以过错作为条件，因而已超出本部分主题的合理范围，但本部分的一般结论仍可对这一领域具有意义，关于这一问题的具体研究，请参见张新宝. 侵权责任法原理. 北京：中国人民大学出版社，2005：375 页以下；汪劲. 环境法学. 北京：北京大学出版社，2006：569 页以下；王成. 环境侵权行为构成的解释论及立法论之考察. 法学评论，2008 (6).

② 赞同的观点，请参见解亘. 论管制规范在侵权行为法上的意义. 中国法学，2009 (2)；关于"规制失灵"，参见桑斯坦. 权利革命之后：重塑规制国. 钟瑞华译. 李洪雷校. 北京：中国人民大学出版社，2008：96 页以下；关于立法者的概括授权，参见苏永钦. 再论一般侵权行为的类型//走入新世纪的私法自治. 北京：中国政法大学出版社，2002.

制性规范与过错判断之间的关系，可以认为，规制性规范所确定的行为义务并不能在一般意义上完全取代过错判定中的私法注意义务，司法者有必要自主评价规制性规范对过错判定所具有的体系效应；因此，违反规制性规范并不能直接认定过错，使得对方当事人不能举证推翻此种认定；否则，无异于让规制性规范中所确定的行为义务标准优位于过错判定时的注意义务标准，司法者自主评价的可能性也就不复存在。但这个在一般意义上的演绎推论，还需要更为具体的证成理由，本部分即对此进行细致研究。

（一）行为标准

通常所采用的过错的判断标准是违反适当的行为标准（注意义务），因此，行为标准的存在和范围对于过错判定而言至为重要。但行为标准或多或少需要由法院在具体案件情形中进行个别认定，需要考虑诸多因素，例如受保护利益的性质和价值、行为的危险性、可期待的行为人的专业知识、损失的可预见性、所涉各方之间的密切关系和依赖关系以及预防措施和其他替代方法的现实可能和费用，而当行为人年龄、精神病或身体残疾或极其特殊的情况无法期待行为人执行该准则时，可予以适当调整。[①] 很明显，适当行为标准的确定对于法官而言是非常困难的，甚至在一些专业领域，由于法官缺少相应的专业知识，因而根本无从判断适当的行为标准。

但是，几乎在社会生活的各个领域之中，都会存在相应的规制性规范，其中许多规定了特定的行为标准，而这些行为标准往往非常细致。由此，基于这些标准所具有的制定权威或内容正确性的技术权威[②]，法官在具体情形中常常会参考规制性规范所确定的行为标准，这有助于一般注意义务的具体化，可以减少法官的评价困难，提高法律适用的效率；同时，这保证了法律适用的确定性，因而有助于同等情况同等对待的正义目标实现。[③] 因此，在判定私法上的行为标准时，德国通说认为通常也要考虑相

---

① 参见《欧洲侵权法原则》第4：102条。

② 关于两者的区分，参见俞祺. 正确性抑或权威性：论规范效力的不同维度. 中外法学，2014 (4).

③ Magnus/Bitttrich. *Tort and Regulatory Law in Germany*, in: Boom, Lukas and Kissling ed., *Tort and Regulatory Law*, p.135. 关于在食品安全领域的这种操作倾向，参见宋亚辉. 食品安全标准的私法效力及其矫正. 清华法学，2017 (2).

关的规制性规范①,德国判例也是如此认为。② 这对我们不无启示,事实上,我国法院基本上就是持此种态度,但却在一定程度上将其绝对化了。

(二) 过错判断的独立性和合法性抗辩

德国侵权法之中,由于交往安全义务理论的发展,《德国民法典》第823条第1款的范围得到了很大的扩张,由此,在克雷默尔教授看来,在所有的案件中,只要可以认定违反谨慎/注意义务的存在,侵权行为的要件就成立了,唯一的决定性问题是,侵害行为根据社会交往观念,是否违反了谨慎/注意义务。③

判断交往安全义务或者注意义务所需要的行为标准时,很多情形下规制性规范能够发挥重要的作用。因为相对法院而言,行政机关有着更多的优势,有着更多熟谙于该领域的官员和工作人员以及可作为依托的外部专家,可以通过规则制定程序来获得更多的信息,因此制定出来的技术标准和行为标准,比法官在法庭上的个案裁断更具一贯性和合理性。④ 如我国《产品质量法》第46条规定:"本法所称缺陷,是指产品存在危及人身、他人财产安全的不合理的危险;产品有保障人体健康和人身、财产安全的国家标准、行业标准的,是指不符合该标准。"最高人民法院《关于审理食品药品纠纷案件适用法律若干问题的规定》(法释〔2013〕28号)第6条规定:"食品的生产者与销售者应当对于食品符合质量标准承担举证责任。认定食品是否合格,应当以国家标准为依据;没有国家标准的,应当以地方标准为依据;没有国家标准、地方标准的,应当以企业标准为依据。食品的生产者采用的标准高于国家标准、地方标准的,应当以企业标准为依据。没有前述标准的,应当以食品安全法的相关规定为依据。"

但是,必须注意的是,以保护他人为目的的技术标准规范仅仅是规定

---

① *MünchKomm/Wagner*. §823, Rn. 321; *Staudinger/Hager*, §823, E34; Larenz/Canaris. *Lehrbuch des Schuldrechts*, BT, Bd. II, S. 416.

② BGH NJW 1999, 2815, 2816; BGH NJW 1998, 2905, 2906; BGH NJW 1997, 582, 583; BGHZ 99, 167, 176.

③ 克默雷尔. 侵权行为法的变迁(上). 李静译//中德私法研究. 第3卷. 北京:北京大学出版社,2007:93页以下.

④ 宋华琳. 论行政规则对司法的规范效应. 中国法学,2006(6).

了最低的行为标准，这并不会阻止法院根据个案情形要求更高的行为标准。① 故德国联邦最高法院认为，该类规制性规范并不能终局性地确定第823条第1款下的交往安全义务，各种规制性规范或者许可的存在并不能免除行为人根据实际情境采取避免控制风险的合理措施的义务。② 在美国的一个案例中，汉德（Hand）法官也对此认为："整个行业可能过分滞后于采纳新的有效设备……法院必须最终说明什么是必须的；有些预防措施是如此迫切，以至于对此的普遍漠视并不能成为不作为的抗辩。"③ 由此，在侵权法中，加害人就不能以其遵守了相关规制性规范中所确定的行为标准作为免责事由，也即不承认所谓的合法性抗辩，除非存在明确的特殊规定。④

其原因在于，首先，该类规制性规范往往意图建立一个法律的框架，它们必须要协调多方利益以达平衡，并非着眼于侵权法上行为标准的确立，而是要确立一种社会秩序和市场秩序。以涉及产品安全标准的规制性规范为例，该类规范往往要协调所有市场参与者利益之间的平衡，就不可能以保护消费者作为唯一目的，而往往是一种折中和妥协的产物。⑤ 污染物排放标准在一定程度上也同样是一种政治选择的结果，而非完全依赖科学所作出的选择。⑥ 即使经过了科学选择，也要考虑更多的因素，进行总成本和总收益的衡量，例如在食品安全领域，食品标准的设定也必然经过

---

① BGH, NJW 2001, 2019, 2020; BGH NJW 1997, 582, 583; *MünchKomm/Wagner*. §823, Rn. 270; *Staudinger/Hager*, §823, E34.; Larenz/Canaris. *Lehrbuch des Schuldrechts*, BT, Bd. Ⅱ, S. 416.; Magnus/Bitttrich. *Tort and Regulatory Law in Germany*, in: Boom, Lukas and Kissling ed., *Tort and Regulatory Law*, p. 129.

② BGH NJW 2001, 2019, 2020; BGHZ 139, 43, 48; BGHZ 92, 143, 151f.

③ Shapo. *Tort and Regulatory Law in the United States of America*, in: van Boom/Lukas/ Kissling ed., *Tort and Regulatory Law*, Springer, Wien/New York, 2007, p. 336.

④ 巴尔. 欧洲比较侵权行为法. 上卷: 39；美国《侵权法重述》（第二次）第288C规定："虽然就立法机关的法律或行政机关的规范加以遵守，但如果理性人应当更加谨慎时，并非不可以作有过失的认定。"美国《侵权法重述》（第三次）（1999年4月5日讨论稿）第14条a项也规定："行为人遵守相关制定法，虽然可以作为不存在过失的证据，但不排除因为行为人采取制定法强制要求之外的预防措施而认定其存在第4条意义上的过失。"

⑤ BGHZ 70, 102, 107＝NJW 1978, 419, 420.

⑥ 竺效. 论环境污染赔偿责任的特殊要件. 政治与法律, 2009（12）.

全面风险评估和收益权衡，例如农药残留标准的制定需要全面权衡农药残留的致害成本和农药带来的农作物增产收益。①

其次，该类规制性规范的制定过程往往受到组织严密的利益团体的影响，而导致对组织分散化的其他主体的保护不够充分，缺乏公共参与和透明度②；同时，出于该类规制性规范制定者的信息不足、政策分析不合理、制定者专业知识和能力的不足、时过境迁等原因，可能会导致规制性规范本身所确定之行为标准的不合理。③ 并且规制性规范由于涉及立法程序，不能足够快速地回应具体的风险情形。

再次，由于该类规制性规范制定者的能力、权限和职能、信息成本的限制，他们往往仅仅着眼于典型的危险，以抽象情形作为基础进行平均考虑，从而给予一个一般性的规制，或者由于其权限的限制，仅仅考虑与其权限相关的危险（这在行政许可中尤其如此），而不可能把握和斟酌所有可想象情境中的所有危险，不可能考虑到全部的细节④，因此，需要在个案中超越规范规定而控制加害人的行为，在个案中和细节的控制行为方面实现"微调"，公法需要私法的补充。⑤ 因此，"两种制度功能，前者重在一般性吓阻，后者则在以'经济诱因'方式，促使行为人考虑个案因素，以避免侵害之发生。既然控制功能、效果都不相同，就不能互为取代。故如果认为合乎行政法上的安全管制标准，在民法上就当然阻却违法，或完全不考虑具体事实，放弃斟酌具体情况，依个案去认定行为人是否尽了善良管理人责任，就径行免除行为人的民事侵权赔偿责任，显系误解、混淆两种不同制度功能所致"⑥。

---

① 宋亚辉. 食品安全标准的私法效力及其矫正. 清华法学，2017 (2).
② Magnus/Bitttrich. *Tort and Regulatory Law in Germany*，in：Boom, Lukas and Kissling ed.，*Tort and Regulatory Law*，p. 131.
③ 关于规制性规范制定过程中的这些问题，具体参见桑斯坦. 权利革命之后：重塑规制国：96-110. 也请参见本书上文的论述。
④ Magnus/Bitttrich. *Tort and Regulatory Law in Germany*，in：Boom, Lukas and Kissling ed.，*Tort and Regulatory Law*，p. 131；Lukas. *Tort and Regulatory Law in Austria*，in：Boom, Lukas and Kissling ed.，*Tort and Regulatory Law*，p. 22.
⑤ *MünchKomm/Wagner*. §823，Rn. 270.
⑥ 许宗力. 行政法对民、刑法的规范效应//葛克昌，林明锵主编. 行政法实务与理论. 台北：元照出版公司，2003.

但是，如果在侵权法不承认合法性抗辩①，可能会遭受到的质疑是，以侵权诉讼规制公共风险可能不利于增加社会福利，因为其可能会产生两个结果：一是社会接受该种产品或者服务的价格增加，因为风险制造者不得不为此种行为准备更多的资金来应对可能产生的赔偿；二是风险制造者不再从事该种活动，由此，对公共风险的误解导致了以治理私人纠纷的模式来处理公共风险，这混淆了私人风险和公共风险的界限，但这样做并不会减少风险，相反却可能会导致社会福利的损失。② 事实上，这个质疑本质上不仅适用于本书所述论题，也同样适用于应对现代风险的无过错侵权责任，因为按照该质疑的逻辑，无过错侵权责任同样也可能混淆了私人风险和公共风险的界限，但是，无过错侵权责任却是各个国家都承认的制度现实，却不会导致该质疑所担心的不从事风险活动所导致的社会福利损

---

① 虽然观点稍有差异，但都承认不能绝对地采纳合法性抗辩，参见张新宝. 侵权责任法原理. 北京：中国人民大学出版社，2005：396；王胜明主编. 中华人民共和国侵权责任法解读. 北京：中国法制出版社，2010：214页以下；宋华琳. 论政府规制与侵权法的交错——以药品规制为例. 比较法研究，2008（2）；宋亚辉. 环境管制标准在侵权法上的效力解释. 法学研究，2013（3）；张敏纯. 论行政管制标准在环境侵权民事责任中的类型化效力. 政治与法律，2014（10）；董春华. 论产品责任法中的符合强制性标准抗辩. 重庆大学学报（社会科学版），2015（4）；陈伟. 环境标准侵权法效力辨析. 法律科学，2016（1）；宋亚辉. 食品安全标准的私法效力及其矫正. 清华法学，2017（2）；谭启平. 符合强制性标准与侵权责任承担的关系. 中国法学，2017（4）. 基于文义解释的反对观点，参见周江洪. 惩罚性赔偿责任的竞合及其适用. 法学，2014（4），但其观点仅仅限于惩罚性赔偿。

② 傅蔚冈. 合规行为的效力：一个超越实证法的分析. 浙江学刊，2010（4），该文认为，侵权法应当承认合法性抗辩作为免责事由，而之所以不予承认，原因有三点，除了本书这部分正文所述理由外，还包括公法和私法的分立导致行政规则的作用只局限于公法一隅，没有对民事行为产生效力；而规制机构、律师业和受害者对损害赔偿的相对一致的利益要求不断强化着合规不能够成为侵权责任免责要件这一观念。对于第一个理由而言，恰恰是本书所要反对的公私法区隔，具体参见前文论述；最后一个理由更多地是着眼于社会学分析，是对侵权法不承认合法性抗辩的社会动机阐述，对此最为重要的恰恰是如何对此进行正当性的判明，通过作为社会工程师的司法者合理妥当地实现社会动机的导向；当然与最后一个理由相关的还涉及规制机构的行政赔偿责任问题，但这已非本书论述的重点，一个有启发意义的论述请参见杜仪方. 从侵权法的局限性看合规药品致害之国家责任. 政治与法律，2013（7）. 因此，本书仅仅分析在本书看来最为重要的理由。

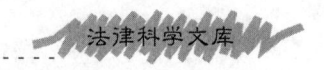

失。风险制造者所考虑的是从事风险活动所可能带来的成本与收益之间的比较，只要成本小于收益，那么不会对风险活动造成太大的负激励效应，无过错责任的采用没有导致风险活动的减少就是一个有力的证明。真正需要注意的是，有助于社会福利增加的风险活动的风险制造者如何通过责任社会化的机制来分散风险，例如责任保险的采用①，因此，风险制造者不见得需要进行大规模的风险储备。

更进一步而言，不管是私人风险还是公共风险，都需要公共机构和私人共同进行风险预防，从经济分析的角度考虑，如果遵守规制性规范会自动排除过错的存在和侵权责任，那么潜在的加害人将没有充分的动力投入比规制性规范所要求的行为标准更多的额外注意，即使额外注意能够减少预期的事故成本，这将阻止在超过规制标准时采取预防措施的任何动机，很大程度上消除了激励效果，而此时侵权责任将促使潜在加害者采取所有有效的预防措施，因此增加社会福利。②

在这个意义上，以环境污染为例，2000年的《中华人民共和国水污染防治法实施细则》第48条规定："缴纳排污费、超标排污费或者被处以警告、罚款的单位，不免除其消除污染、排除危害和赔偿损失的责任。"虽然《民法通则》第124条规定："违反国家保护环境防止污染的规定，污染环境造成他人损害的，应当依法承担民事责任。"这里仍然存在"违反国家保护环境防止污染的规定"才承担污染环境的侵权责任规定，但1991年的国家环保局《关于确定环境污染损害赔偿责任问题的复函》[(91)环法函字第104号]已经认为："国家或者地方规定的污染物排放标准，只是环保部门决定排污单位是否需要缴纳超标排污费和进行环境管理的依据，而不是确定排污单位是否承担赔偿责任的界限。"基于同样的观点，当时的《中华人民共和国环境保护法》第41条第1款规定："造成环境污染危害的，有责任排除危害，并对直接受到损害的单位或者个人赔

---

① 这同样并非本书论述的重点，因而不予过多论述。事实上，如环境责任保险等已经被许多环境法学者所论述。对这个问题的理论说明，请参见 Ebert and Lahnstein. *Regulatory Law and Insurance*, in: Boom, Lukas and Kissling ed., *Tort and Regulatory Law*, pp. 391ff.

② 一个简要的经济分析，Faure. *Economic Analysis of Tort and Regulatory Law*, in: van Boom/Lukas/ Kissling ed., *Tort and Regulatory Law*, Springer, Wien/New York, 2007, pp. 411ff. 。

偿损失。"这里已经不存在《民法通则》的上述限制。《侵权责任法》第65条更是明确规定："因污染环境造成损害的，污染者应当承担侵权责任。"与上述立法变化相适应，通说观点也认为"违反国家保护环境防止污染的规定"不能作为环境侵权民事责任的构成要件。① 最高人民法院《关于审理环境侵权责任纠纷案件适用法律若干问题的解释》（法释〔2015〕12号）第1条第1款后句即明确规定："污染者以排污符合国家或者地方污染物排放标准为由主张不承担责任的，人民法院不予支持。"虽然环境侵权适用无过错责任，无须证明过错，但这里所蕴含的原理和基础是相同的。

欧洲研究者也指出，"在欧洲法律制度中，存在一个具有坚实基础的规则，即侵权法的注意义务可以超过规制法所设定的注意程度"②。例如，在罗马上诉法院2005年的一个争议案件中，尽管在1990年之前，不存在任何规制性规则要求雪茄的制造商在雪茄上设置警告告知消费者与吸烟有关的风险，但雪茄制造商仍然被判决承担因为没有告知该风险所导致损害的赔偿责任。③ 因此，行为人遵守了规制性规范所规定的行为标准或者事先获得了规范所要求的许可，虽然可被认为是证明行为人无过错的证据之一，但如果本来就承担行为人过错之举证责任的受害方能够证明或者司法者认为行为人确实已经知道或应当知道许可是违法的，或在具体情形中更有效的预防措施或更高的行为标准能够被采纳等事由，则行为人的过错仍然可能会被认定存在。

该结论不仅对于过错认定是有意义的，对认定"缺陷"的存在等也同样有意义。我国《产品质量法》第46条规定："本法所称缺陷，是指产品存在危及人身、他人财产安全的不合理的危险；产品有保障人体健康和人身、财产安全的国家标准、行业标准的，是指不符合该标准。"如果认为

---

① 蔡守秋. 环境法教程. 北京：法律出版社，1995：251；李艳芳. 环境损害赔偿. 北京：中国经济出版社，1997：64。但必须承认的是，区分符合国家规定的环境污染行为和不符合国家规定的环境污染行为可能仍会具有非常重要的意义，例如责任承担方式、损害赔偿范围、惩罚性赔偿、环境责任保险等方面都可能会有所不同。

② van Boom. *On the Intersection between Tort Law and Regulatory Law—A Comparative Analysis*, in: van Boom/Lukas/Kissling ed., Tort and Regulatory Law, p. 437.

③ Monti and Chiaves. *Tort and Regulatory Law in Italy*, in: van Boom, Lukas and Kissling ed., *Tort and Regulatory Law*, p. 182.

该条规定意味着，只要产品符合国家标准等，则该产品就一定不存在缺陷，则就似乎与上述基础理论存在相悖之处。或许对此存在两种合理的解释方案：第一，不能认为产品符合国家标准等就一定不存在缺陷，从而在产品符合国家标准等但因存在危及人身、他人财产安全的不合理的危险时，并因而仍被认为存在缺陷的情况下，产品生产者承担无过错责任①；第二，认为产品符合国家标准等就一定不存在缺陷，但不存在此种意义上缺陷的产品的生产者也可能会承担过错侵权责任，受害人可以通过证明产品生产者虽然遵守了国家标准等但仍存在具体情形中的过错，从而要求生产者承担过错侵权责任。

最高人民法院《关于审理道路交通事故损害赔偿案件适用法律若干问题的解释》第9条第1款的规定似乎也同样有些过于绝对化，该款规定："因道路管理维护缺陷导致机动车发生交通事故造成损害，当事人请求道路管理者承担相应赔偿责任的，人民法院应予支持，但道路管理者能够证明已按照法律、法规、规章、国家标准、行业标准或者地方标准尽到安全防护、警示等管理维护义务的除外。"或许对此可能的合理解释方案是将"已按照法律、法规、规章、国家标准、行业标准或者地方标准"等与"尽到安全防护、警示等管理维护义务"在文义上分开处理，也即"已按照法律、法规、规章、国家标准、行业标准或者地方标准"并不意味着就一定"尽到安全防护、警示等管理维护义务"，因此，法律、法规、规章、国家标准仅仅是道路管理者证明自己尽到了"安全防护、警示等管理维护义务"的证据之一，但是，即使道路管理者按照这些规定进行了管理维护，仍不排除其未尽到具体情形中所要求的安全防护、警示等管理维护义务的可能性。

但是，即使认为规制性规范可以确定最低的行为标准，也不能认为所有的规制性规范都能确定最低的行为标准。事实上，德国法院在作出此种认定时，所涉及的规制性规范大多是安全性标准等技术标准规范，而这些标准往往是以保护他人作为目的的。因此，绝不能将其范围扩大，认为所

---

① 在"宏信化工公司诉干燥设备厂"案中，法院即采取了此种解释方案，其在判决中认为："虽然干燥机的行业标准中未有需安装静电导除和接地装置的明确要求，但产品质量法规定，生产者对其产品应承担防止发生诸如爆炸等危及人身、财产安全重大事故的不合理危险。……干燥设备厂提出的行业标准未作规定的理由不能对抗法律规定。"参见王炎，王卫华，吴剑平. 行业标准能否成为免责事由. 中国质量监督，2005 (5).

有种类的规制性规范都确定了最低的行为标准。此外，违反规制性规范的原因多种多样，即使是客观违反了作为最低行为标准的规制性规范也无法终局地认定违反人具有侵权法意义上的过错。例如，各种诊疗规范是医疗专家集体制定的，针对多数共同临床医疗行为的，因而具有一般性、普遍性的特征；但医疗行为具有个体性、特殊性，需要医生的个案判断，如果将诊疗规范作为判断医疗过失的绝对标准，会使得对患者的诊疗活动"教条化"，使得医方无须根据具体病情进行审慎判断，而例行公事式地予以敷衍，以逃避法律的审查。因此，不得仅以是否符合法律、行政法规、规章以及其他有关诊疗规范为准，全然肯定或否定过错。① 一句话概括，遵守规制性规范不能认定其一定无过错，违反规制性规范也不能认为其一定有过错。

究其根本，这还是因为规制性规范和侵权法的目标存在区分，导致规制性规范和侵权法的评价标准可能会不一致，公法下的行为的可接受性与私法下的行为的可接受性必须正确、严格地区分开，规制性规范在引入私法中时，必须进行一定的筛选和甄别。私法上的行为标准应当具有独立性，侵权法本身必须在考虑个案事实情形的前提下完成过错的判定。② 如前所述，法官在此具有独立评价的空间，即使法官最终认为违反规制性规范构成了过错，这也是法官评价之后的结果，而不是违反规制性规范等同于过错认定。如果认为违反规制性规范就一定构成过错，法官必须受此约束，这无异于排除了法官在此过程中的独立评价空间，扭曲了立法者和司法者之间的合理关系。

既然违反规制性规范并不等同于过错要件的充足，违反规制性规范不能被直接认定为过错，那么，违反规制性规范与过错判定的关系究竟如何呢？下文就详细地讨论这个问题。

三、比较法观察
（一）德国法
1. 保护性规范违反与过错

《德国民法典》第 823 条第 2 款规定了违反保护他人法律（规范）的

---

① 窦海阳. 法院对医务人员过失判断依据之辨析. 现代法学，2015 (2).
② *MünchKomm/Wagner*. §823，Rn. 270.

侵权责任类型。该类型侵权责任的构成要件为，违反保护性规范（以保护个人为目的、人的范围、物的范围）、因果关系、违法性和过错。按照苏永钦教授的总结，违反保护性规范这个事实构成要件大致的判断程序为：

  第一，该强制或禁止规定须以个人法益为主要保护标的或其中之一，且须具有行为规范及"命令性格"。故如交通规则中单纯以维持交通顺畅为目的之规定，如时速下限即不属于此类法律。

  第二，被害人必须属于该法所要保护的"人"的范围。故如交通规则中以行人为保护对象的规定，如斑马线，机动车驾驶人即不在此保护之列。

  第三，被侵害法益应当属于该法所要保护的"物"的范围。故如交通规则中以提高其他用路人安全为保护目的的规定，比如夜间行车点灯，其违反对于被毁损的路边摊架则不构成此类侵权。①

上文已经对这些条件进行了详细论述，故在这里不再赘述。但与本章研究主题相关的是，违反保护性规范这个事实构成之充足与过错判定之间是何种关系。在此之前，首先要明确的是，第823条第2款后句规定："依照法律的内容，无过错也可能违反法律的，仅在有过错的情况下，才发生赔偿义务"，就此而言，第823条第2款所规定的侵权类型仍属于过错侵权，如果无过错也可能构成保护性规范的违反，第823条第2款仍然根据民法的标准要求过错的存在，也即民法上的赔偿义务仍应当以过错为必要；同时，如果违反保护性规范的主观要件具有特别的法律限制，例如，需行为人主观上具有重大过失或故意，行为人如非出于故意或重大过失，也不能根据第823条第2款承担侵权责任。②

（1）保护性规范违反与举证责任减轻

从第823条第2款的文义来看，违反保护性规范这个事实构成并不具有推定过错的效力。但是，德国通说认为，在客观要件上违反了保护性规范的情况即指示出（indiziert）加害人的过错，可以使得受害人的举证责任得以减轻（Beweiserleichterung），加害人通常应当举证证明足以排除

---

  ① 苏永钦. 再论一般侵权行为的类型：309页以下.
  ② Staudinger/Hager. §823, G37; Pollack. *Schutzgesetzverletzung und "negligence per se"*, S. 74f.；福克斯. 侵权行为法：154；梅迪库斯. 德国债法分论：679.

其过错的情况。① 德国判例也一般采纳此观点。② 但需要注意的是，上述规则只有在以下情形中才能适用：保护性规范对满足其要件所要求的行为进行了具体化的描述，以至于满足客观要件时即可得出主观过错的结论，但如果保护性规范仅限于对某种损害后果的禁止时，则满足该条文的事实要件并不指示出过错。③ 但也有学者认为，举证责任的减轻太过笼统，因此反对此种效果。④

但需要强调的是，受害人举证责任减轻的依据到底是表见证明（Anscheinsbeweis）还是真正的举证责任倒置（Beweislastumkehr），这在德国法理论中并不明确。通说认为是基于表见证明。⑤ 这两者是有些不同的。表见证明并非一种特殊的证据手段，而是在自由证明评价的框架内形成确信时合乎逻辑地使用生活经验法则，借助一般生活经验填补信息漏洞

---

① *MünchKomm/Wagner*. §823，Rn. 355；*Staudinger/Hager*. §823，G39；Larenz/Canaris. *Lehrbuch des Schuldrechts*，BT，Bd. Ⅱ，S. 446；Fikentscher. *Schuldrecht*，Rn. 1273；Deutsch/Ahrens. *Deliktsrecht*，Rn. 229；Esser/Weyers. *Schuldrecht*，BT，Teilband 2，S. 199f.；Spickhoff. *Gesetzverstoß und Haftung*，S. 59，311；Pollack. *Schutzgesetzverletzung und "negligence per se"*，S. 75f.；Honsell. *Der Verstß gegen Schutzgesetz im Sinne des §823 Abs. 2 BGB*，JA，1983，S. 102；Markesinis/Unberath. *The German Law of Torts*，p. 886；Magnus/Bitttrich. *Tort and Regulatory Law in Germany*，in：Boom，Lukas and Kissling ed.，*Tort and Regulatory Law*，p. 120.；福克斯. 侵权行为法：155.

② BGHZ 116，104，105；BGH NJW 1985，1774，1775；BGH VersR 1984，270，271；BGH VersR 1969，181，182.

③ BGHZ 116，104，114f.；*Staudinger/Hager*. §823，G40；Larenz/Canaris. *Lehrbuch des Schuldrechts*，BT，Bd. Ⅱ，S. 446；Pollack. *Schutzgesetzverletzung und "negligence per se"*，S. 76；福克斯. 侵权行为法：155；巴尔. 欧洲比较侵权行为法. 上卷：46. 在德国联邦普通法院中的上述判决中，否认了《食品及日用品法》第8条的指示功能，因为该条规定了有害健康的食品的生产和流通，但却没有规定具体的行为方式。

④ Spickhoff. *Gesetzverstoß und Haftung*，S. 308f.；Honsell. *Der Verstß gegen Schutzgesetz im Sinne des §823 Abs. 2 BGB*，JA，1983，S. 108f.

⑤ *MünchKomm/Wagner*. §823，Rn. 355；*Staudinger/Hager*. §823，G40；Spickhoff. *Gesetzverstoß und Haftung*，S. 308；Pollack. *Schutzgesetzverletzung und "negligence per se"*，S. 75f.；颜佑紘. 民法第一百八十四条第二项侵权责任之研究. 台北：台湾大学，2009：37 页注 62.

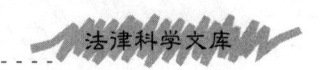

从而与证明简化相联系。① 其程序大概是，如果根据一般生活经验可以推断出事件发生的经过和加害人的过错时，法官就从这一点出发让加害人证明此种推断是错误的。从后果上而言，有些人认为表见证明具有举证责任倒置的后果，"但是，只有在最终事实不明时才能使用证明责任规则，而表见证明恰恰是要阻止出现事实不明的情况，因为经验法则让法官对不能直接证明的事实形成完全确信"②。同时，举证责任倒置往往需要法律的明确规定，而表见证明仅仅是法官对证据进行自由评价的运用方式之一，不需要法律的明确规定。因此，虽然表见证明和真正的举证责任倒置在结果上都会使得受害人的举证责任减轻，但表见证明并非真正的举证责任倒置，而仅仅是使得当事人之间的举证责任转移成为可能。

（2）反证之范围

除此之外，此侵权类型中的过错也存在特殊之处。如前文所述，《德国民法典》"第一草案"规定："如果某人因故意或过失通过作为或不作为而做出不法行为（widerrechtliche Handlungen）致他人损害，且其已预见或应当会预见此损害的产生"，则其就应当承担侵权责任。依此逻辑，行为人必须对损害的发生具有过失才承担侵权责任，因此，如果行为人虽然违反了法律规定，但却不能预见到损害的发生，则行为人就不承担责任。但"第二草案"改变了规定，即如果某人因故意或过失不法侵犯他人的权利，或者违反旨在保护他人的法律，则他有义务赔偿该他人由此而遭致的损害，此时明确了违反保护性规范不需要对损害的发生有所预见，行为人对违反保护性规范有过失而对损害发生无过失，仍应承担侵权责任。因此当前德国通说认为，仅要求过失涉及对保护性规范的违反，而不需涉及对具体法益的侵害，行为人只能通过举证证明其就违反保护性规范无过失而免责，不能通过举证证明其就侵害他人权益造成损害无过失而免责，这被称为"过错关联的缩短"（Verkürzung des Verschuldensbezug）③。但也存在不同

---

① 罗森贝克等. 德国民事诉讼法. 李大雪译. 北京：中国法制出版社，2007：838.

② 罗森贝克等. 德国民事诉讼法：842.

③ Larenz/Canaris. *Lehrbuch des Schuldrechts*，BT，Bd. II，S. 445；Fikentscher. *Schuldrecht*，Rn. 1273；Deutsch/Ahrens. *Deliktsrecht*，Rn. 229；Esser/Weyers. *Schuldrecht*，BT，Teilband 2，S. 199.；Karollus. *Funktion und Dogmatik der Haftung aus Schutzgesetzverletzung*，S. 93；Pollack. *Schutzgesetzverletzung und "negligence per se"*，S. 75；梅迪库斯. 德国债法分论：675；巴尔. 欧洲比较侵权行为法. 上卷：46.

观点，认为仍应采取固有意义的侵权责任过错，过错亦应涉及对法益的侵害。① 但德国帝国法院和联邦法院的一系列判决都支持通说观点。②

试举德国联邦法院的判决说明。③ 被告违反道路交通法之规定，在一交叉路口超车，轧死一机车骑士。被告主张车祸之发生，系由于死者突然右转，实难预见。德国联邦最高法院认为此项主张纵属真实，被告亦应负损害赔偿责任。

> 因违反保护他人之法律侵害他人者（德国民法第823条第2项），其所要求之行为人故意或过失之要件，与德国民法823条第1项不同。德国民法第823条第2项侵权行为之构成要件，系违反保护他人之法律，因此行为人之故意过失系针对违反本身而言，至于行为人对其行为之结果、例如权利或法益之侵害是否预见或于尽适当注意时可得预见，在所不问。唯若此项侵害系属于保护他人法律之构成要件者，如德国刑法第223条所规定之伤害身体，则不在此限。假若身体伤害系由于因过失违反应视为保护他人法律之道路交通法所肇致，则于肯定德国民法第823条第2项之过失时，关于损害发生得否预见，无须考虑。此为帝国法院以来见解，尚无改变之必要。

因此，在德国通说所认为的过错关联缩短情形下，加害人只需对违反保护性规范具有过失即应负责，对于权益之侵害是否具有过失在所不问，故加害人只能举证对于保护他人法律之违反并无过失而免责，如果对于保护他人法律之违反具有过失，即不得就权益之侵害，举证其无过失而免责。换言之，加害人反证的范围仅包括其就违反保护性规范无过失。

2. 非保护性规范违反与过错

如果规制性规范不能构成保护性规范，或者虽属保护性规范但案件特定情形已处于该规范保护范围之外，则违反该等规制性规范仍可能会根据第823条第1款承担侵权责任。但违反该等规范与第823条第1款中之过错的证明是何种关系，学者往往对此不进行详细论述。其原因大概是，第

---

① Fikentscher. *Schuldrecht*, Rn. 1273.

② RGZ 66, 251, 255；RGZ 91, 72, 76；BGHZ 103 197, 200；BGH VersR 1987, 1014, 1015f.

③ 以下引文皆出自王泽鉴. 违反保护他人法律之侵权责任：198页以下.

823 条第 2 款较之第 1 款，是一个特殊规范，在不符合特殊规范的事实构成情形中，无疑应当适用一般规范（第 1 款），因此，通过法律适用一般方法就可以明显地得出结论，即违反非保护性规范一般并不能通过表见证明推定过错的存在，而仍应对此进行积极的证明。

（二）我国台湾地区的规定

1. 保护性规范违反与过错推定

我国台湾地区"民法"第 184 条第 2 项规定："违反保护他人之法律，致生损害于他人者，负赔偿责任。但能证明其行为无过失者，不在此限。"本条虽未如《德国民法典》第 823 条第 2 款后半句那样规定"依照法律的内容，无过错也可能违反法律的，仅在有过错的情况下，才发生赔偿义务"，但台湾地区的通说也是如此认为，其原因也是在于违反保护性规范的侵权责任仍然属于过错责任，而非无过错责任；同时，与德国通说相同，如果保护他人法律对主观要件具有特别限制，例如，需行为人主观上具有重大过失或故意，行为人如非出于故意或重大过失，也不能根据第 184 条第 2 项承担侵权责任。①

（1）保护性规范违反与过错推定

第 184 条第 2 项的修订理由谓："凡违反保护他人之法律，致生损害于他人者，即应负赔偿责任。惟为避免对行为人课以过重之责任，仍维持原规定之精神，如行为人虽违反保护他人之法律而能证明其行为无过失者，不负赔偿责任，爰设但书规定。"结合第 184 条第 2 项后句规定，可以确认保护性规范之违反导致推定过错，唯此规定可以被行为人以反证推翻。我国台湾地区通说也如此认为。②

但是，此规定也有许多学者从立法论的角度予以批评。有学者认为，以概括条文形式分配举证责任，在法律理论上难以解释，为何违反保护性

---

① 史尚宽. 债法总论. 北京：中国政法大学出版社，2000：122；王泽鉴. 侵权行为. 北京：北京大学出版社，2009：287；黄立. 民法债编总论：287；颜佑纮. 民法第一百八十四条第二项侵权责任之研究. 台北：台湾大学，2009：36；王泽鉴. 违反保护他人法律之侵权责任//民法学说与判例研究. 第 2 册. 北京：中国政法大学出版社，1998：199；朱柏松. 论不法侵害他人债权之效力（上），法学丛刊，第 145 期：64；杨佳元. 论保护他人法律之侵权责任. 月旦法学杂志，第 58 期：118.

② 王泽鉴. 侵权行为法：287；史尚宽. 债法总论：122；黄立. 民法债编总论：287.

规范之侵权责任的举证责任，应与侵害权利或背于善良风俗之侵权责任的举证责任有所不同，因此为符合整体侵权责任举证责任的规范体系，应对此进行限缩解释，即当违反保护性规范符合现行法律理论及习惯法所承认之举证责任转换的情形时，此规定才应当予以适用。① 也有学者认为，侵害权利和利益，原则上应适用过错责任，在一般侵权行为中采取如此广泛无边之过错推定者，实为少之又少，在保护性规范几至到处可见之情形下，台湾地区侵权行为法几乎全面过错推定化（实质之无过错责任）。② 苏永钦教授认为，推定过错的合理性最多只及于违法本身，逾此就没有推定过失的合理性，侵害权利的行为依情节有可能全部涉及违法，也有可能只是部分触及，因此若把第一项狭义侵权行为的过失一律倒转举证责任，对行为人显然过苛。③ 他还进一步认为，此推定之规定可能过于僵硬，不若委由法院通过判决在诉讼法中逐渐形成类型来解释。④ 简资修教授更从经济分析的角度论证过失推定的不合理。在他看来，事前管制的标准与事后赔偿的关系是，事前管制的标准愈是精密或者事后赔偿标准的认定成本愈高，则事前管制标准愈有可能成为事后赔偿标准，但是否绝大多数的事前管制标准的密度够密，足以相应于该过失规定的法律效果呢？从信息取得和公共选择的观点来看，事前管制标准能有如此高的密度，是很值得怀疑的，法院将过失推定作为万灵仙丹，不但造成了法院与法律外部环境的隔绝，也造成了法院以之为规避其应实质认定过失的责任，破坏了整体侵权行为法的结构，故由法院斟酌个案裁量应是较适当的方法。⑤

（2）反证之范围

对于德国通说所主张的保护性规范具有过错关联缩短之功能，史尚宽先生表示赞同："是以此时对于所保护利益之故意过失，应不在其违反之结果，而在其法益之外衣之保护规定。前例，行为人如就违反法律规定之

---

① 刘昭辰. 侵权行为法体系上的"保护他人之法律". 月旦法学杂志，第146期：239页以下.

② 邱聪智. 新订民法债编通则（上）：115, 118.

③ 苏永钦. 再论一般侵权行为的类型：326.

④ 苏永钦. 侵害占有的侵权责任//私法自治中的经济理性. 北京：中国人民大学出版社，2004：74.

⑤ 简资修. 违反保护他人法律之过失推定//经济推理与法律. 北京：北京大学出版社，2006：110页以下，126.

汽车疾驶或使妇女劳动，有故意或过失，为已足。其破坏店铺或流产之结果，只须与行为与相关因果关系。至其损害范围，更无预见之必要矣。"①王泽鉴教授则持反对意见，他认为，加害人之过失非仅系对法律之违反而言，原则上尚应兼及侵害行为及结果损害（固有意义侵权行为过失），因此须就受害人对权益之侵害及损害之发生，按其情节预见其发生时，始具有过失可言。②

但是史尚宽先生又认为，保护性规范违反导致的过失推定，"不独就法律规定之违反，推定行为人为有过失，即于其所保护利益之侵害，亦推定其有过失。故原告只需举证被告有违反法律规定之事实，被告如不能证明其对于法规之违反无过失，而且对于所保护利益之侵害亦无过失，即应负过失之责"③。在此，他似乎又认为加害人可以举反证证明其就权益侵害无过失而不负侵权责任，似乎与他支持过错关联缩短的论述前后矛盾。如按照王泽鉴教授的观点，加害人的过错采固有意义上的过错，则加害人亦可通过反证证明其就权益侵害无过错而不负责任，因此，加害人反证的范围包括其违反保护性规范无过错，以及其虽然违反保护性规范有过失但就法益侵害无过失。④ 有学者认为，如加害人仅能反证证明违反保护性规范之无过错而免责，而不能就法益侵害反证证明其无过错而免责，因很难就违反法律之推定过错而举证免责，实质上就会使得该类型侵权责任接近于无过错责任。⑤

---

① 史尚宽. 债法总论：119；同样观点参见马维麟. 民法债编注释书（一）. 台北：五南图书出版公司，1997：283；杨佳元. 论违反保护他人法律之侵权责任. 月旦法学杂志，第58期.

② 王泽鉴. 违反保护他人法律之侵权责任//民法学说与判例研究. 第2册. 北京：中国政法大学出版社，1998：199；另请参见王泽鉴. 侵权行为：288.

③ 史尚宽. 债法总论：122.

④ 参见陈聪富. 论违反保护他人法律之侵权行为//侵权归责原则与损害赔偿. 北京：北京大学出版社，2005：74.

⑤ 陈聪富教授经过对我国台湾地区判例的研究之后认为，在台湾地区事务上，违反保护他人之法律，对于违反法律之推定过失，尚无举证免责之例，违反保护他人法律之规定，几乎为无过失责任，而非仅为过失推定而已。参见陈聪富. 论违反保护他人法律之侵权行为：80；另请参见陈忠五. 论契约责任与侵权责任的保护对象. 台湾大学法律论丛，第36卷第3期：186；契约责任与侵权责任的保护对象：156.

2. 非保护性规范违反与过错

如果规制性规范不能构成保护性规范，或者虽属保护性规范但案件特定情形已处于该规范保护范围之外，则违反该等规制性规范仍可能会根据第 184 条第 1 项前半句承担侵权责任。但违反该等法律与第 184 条第 1 项前半句中之过错的证明是何种关系，我国台湾地区学者如同德国学者一样并不进行太多论述，其原因和结论似乎也与德国的相同。

(三) 美国《侵权法重述》中的相关规定

1. 概说

与德国"违反保护性规范"的侵权行为类型具有功能类似性的是美国法上的"当然过失"(Negligence per se)。上文已经提及，"当然过失"起源于英国法中的"违反制定法义务之诉"(Breach of Statutory Duty)。英国法明确区分"违反制定法义务之诉"(Breach of Statutory Duty) 与"过失侵权之诉"(Negligence)。按照 Markesinis 的分析，"违反制定法义务之诉"从过失侵权法中分离出来的主要目的是避免当时普通法在雇主责任上对雇工的过苛，因为在当时，对于雇工依据普通法对雇主提出的人身损害赔偿请求，雇主很容易根据"受害人同意"(consent)、"与有过失"(contributory negligence) 等事由而免责，而违反制定法义务之诉是突破这些免责事由的途径之一。[①]

而在美国法之中，避免雇主责任通过上述免责事由逃避对雇工的责任的方式是限制雇主可以提出的上述免责事由的适用范围，独立的"违反制定法义务"的主要功能在美国法之中并不存在，故美国法的整体观点是将违反制定法义务的问题并入一般的过失侵权法之中。[②] 这样，在美国法中长期所争论的问题就是，违反制定法在因过失而产生的责任中具有何种效力。[③]

---

① Markesinis and Deakin. *Tort Law*，4th ed.，New York：Oxford University Press，1999，p.340；关于该原因的具体分析以及两种诉讼之间的相同和不同，请参见王文胜. 违反成文法义务在我国侵权法中的地位及具体规则之构建. 北京：清华大学，2009：29.

② 需要注意的是，美国法将违反制定法义务问题作为考虑过失的影响因素，但故意侵权并不包含在内，因此，在考虑美国法的相关问题时，本书所选择的术语是"过失"而非"过错"。

③ Pollack. *Schutzgesetzverletzung und "negligence per se"*，S.95.

在此存在三种理论。第一种理论是"当然过失"（negligence per se）理论，该理论首先由 Thayer 教授进行了系统整理。① 根据此理论，违反制定法就明确地、终局性地确定了行为人的过失。Prosser 教授对此理论论述道："只要某制定法被认为可被采纳……那么，如果对该制定法的违反不可被原宥，则违反该制定法这个事实的存在就说明行为人存在过失，这一结论是不可被反证推翻的，且法庭必须对陪审团作出这样的指示。"② 此理论的理论基础在于，立法机关一旦正式确定某种风险必须通过采取规定的预防措施而被避免，那么行为人一旦违反该制定法且并没有可以被原谅的理由，他就必须被司法机关认为低于理性人所应当具有的注意义务，从而被认为具有过失。③ 适用当然过失理论的前提是，该制定法可以被采纳，且违反制定法不可被原宥。一些案例对这种理论表示了赞同。④

第二种理论是"过失证据"理论。该理论认为，违反制定法仅仅是证明行为人存在过失的可能证明手段之一，即使被告没证明其违反成文法义务存在特定的免责事由，陪审团也可以认定行为人的行为是合理的，因此不存在过失。⑤

第三种理论是"过失推定"（presumption of negliegence）或"表面过失"（prima facie negligence）理论。这一理论是上述两种理论之间的折中，该理论认为，如果行为人违反制定法所规定的义务，则就应推定行为人存在过失；但该推定可因被告提供充分的理由而被推翻。⑥ 该理论所采

---

① 参见上文论述。

② Prosser. *Handbook of the Law of Torts*, 4th ed., Minnesota: West Publishing Co., 1971, p. 200.

③ Fleming. *Torts*, 6. ed., Sidney: The Law Book Company Limited, 1983, p. 126.

④ Rong Yao Zhou v. Jennifer Mall Restaurant, Inc., 534 A. 2d 1268 (D. C. 1987); Jones v. Blair, 387 N. W. 2d 349 (Iowa 1986); Lowe v. Gen. Motos Corp., 624 F. 2d 1373, 1380–81 (5th. Cir. 1980); Lukaszewicz v. Ortho Pharm. Corp., 510 F. Supp. 961 (E. D. Wis. 1981).

⑤ 采纳此种理论的案例如 Orduna v. Total Const. Services, Inc., 713 N. W. 2d 471, 479 (Neb. 2006); Bussel v. Missouri Pacific R. R., 237 Ark. 812, 376 S. W. 2d 545 (1964); Ridley v. Safety Kleen Corp., 693 So. 2d 934 (Fla. 1996); Galloway v. State, 654 So. 2d 1345 (La. 1995).

⑥ Prosser. *Handbook of the Law of Torts*, 4th. ed, p. 201.

纳的前提也是，制定法可以被采纳，且不存在可被原宥的事由。一些案例采纳了此种理论。①

2.《侵权法重述》（第一次）中的规定和发展

《侵权法重述》（第一次）采纳了 Thayer 教授所倡导的当然过失理论，相关规定为：

第286条　导致民事责任的违反

因违反不应为的作为或者违反应为的不作为，从而违反立法机关所制定的法律，此违反行为使得行为人承担侵犯他人利益的责任，如果：

……

（3）此法律的全部或一部分意图是保护个人利益；并且

（4）被侵犯的利益是法律所旨在保护的利益；并且

（5）如法律旨在保护利益免受特定的灾祸，利益受侵害是此种灾祸所导致的；并且

（6）违反是侵犯的法律原因，且他人并未做出使他丧失提起该诉讼的行为。

第288条　不产生民事责任的违反

通过做出禁止行为或者未做所要求的行为而违反立法机关所制定的法律，并不会使得行为人对由此而产生的对他人利益的侵犯承担责任，如果该法律排他性地专门为了：

（1）保护州或者市政当局的利益；或者

（2）保护个人仅仅作为公众之一员方能享受的权利或免责特权；或者

（3）使得行为人履行州或市政当局应向公众提供的服务，除非行为人负有合同义务履行州或市政当局有法定义务所提供的服务。

---

① 例如，Waugh v. Traxler，186 W. Va. 355，412 S. E. 2d 756（1991）；Kalata v. Anheuser-Busch Companies, Inc.，144 Ill. 2d 425，581 N. E. 2d 656，163 Ill. Dec. 502（1991）；《加利福尼亚州证据法典》（CAL. EVID. CODE）第669条明确规定特定违反制定法的行为产生一种对过失的推定，该推定可以通过证明来予以反驳。

可以看出,《侵权法重述》(第一次)采纳了当然过失理论,在第 286 条规定了制定法被采纳的条件,简单来说,就是制定法具有保护个人的目的,且违反行为方式和侵犯客体应属于制定法的保护范围。第 288 条则从反面规定了制定法不能被采纳的条件,即这些制定法"排他性地"不以保护个人为目的。但是,《侵权法重述》(第一次)并未规定不能被采纳的制定法在过失判定中的作用,且并未明确规定行为人的可被原宥的事由(免责事由),而仅仅在一个注释中考虑了"可被原宥之违反"的可能性。①

但是,制定法义务并未考虑案件的具体情形而绝对适用,这导致当然过失的具体适用被认为非常严苛和呆板,因而在一些案例中很早就出现了免责事由的可能性,这导致 Prosser 教授认为:

> 常常得到承认的是,制定法的违反是合理的且可被原宥的。虽然这些案例常常提到制定法本身所设定的目的以及"隐含的例外",但它们毋宁是指明,在立法机关的清晰观点不存在的情形下,对确定合理行为的民事标准是否总是服从于刑法之时,法院保有最终的决定权。②

而在实践之中,免责事由逐渐被接受。通过这一点,法院逐渐能够进行自主的衡量,这进一步显示出了司法者和立法者之间关系的变化③,以致法官声称:"尽管我们遵守以下规则,即违反制定法是当然过失,但我们不能湮灭我们的深厚传统,即过失是侵权责任的基础。"④ 在一般过失之诉中,违反制定法被当作过失的证明手段之一,免责事由通常就不会被提出,因为这些免责事由在确定适当的行为标准时已经被考虑到,Dobbs 就此认为:"如果适用过失证据理论,不会产生有关是否可被原宥或制定法旨在防止何种损害的争议。"⑤ 但在当然过失之中,免责事由的重要性逐渐被

---

① *Restatement of the Law*, First, Torts, Vol. 2, The American Law Institute, 1964, § 286, Comm. c.

② Prosser. *Handbook of the Law of Torts*, Minnesota: West Publishing Co., 1941, p. 272.

③ 参见本书第二章的详细论述。

④ Barum v. Williams, 264 Ore. 71, 74, 504 P. 2d. 122, 124.

⑤ Dobbs. *The Law of Torts*, Minnesota, West Publishing Co., 2000, p. 317.

考虑到。① 这导致《侵权法重述》(第二次)的规定发生了重大变化。

3.《侵权法重述》(第二次)中的规定和总结

《侵权法重述》(第二次)关于当然过失的相关规定如下。

第286条　法院何时采纳立法机关的法律或行政机关的规范中规定的行为标准

当立法机关的法律或行政机关的规范是为了下列全部或一部分目的的，法院可以采纳为某一案件的理性人的行为标准：

(1) 保护某一群体的人，该群体包含了利益被侵犯的人在内；并且

(2) 保护已被侵犯的特种利益；并且

(3) 保护利益免受已遭致的特种侵害；并且

(4) 保护利益免受特定伤害所由发生的特种灾祸。

第288条　法院何时不得采纳立法机关的法律或行政机关的规范中规定的行为标准

立法机关的法律或行政机关的规范是排他性地专门为了实现下列目的的，法院不得采纳作为某一案件的理性人的行为标准：

(1) 保护州或者所属行政机关的利益；或者

(2) 保护个人仅仅作为公众之一员方能享受的权利或免责特权；或者

(3) 使得行为人履行州或所属下级机构应向公众提供的服务；或者

(4) 保护某一群体的人，但利益被侵犯的人并非属于该群体；或者

(5) 保护受侵犯利益以外的其他利益；或者

(6) 保护该案件伤害以外的其他伤害；或者

(7) 防止造成该案件伤害之灾祸以外的其他灾祸。

第288A条　可被原宥的违反

(1) 违反立法机关的法律或者行政机关的规范具有可免责事由时，其行为无过失。

(2) 除非法律或行政规范被解释为不允许此种免责，否则在下列

---

① 关于免责事由在当然过失中逐步被考虑之历史发展的详细整理，参见 Pollack. *Schutzgesetzverletzung und "negligence per se"*, S. 103ff. 。

情形中违反是可被原宥的：

(a) 因行为人无能力，其违反是合理的；

(b) 行为人既不知道也不应当知道其应遵守的场合；

(c) 行为人虽经合理的勤勉与注意，仍无法遵守；

(d) 行为人面临非因其本人的不当行为所致的紧急情况

(e) 遵守将会对行为人或他人造成更大的伤害危险。

第288B条　违反的效力

（3）立法机关的法律或行政机关的规范被法院采纳为理性人的行为标准，如果没有可免责的理由而被违反时，视为有过失。

（4）立法机关的法律或行政机关的规范没有被法院采纳为理性人的行为标准，在没有可免责的理由而被违反时，属于行为是否有过失争执的相关证据。

对于以上规定，我们可以简单梳理如下。

（1）在一定条件之下，违反制定法义务就构成了当然过失，但当然过失之适用具有两个前提：第一是被违反的制定法可被采纳为行为标准；第二是不具有免责事由。

（2）根据第286、288条的明文规定，被违反的制定法可被采纳为行为标准的条件可被总结为：1）被违反的制定法是以保护个人为目的，专门旨在保护公益的不属之；2）被侵害的人、被侵害的利益以及侵害方式都属于该制定法的保护范围。

（3）当然过失可因免责事由而被推翻。根据第288A条的明文规定，除大陆法系通常所采纳的行为人责任能力和紧急避险作为免责事由之外①，加害人还可以反证证明其违反保护性规范之无过失而免责，也可就法益侵害提出反证证明其无过失而免责。

（4）就此，当然过失与推定过失似乎在适用结果上完全相同。② Dobbs也认为，推定过失和当然过失本质上并无区别，"因为当然过失也承认某些特定的可被原宥的情形，某些法院将这个规则称为过失推定规则或表面过失规则，以强调关于过失的认定在某些情形下可以被推翻。这些

---

① 因为这两个事由在大陆法系之中并非该侵权类型特有的免责事由，故在本书中不予论述。

② Prosser. *Handbook of the Law of Torts*, 4th ed., p. 201.

法院中，有的明确地拒绝当然过失这样的概念，但是它们实质上适用的是同样的规则。虽然说，用过失推定或表面过失这样的概念描述的规则，与当然过失规则相比，可能有微小的变化，但是，不管怎么样，它们之间的区别是很细微的"①。

（5）根据第288B条的明文规定，可以总结认为，如果某法律非属旨在保护他人的法律，或者虽属旨在保护他人的法律，但特定案件情形已处于该法律保护范围之外，则违反该法律仅能作为过失的证据，即过失的证明手段之一。②

（四）比较结论

首先需要说明的是，德国、美国及我国台湾地区的侵权法的整体框架体系并不相同，因而，在德国和我国台湾地区，违反保护性规范所发挥的功能更为多样和重要，其中最主要的功能是扩大法益保护的范围，而在美国法中，违反保护性规范的功能仅仅是推定过失存在的一种方式。但是，即使在德国和台湾地区，只要证明违反保护性规范的存在，在扩大侵权法保护法益范围的同时，也同时可减轻过错的证明责任，后一功能与美国法并无太大区别而产生了重叠。如果采取比较法的"功能主义"进路，那么这种功能上的相似性和重叠就使得比较具有了可能性和正当性。

在此前提下，可以得出以下比较结论。

1. 确定违反规制性规范与过错之关系时，应区分被违反的规范是保护性规范（旨在保护个人的规范）还是非保护性规范。

---

① Dobbs. *The Law of Torts*, p. 316.
② 美国《侵权法重述》（第三次）（1999年4月5日讨论稿）第12条（作为当然过失的制定法违反）规定了当然过失："如果行为人违反了旨在保护受害人免受行为人行为所致的这一类型事故的制定法，且受害人属于制定法所要保护之人群的范围之内，并且该违反不可被原宥，那么行为人就具有过失。"第13条规定了"可被原宥的违反"，与《侵权法重述》（第二次）中的相关规定在基本思想上区别不大。同时，删除了《侵权法重述》（第二次）中的制定法不可被采纳的条件这种反面规定（第288条），但最为重要的是，删除了制定法未被采纳情形中可作为过失认定的证据这一规定，即《侵权法重述》（第二次）第288C条规定，其原因尚不可知，或者是改变之前规则，但更有可能的是认为原第288C条规定仅仅是阐明性的规定，删除也不会产生大的问题。由于《侵权法重述》（第三次）仍处于讨论阶段，目前尚无正式的说明出版，所以本书对此只能揣测，而无法对此作出更为详尽的论述。

2. 如果所违反的是保护性规范，且案件情形处在保护范围之内，在判定过错时，原则上应减轻受害人的举证责任。但减轻举证责任的方式不同，德国虽有争议，但通说认为是基于表见证明，而我国台湾地区的规定和美国《侵权法重述》（第二次）是基于明确规定的推定。

3. 在减轻受害人举证责任时，都可允许加害人反证证明其过错不存在。① 但可反证的范围不同。德国因为承认保护性规范具有缩短过错关联的作用，仅承认加害人可反证证明其就违反保护性规范无过错而免责。但在我国台湾地区及美国《侵权法重述》（第二次）之中，加害人既可反证证明其违反保护性规范之无过错而免责，也可就法益侵害提出反证证明其无过错而免责。

4. 如果某法律非属旨在保护他人的法律，或者虽属旨在保护他人的法律，但特定案件情形已处于该法律保护范围之外，则根据美国《侵权法重述》（第二次）中的规定，违反该法律仅能作为过错的证据，即过错的证明手段之一。德国和我国台湾地区学者虽然未作出过多论述，但最为可能的解释也应是如此。

四、违反规制性规范与过错判断的理论说明及适用

（一）违反保护性规范在过错判断中的作用

1. 保护性规范和非保护性规范之区分

通过上文的比较，可以看出，无论在德国、我国台湾地区还是在美国《侵权法重述》（第二次）之中，在确定违反规制性规范与过错之关系时，都区分了所违反的法律是保护性规范（旨在保护个人的法律）还是非保护

---

① "一些国别报告似乎指出，在违反规制性法律规范的情形中，被调查的法律体系不可推翻地推定过错的存在。……但是，这种观念在欧洲无论如何似乎是例外。总体而言，即使证实存在对规制性法律的违反，过错的存在仍必须被证明。当然，不同的国家确实推定行为人在这种情形中具有过错。" See Lukas. *The Function of Regulatory Law in the Context of Tort law-Conclusions*, in: van Boom/Lukas/ Kissling ed., *Tort and Regulatory Law*, Springer, Wien/New York, 2007, p. 457.

性规范，而适用不同的关系。① 如果所违反的是保护性规范，且案件情形处在保护范围之内，在判定过错时，原则上应减轻受害人对过失的举证责任。《欧洲侵权法原则》（PETL）第4：101条规定，"任何人故意或过失违反必须的行为标准的，都应承担过错责任"，而第4：102条第（3）款规定"确定必须的行为标准时，必须考虑限制或禁止某些行为的规则"。立法理由中明确认为："人们必须审查限制或禁止规范是否具有保护他人的目的特征，即事实上旨在（唯一性的或选择性）保护受到可能有过错的人所侵害的权利。"②《欧洲示范民法典草案》（DCFR）第6-3：102条规定，未达到制定法所规定的旨在保护受害人免受损害的特定注意义务标准，从而造成法律相关性损害的，即为有过失。其中，需要注意的是，"被违反的制定法上注意规范的目的必须旨在保护受害人免受实际上已经遭受之具有法律相关性的损害。因而，制定法的目的不能仅仅是确保一般的保护或者主要是保护公共利益，或保护受害人免受实际已经发生的损害之外的其他损害"③。

但为何违反保护性规范之时，得减轻受害人对过失的举证责任呢？其理由构成为何？王泽鉴教授认为："法律之推定过失，实为保护被害人之技术运用，旨在保护被害人之利益。盖既有保护他人法律之存在，则行为人有妥为注意之义务，何况行为人是否违反保护法律侵害他人权益，一般言之，多不易证明也。"④ 在此，王泽鉴教授似乎认为，保护性规范既然已经规定了行为义务，而过失也是行为义务的违反，故违反保护性规范所规定的行为义务也就可以推定过失的存在。在承认违法性作为侵权构成的要件之一时，通说亦如此认为，即违反保护性规范即行为违法，因此可以

---

① 欧洲法在该问题上观点的简单整理，请参见欧洲民法典研究组，欧盟现行私法研究组编著. 欧洲私法的原则、定义和示范规则（第五、六、七卷）. 王文胜等译：458-461.

② 欧洲侵权法小组编著. 欧洲侵权法原则：文本与评注. 于敏，谢鸿飞译：124.

③ 欧洲民法典研究组，欧盟现行私法研究组编著. 欧洲私法的原则、定义和示范规则（第五、六、七卷）. 王文胜等译：447页以下.

④ 王泽鉴. 违反保护他人法律之侵权责任//民法学说与判例研究. 第2册. 北京：中国政法大学出版社，1998：198.

进而对过失之举证责任予以减轻。①

如果对上述通说观点稍加阐明,可以认为,保护性规范以保护作为私主体的他人为全部或部分目的,其所规定的行为义务即已明确界定了行为人对他人的行为义务,是行为人对特定人或特定群体的私人而负的义务,且过错往往就是他人违反了其对特定人或特定群体的私人而负的义务,而保护性规范既已公布而众所周知,则行为人违反了该保护性规范就可推定其具有过错。

非保护性规范所确定的义务是行为人为保护公益而应为的行为义务,而非为特定人或特定群体的私人而负的义务,因此是"公共义务"(public duty)而非"私人义务"(private duty)②,在此情形下,作为私人的他人之利益虽可能因行为人违反公共义务而受侵犯,但公共义务与私人义务毕竟有别,因此,违反非保护规范所规定的公共义务不能推定行为人违反了私人义务从而具有过错。如果虽然所违反的法律是保护性规范,但案件情形已处于保护性规范的保护范围之外,则此时所违反的也就同样不可能是"私人义务",故应与违反非保护性规范同等对待。

在此,我们就可以确定,在确定违反规制性规范与过失之关系时,应区分所违反的法律是保护性规范(旨在保护个人的规范)还是非保护性规范,违反保护性规范,且案件情形处在保护性规范的保护范围之内,就可减轻受害人的举证责任,使得加害人需反证推翻就其过失的推定。

有观点认为,在德国法和我国台湾地区法中,违反保护性规范多适用于利益的保护,此时过失的举证责任减轻,而保护绝对权却需要由受害人

---

① *MünchKomm/Wagner*. §823, Rn. 356; *Staudinger/Hager*, §823, G40; Larenz/Canaris. *Lehrbuch des Schuldrechts*, BT, Bd. Ⅱ, S. 446; Deutsch/Ahrens. *Deliktsrecht*, Rn. 121, 229; Spickhoff. *Gesetzverstoß und Haftung*, S. 311; 陈忠五. 论契约责任与侵权责任的保护对象. 台湾大学法律论丛, 第36卷第3期: 232; 颜佑紘. 民法第一百八十四条第二项侵权责任之研究. 台北: 台湾大学, 2009: 46页以下. 这些学者多承认, 违法性和过失在此更加趋近。

② 这两个对立概念, 具体参见 Pollack. *Schutzgesetzverletzung und "negligence per se"*, S. 87f.。

证明过失的存在，在价值判断上有轻重失衡的现象。① 但是，首先，违反保护性规范侵犯绝对权的情形，仍然会导致过失的举证责任减轻；尤其在我国《侵权责任法》框架中更是如此。其次，违反保护性规范导致举证责任减轻本身就需要严格的推导机制，并非完全任意。② 因此，价值判断上并无明显的轻重失衡现象。

这对于侵权法的当代发展极为重要。传统侵权法将过错定位于主观过错，受害人对行为人过错的证明较为困难，而规制性规范通过抽象的行为义务规定，此时，只要行为人没有达到法定的行为义务，即可减轻受害人对行为人存在过错的举证责任，将过错标准提升到客观程度，实际上对具体侵权人设定了一种客观化的责任，这在很大程度上反映了现代社会"规制性"特点。

2. 举证责任减轻之实现机制

上文已经确定，违反保护性规范会导致过失的举证责任减轻，但实现方式却多种多样。在德国法之中，虽存在争议，但通说认为是基于表见证明，而我国台湾地区和美国《侵权法重述》（第二次）是基于明确规定的过错推定。唯本书认为，应依据法官自由证据评价中的表见证明规则而减轻受害人的举证责任。原因无外乎以下两点。

首先，学说认为，过错推定是指行为人因过错侵害他人民事权益，依据法律的规定，推定行为人具有过错，如果行为人不能证明自己没有过错，则他应当承担侵权责任。③ 这一点已被《侵权责任法》第6条第2款所明定："根据法律规定推定当事人有过错，行为人不能证明自己没有过错的，应当承担侵权责任"。由此可以看出，过错推定而导致的举证责任倒置往往要基于法律的明确规定，这是为了避免法官随意倒置举证责任而加重行为人的责任，因此较为严格。④ 但是在我国，目前尚不存在对违反

---

① 简资修. 违反保护他人法律之过失推定//经济推理与法律. 北京：北京大学出版社，2006：110页以下，126；陈忠五. 契约责任与侵权责任的保护对象：156页以下.

② 具体参见下文论述.

③ 王利明，周友军，高圣平. 中国侵权责任法教程：140.

④ 因此，至少在侵权法领域，对于最高人民法院《关于民事诉讼证据的若干规定》第7条的规定应当进行限缩解释，以避免该规定与《侵权责任法》第6条第2款之间的体系冲突。

保护性规范推定过错的明确规定，因而并无适用过错推定的规范基础。

而表见证明仅仅是法官对证据进行自由评价的运用方式之一，是在自由证明评价的框架内形成确信时合乎逻辑地使用生活经验法则，因而并不需要法律的明确规定。它仅仅是使得当事人之间的举证责任转移成为可能，倒置了具体的举证责任，而非通过过错推定实现的真正的证明责任倒置，也并未降低证明标准。① 在我国，表见证明作为一种普遍的证据评价方式似乎已被最高人民法院《关于民事诉讼证据的若干规定》第 9 条所明定："下列事实，当事人无需举证证明：……（三）根据法律规定或者已知事实和日常生活经验法则，能推定出的另一事实。"② 从而，在违反保护性制定法的情形中减轻受害人对过失的举证责任通过表见证明而实现，在我国就具有了规范基础。通过表见证明，证明的初始结构仍然是受害人承担对过失的举证责任，仅仅是因为日常生活经验法则而无须再举证证明，此时举证责任就转移至加害人。

其次，我国台湾地区学者对其"民法"第 184 条第 2 项所规定之过错推定的批评颇有道理。他们认为，在保护性规范数量急剧增长的情形下，过错推定的规定可能过于僵硬，它不但造成了法院与法律外部环境的隔绝，也造成了法院以之为规避其应实质认定过失的责任，破坏了整体侵权行为法的结构。而表见证明因为系属法官自由评价证据的一种方式，故可避免过分的僵硬，虽然法院一般应运用表见证明减轻受害人对加害人过失的举证责任，但在特殊情形下，法官亦有充分的权限拒绝此种举证责任减轻方式，此在表见证明的框架内是得到允许的。③

在此还需要论述的是，苏永钦教授认为，保护性规范因公布而众所周知，推定过失的合理性只能及于违法本身，故违反保护性规范只能推定就违法存在过失，而不能推定就权益侵害存在过失。④ 但是，保护性规范具有特定的保护范围，保护性规范既已公布，则保护性规范所具有的保护范

---

① 周翠. 从事实推定走向表见证明. 现代法学，2014（6）.

② 有学者认为此处包括了法律推定和事实推定，但仍可将"根据已知事实和日常生活经验法则"解释为表见证明，参见周翠. 从事实推定走向表见证明. 现代法学，2014（6）.

③ 但是，无论是表见证明还是过错推定，事实上似乎都具有推定过错存在的法律后果，因此下文仍然以"推定过错"指称因违反保护性法律而推定过错之存在。

④ 苏永钦. 再论一般侵权行为的类型：326.

围亦已为人所知,则在违反保护性规范侵犯保护性规范所保护的权益时,仅推定就违反保护性规范本身存在过失而不能推定就权益侵害存在过失,就很难说具有正当化的理由。因此,违反保护性规范不仅可以使受害人就违反保护性规范之过失的举证责任减轻,而且可以使受害人就权益侵害之过失的举证责任减轻。

3. 可反证的范围

德国通说认为,违反保护性规范具有过错关联缩短的功能,此处的过错仅指行为人对违反保护性规范具有过错,行为人是否对权益侵害具有过错在所不问,故行为人不可通过反证证明其就权益侵害无过错而不承担责任。例如,加害人违反法律规定无照驾驶汽车,虽未违反交通规则且已尽到注意义务,但仍导致他人受伤。按照德国通说观点,加害人虽然对他人权益受损已尽到注意义务,但因有过错地违反了保护性规范,故仍应对受害人承担赔偿责任。

但此种观点似乎颇有可议之处。如果持德国通说观点,因就违反保护性规范导致过失举证责任减轻很难被反证推翻,且不允许通过举证证明对权益侵害无过错而免责,则无异于认为对侵害他人权益造成损害之部分应采取无过错责任。此一结论将与过错责任的归责基础有所矛盾。[1]

或有学者认为,对上述不合理结果可采取因果关系规则而予以合理化,即发挥因果关系的责任限制功能。例如梅迪库斯就认为,采取过错关联缩短所造成的差别

> 并没有初视之下感觉那么严重。这是因为一方面,保护性法规也对在第 823 条第 1 款情形应当遵守的往来上必要注意的程度做出了规定。另一方面,对于在第 823 条第 2 款,也要求存在责任成立的相当因果关系。如果一个具有驾驶执照的优秀驾驶员也不能够阻止具体的侵害,则这种相当因果关系应当是不存在的。[2]

第一个理由不予讨论,因为如果真如此,则不会产生本书所认为的不合理结果。需要讨论的是第二个理由。对此,陈聪富教授的观点值得

---

[1] 同样观点,参见于飞. 权利与利益区分保护的侵权法体系之研究: 160; 方新军. 利益保护的解释论问题. 华东政法大学学报, 2013 (6).

[2] 梅迪库斯. 德国债法分论: 675.

赞同。

因果关系之判定与行为人是否具有过失,在理论上应严予区分。在行为人违反保护他人之法律时,既仅推定具有过失,行为人当得主张其违反法律本身,并无过失;或虽违反法律本身具有故意过失,但对于权益侵害之事实,已善尽注意义务,而无过失,以免除责任。果行为人已能举证推翻过失之成立,即无进一步探讨违反法律与损害发生之间是否具有因果关系之必要。①

还需要论述的是,按照前文论述,如果行为人客观上违反保护性规范,则就推定行为人对违反保护性规范在主观上具有过错,那么行为人如何反证推翻此种推定过错呢?一般认为,法律因为公布而众所周知,因而客观上的违反法律行为推定行为人违反法律具有主观上过错具有合理性。② 这里的关键点是法律推定所有人都了解法律,所以法律通常不允许当事人以"不知法"证明自己没有过错并将之作为抗辩。但是,在现代社会,法律尤其是行政性规定爆炸式的增长,很难要求普通人对所有法律都有充分认识,更谈不上所谓的社会典型公开性或期待可能性问题。既然不知法是一个不可否认的客观事实,但同时,不得以不知法进行抗辩作为一个原则,又需加以维持,因而就两者间之龃龉的调和注定只能是在一定限度内的。③ 美国《合同法重述》(第二次)第178条评论a对此认为,"惟有不知之法律,乃为地域性、专业性或技术性的法律,并且他方当事人对此有所认识时"的不知情才可被原宥。④ 与此相对应,美国《侵权法重述》(第二次)第288A条"可被原宥的违反"第(2)项规定了下列情形中对规范的违反行为可被原宥:(a)因行为人无能力,其违反是合理的;(b)行为人既不知道也不应当知道其应遵守的场合;(c)行为人虽经合理的勤勉与注意,仍无法遵守。

结合起来,在当前所讨论的问题上,也就是行为人可通过举证证明其所违反的保护性规范是地域性、专业性或技术性的法律,且他不知且不应

---

① 陈聪富. 论违反保护他人法律之侵权行为: 81.
② 苏永钦. 再论一般侵权行为的类型: 326.
③ 黄忠. 合同自由与公共政策. 环球法律评论, 2010 (2).
④ 转引自黄忠. 合同自由与公共政策. 环球法律评论, 2010 (2).

当知道时，对行为人的过错推定才可被推翻。可以看出，如果行为人对行为所涉领域有专门的知识，那么其就有可能被推定为对所违反的法律有所认识，一般很难反证推翻对其过错的推定。

这里恰恰涉及前文所述的法律位阶问题，法律位阶这个因素对过错的认定仍然具有影响。具体而言，如果法律位阶较高，则行为人不知且不应当知道的可能性较低，因而更难反证推翻对其过错的推定。但如果法律位阶较低，例如地方性法规、行政规章以及行政规定，往往这些法律具有较强的地域性、专业性或技术性，则行为人不知且不应当知道的可能性较高，因而行为人有可能通过反证推翻对其过错的推定。

（二）违反保护性规范导致过失举证责任减轻的适用条件

1. 保护个人目的

上文已经述及，所谓保护性规范是部分或全部地以保护个人作为目的的法律，关于其概念以及保护目的之界定方法已在上一章中予以阐明，故在这里不再赘述。特别应予以强调的是，机动车号牌管理规定以及关于其他标志识别性的规定并非保护性规范，据此，最高人民法院发布的指导案例19号的裁判要点指出："机动车所有人或者管理人将机动车号牌出借他人套牌使用，或者明知他人套牌使用其机动车号牌不予制止，发生交通事故造成他人损害的，机动车所有人或者管理人应当与套牌机动车所有人或管理人承担连带责任。"但是，这里并未清晰地说明同意套牌人承担连带责任的基础。相反，有法院判决认为应当考量当事人对车辆被"套牌"是否存在过错，以及能否控制、支配"套牌"车且从其运行中获取利益，否则就不应该由被"套牌"车辆的所有人分担损害赔偿责任。①

当然，规制性规范的立法者可能会直接明确规定，规范中的法定标准不能被赋予任何侵权法的影响，例如在美国法中，《职业安全与健康法》（Occupational Safety and Health Acts，OSHA）为产业的安全条件规定了详细的行为准则，但是，其明确规定："本章的任何内容均不得被解释为替代或以任何方式影响任何劳工赔偿法，或以任何其他方式，根据任何

---

① "江桂熹与朱曙光等道路交通事故人身损害赔偿纠纷再审案"，广东省珠海市中级人民法院（2007）珠中法民再字第22号民事判决书，具体的分析请参见张家勇，昝强龙. 交通管制规范在交通事故侵权责任认定中的作用——基于司法案例的实证分析. 法学，2016（6）.

法律，就雇员产生于雇佣或在雇佣期间所引起的伤害、疾病或死亡而扩大或缩小或影响雇主与雇员的普通法或制定法权利、义务或责任。"① 此时，立法者已经明确认为，该安全规则不得影响侵权法，因此，不能因违反该规则的行为推定行为人具有过错。②

还应注意的是，保护性规范必须足够清晰地描述一个行为义务。这一点在此仍应予以适用。上文已经论及，德国学说认为，违反保护性推定过错存在的适用条件是，保护性规范必须对满足其要件所要求的行为进行了具体化的描述，以至于满足客观要件时即可得出主观过错的结论，但如果保护性规范仅限于对某种损害后果的禁止时，则满足该条文的事实要件并不指示出过错。此观点的理论基础即在于，如果保护性规范仅仅是禁止某损害后果，则它并未具体描述行为人的行为义务，违反该等保护性规范即推定过失存在的基础理由就无法得到满足，我们无论如何也不能说，仅产生了该等法律所禁止的损害后果就足以表明行为人存在过错。因此，纯粹倡导性和宣示性规范无法成为保护性规范，仅仅规定应取得特殊的许可证的规制性规范也无法成为保护性规范。美国法中也通常认为，完全抽象的制定法，即有合理性要求或有类似要求但未具体说明所要求的特定行为的制定法，不能被法院采纳作为理性人标准。③《欧洲示范民法典草案》的立法理由中也认为，仅规定一般的采取注意不侵害他人法益的要求的规制性规范被违反，是不能被推定具有过错的，因为这一类型的规范仅至多规定了一般的注意义务，并未提出"特殊的"注意标准。④

朱岩教授对此认为："保护性规范越是抽象，认定侵权责任的难度就越大，因为需要从保护范围、损害类型、因果关系等各个具体角度再做分析；而具体的保护性规范对侵权责任的认定具有直接，往往具有推定的效

---

① 《美国法典注释》第 29 编第 653（b）（4）条。

② Ries v. National Railroad Passenger Corporation, 960 F. 2d 1156（3d. Cir. 1992）; Canape v. Petersen, 897 P. 2d 762（Colo. 1995）; Hernandez v. Martin Chevrolet, Inc., 72 Ohio St. 3d 302, 649 N. E. 2d 1215（1995）. 多布斯. 侵权法. 马静等译：276 页以下。

③ Biley v. Lenord, 625 P. 2d 849（Alaska 1981）; Hurst v. Ohio Dept. of Rehabilitation and Correction, 72 Ohio St. 3d 325, 650 N. E. 2d 104（1995）; 多布斯. 侵权法. 马静等译：283。

④ 欧洲民法典研究组，欧盟现行私法研究组编著. 欧洲私法的原则、定义和示范规则（第五、六、七卷）. 王文胜等译：446，447。

力。"并且，他对此举例认为，《食品安全法》第33条第8项要求"食品生产经营人员应当保持个人卫生，生产经营食品时，应当将手洗净，穿戴清洁的工作衣、帽；销售无包装的直接入口食品时，应当使用无毒、清洁的容器、售货工具和设备"，该要求直接指向了特定人员的特定行为要求，设定了客观细致的标准，故违反该项规定可使得受害人享有证明利益。①

再例如，《物权法》第245条第1款规定："占有的不动产或者动产被侵占的，……因侵占或者妨害造成损害的，占有人有权请求损害赔偿。"如果被告侵占或者妨害原告的占有，违反了该条规定，进而认为原告享有证明被告过错的证明利益，则忽视了该条仅仅是对利益保护的一般性表述，但并未规定明确的行为义务，因此，不得以被告违反该条规定而使原告享有证明利益。②

2. 保护范围

如上一章所述，被违反的保护性规范之保护范围包括人的范围和物的范围，具体的理论说明由于在上一章已经阐述，故在这里不再重复，仅举判例以说明之。

(1) 人的范围

德国联邦最高法院的一则判例可作为说明。《德国刑法典》第248b条规定，违背权利人的意愿而擅自使用其汽车或自行车时，应受到刑事处罚。被告盗窃了第三人的汽车而驾驶，撞伤了原告，此时被告可否因违反了《德国刑法典》第248b条而被推定其过失存在，从而承担侵权责任。德国联邦法院拒绝如此认为，其理由在于，《德国刑法典》第248b条是为了保护被盗窃之物的所有权人，而非保护该案之中的原告，故原告不得依《德国民法典》第823条第2款提起请求，自然也就不得依该款享有推定过错存在之利益。③

我国台湾地区"最高法院"1999年台上字第1862号判决亦可作为说

---

① 朱岩. 侵权责任法通论总论. 上册：375.
② 同样观点，方新军. 权益区分保护的合理性证明. 清华法学，2013 (1).
③ BGHZ 22, 293, 296f.；本书在此仅主张，原告不得依据违反保护性规范之侵权类型享受证明利益，但依据一般的侵权类型起诉时，是否可因被告违反制定法得享有证明利益，参见下文论述。本部分对所引案例进行评论时，也都不涉及依据一般侵权类型起诉时，原告是否可因被告违反制定法而享有证明利益。

明。本案原告所开设的工厂厂房与被告所开设的工厂相邻,被告违反劳工安全法规定导致被告工厂发生火灾,火势蔓延导致原告厂房及其他财物被烧毁,原告依台湾地区"民法"第 184 条第 2 项主张赔偿。如果原告主张成立,则自可依据第 184 条第 2 项后句推定被告过失存在。但"最高法院"否认了原告主张,自然无法依据第 184 条第 2 项后句,因被告违反劳工安全法规定直接推定被告存在过失。

违反保护他人之法律而构成侵权行为损害赔偿义务,必须具备二个要件,一为被害人须属于法律所欲保护之人之范围,一为请求赔偿之损害,其发生须系法律所欲防止者。而揆诸劳工安全卫生法第一条得知其立法目的乃为防止职业灾害,保障劳工安全与健康,特制定本法,……再征之劳工安全卫生设施规则第一条明白揭示:"本规则依劳工安全卫生法第五条规定订定之"以观,上诉人并非其所主张前揭法律所欲保护之人之范围。

再以英国的一个案例作为说明。在 1949 年判决的 Knapp v. Railway Executive 一案中[①],相关制定法规定,公路平交道口处的栅栏门应当非常坚固,以确保沿公路通行者免受火车的伤害。在火车正要通过平交道口的时候,原告驾驶的汽车撞上了栅栏门,因栅栏门没有关好,栅栏门被撞开并横在火车道上,导致火车司机受伤。原告在赔偿火车司机之后,以铁路公司未依法关好栅栏门为由,对铁路公司提起诉讼。法官认为,相关成文法的规定所要保护的是公路的通行者,受伤的火车司机不属于成文法所要保护的人群,因而驳回了原告提起的诉讼。因此,原告自然也无法依据违反制定法义务之诉享受推定铁路公司过失存在的证明利益。

(2) 物的范围

在我国台湾地区,对于保护性规范之物的保护范围,王泽鉴先生曾举例说明:"违警罚法"第 62 条第 3 项规定,车马夜行不燃灯火者,处三日以下拘留或二十元以下罚款或罚役,系保护他人之法律。因此,当甲骑机车不燃灯火,而撞伤路人乙时,系违反保护他人之法规,应负损害赔偿责

---

① Knapp v. Railway Executive, [1949] 2 All E. R. 508.;本书所用的中文翻译和摘要引自王文胜. 违反成文法义务在我国侵权法中的地位及具体规则之构建. 北京: 清华大学, 2009: 39.

任。反之，若甲骑机车不燃灯，致撞坏乙之墙角时，则尚不得依第 184 条第 2 项之规定请求损害赔偿并享受推定甲过错存在之利益，因为违警罚法关于车马夜行须燃灯火之规定，旨在保护参与交通者之安全，而非在于保护墙角不受其毁坏也。① 故即使乙可依据第 184 条第 1 项前句请求赔偿，亦不可依据该句因甲违反制定法规定而直接推定甲具有过错。

英国（Exchequer）在 1874 年所判的 Gorris v. Scott 一案是这方面的著名判例。② 在该案中，枢密院根据法律授权颁布了一项命令，要求任何从境外港口运输牛羊往不列颠的船只，均需用一定尺寸的围栏将牛羊圈起来。原告将其一群绵羊交由被告通过海运从境外运回英国，被告未履行上述命令中规定的义务，导致航行过程中原告的绵羊被冲入大海。原告提起违反制定法义务之诉，要求被告赔偿损失。法官认为，相关制定法的制定，"只是为了公共卫生的目的，即避免动物在与其他动物混杂的过程中感染传染性疾病"。"本案中所要求赔偿的损害完全与议会的立法目的无关，因此诉讼请求无法得到支持。"原告自然也无法依此享受举证责任减轻之利益。

美国法判例也可以指明这一点，例如，餐厅违反法律规定，在厨房中靠近炉子的地方放了老鼠药，但该毒药爆炸导致了人身损害。法院认为，法律规定的目的在于防止就餐人员误食老鼠药而中毒，而非为了防止爆炸而导致损害，因此不能依据违反制定法而使得原告享有证明利益。③ 同样，加油站违反法律规定，擅自向某人携带的一般容器中加油，该人由此在别处进行纵火，导致数人死亡，虽然汽油站违反了法律要求到加油站加油的桶上必须具有汽油的相关标识，但该规定所保护的物的范围是防止发生火灾，而非防止纵火行为，故不得以此而使得原告享有证明利益。④

在中国，在"儿童模仿《喜羊羊与灰太狼》烧伤同伴案"中，一个儿童模仿动画片《喜羊羊与灰太狼》中灰太狼烤羊的情节，将两同伴绑在树上烧成重伤，受害人起诉该儿童及动画片的制作公司。一审法院判决以

---

① 王泽鉴. 违反保护他人法律之侵权责任：189.
② Gorris v. Scott，(1873-74) L. R. 9 Ex. 125.
③ Larrimore v. American National Ins. Co.，184 Okl. 614，89 P. 2d 340 (1939).
④ Stafford v. Borden，252 Ill. App. 3d 254，192 Ill. Dec. 52，625 N. E. 2d 12 (1993).

《未成年人保护法》第 34 条以及《音像制品管理条例》第 3 条第 2 款第 7 项为依据[①]认为制作公司有过错,故应使其承担 15％的责任。[②] 基于社会考量,不妨更为宽松地认为,无论是《未成年人保护法》第 34 条还是《音像制品管理条例》第 3 条第 2 款第 7 项都强调,以未成年人为对象的图书、音像制品等,其内容不但要适应未成年人身心发展的特点,而且应有益于未成年人的健康成长,防止未成年人对其他人造成危险或者损害。实施侵权行为的儿童受到了不良影响,对于受害儿童而言,也应认为属于该规范的人的保护范围。就物的范围而言,这两条规范是为了保护观看儿童的精神健康,同时防止受到不良影响的儿童对他人造成危险或者损害,因此,受害人所受到的损害也属于该规范保护的物的范围。

(三) 违反非保护性规范在过错判断中的作用

本处所说的违反非保护性制定法,包含违反目的并非保护个人的制定法,也包括虽然违反了目的在于保护个人的保护性制定法,但案件情形已超出保护性制定法的保护范围,本处皆以"违反非保护性制定法"称之。此时,违反非保护性制定法与过错判定是何种关系,德国法和我国台湾地区的论述并不明确,唯有美国《侵权法重述》(第二次)明确规定此种情形下可作为过失的证明手段之一,即违反该制定法仅可作为"过失证据",而非推定过失。

但在德国和我国台湾地区,最有可能的思路还是将违反非保护性制定法仅作为认定过失的证据。首先,从体系上考虑,德国和我国台湾地区的侵权法都将违反保护性规范作为一个单独的侵权类型,从而使得受害人享

[①] 《未成年人保护法》第 34 条规定:"禁止任何组织、个人制作或者向未成年人出售、出租或者以其他方式传播淫秽、暴力、凶杀、恐怖、赌博等毒害未成年人的图书、报刊、音像制品、电子出版物以及网络信息等。"《音像制品管理条例》第 3 条第 2 款第 7 项规定:"音像制品禁止载有下列内容:……(七)宣扬淫秽、赌博、暴力或者教唆犯罪的;……"

[②] 对该判决持赞同观点的有孙良国. 违反保护他人的法律的侵权责任及其限度——以"儿童模仿《喜羊羊与灰太狼》烧伤同伴案"为例. 法学, 2014 (5), 其以违反保护性规范作为论证依据; 葛江虬, 佘小伟. 未成年人模仿侵权相关问题探讨——对"喜羊羊案"判决的评论与展开. 交大法学, 2014 (4), 但认为制作公司的过错在于其未尽到警示风险的积极作为义务。持反对观点的有杨立新. 判决动画制作方承担侵权责任值得商榷. 新京报, 2013 - 12 - 21, B02 版.

有举证责任减轻的利益,如果在《德国民法典》第 823 条第 1 款或台湾地区"民法"第 184 条第 2 项适用之中,违反非保护性规范也可以直接推定过失的存在,那么关于违反保护性规范可直接推定过失存在的规定就丧失了意义。毕竟,违反保护性规范既可以侵犯绝对权也可以侵犯其他非属绝对权的法益,在违反保护性规范侵犯绝对权的情形下,受害人可以依据《德国民法典》第 823 条第 2 款或台湾地区"民法"第 184 条第 2 项享有举证责任减轻的证明利益,这是法律的一个特殊考虑,如果在违反非保护性规范侵犯绝对权的情形下,受害人同样可以享受举证责任减轻的证明利益,这将会使得上述特殊考虑根本无法实现。

其次,在我国台湾地区,违反保护性规范导致过错推定,已经受到了诸多批评,认为可能会使得侵权法全面无过错责任化。在违反保护性规范情形下,情形尚且如此,如果违反非保护性规范也可以直接推定过错的存在,则会使此种情形尤为凸显。

再次,在现代社会,规制性法律多如牛毛。保护性规范通过目的方面以及保护范围的限制,同时也包含了在公共政策与私法自治间作价值权衡的意思,如果行为虽已违法,但该行为所生结果可认为尚属社会观念上容认"自承风险"的范畴,也必可在这些限制中找到排除法律定位的空间[1],从而使得推定过错不至于过于浮滥。如果认为违反非保护性规范也可以直接推定过错的存在,那么由于其中并不包含限制机制,推定过错的存在就会有适用过于浮滥的危险,从而使得法官逃避实质认定过错的职责,而压缩私人行为自由的空间。

总而言之,违反非保护规范一般不得直接推定过错的存在,非保护性规范的违反最多是判定是否存在过错可资利用的证据之一,从而并不具有太多的规范意义,这也解释了德国和我国台湾地区的学者对此不进行过多论述的原因。

五、结论和我国法案例之检讨

(一) 结论

根据上文论述,本部分基本结论如下:规制性规范会对于过错判断发

---

[1] 苏永钦.再论一般侵权行为的类型:332.

生重要影响，视规制性规范是否具有保护他人之目的而具有不同的影响。违反保护性规范可通过表见证明规则而直接推定行为人过错的存在，行为人可反证其就违反保护性规范或法益侵害无过错而推翻上述推定。违反非保护性规范，或者虽违反保护性规范但受害人或被侵害法益处于该规范保护范围之外的，仅能作为证明行为人过错的手段之一，即仅能作为过错之证据，从而不具有太多的规范意义。

（二）我国法案例的检讨

在我国的法案例中，法官往往以行为人违反某规制性规范而认定行为人存在过错。整体上看来，大部分案例从结果上均未产生太大问题。在这些案例中，被违反的规范都是以保护他人作为全部或部分的目的，且受害人和受损利益皆属于被违反规范的保护范围之内，因此，可以通过表见证明推定行为人过错的存在，并且行为人并未举出反证证明其并无过错。

但可惜的是，法官在这些案例中的判决理由陈述部分大多语焉不详，由此无法确知法官究竟基于何种理由判定行为人过错的存在。这表明了法官似乎并未非常清醒地意识到违反规制性规范与过错判定之间的关系。这导致了无法清晰地整理出我国法官的实践思路，从而可以对这些判决进行细致的事后审查，无法保障"同等情况同等对待"的基本要求实现。

同时，这种不清晰的思路也导致了一些判决可能存在论证不周之处。以前文所提及的"魏某贵等诉北京万程世都宾馆有限责任公司人身损害赔偿纠纷案"为例[①]，法院认为："本案被告在发现陈某退房后留宿其女友魏某的客房，未按照《旅馆业治安管理办法》及《北京市实施〈旅馆业治安管理办法〉细则》规定采取管理措施，违反了该规定，在防范问题上存在过错。"但此理由阐述颇有可议之处。

首先，这些规定中有关男女除直系亲属外分别安置住宿的规定，是否是以保护他人作为目的。程啸博士认为："关于除直系亲属外男女分别安置住宿的规定，其立法目的不在于防止杀人这一犯罪行为，而主要是为了

---

① 北京市宣武区人民法院民事判决书（2005）宣民初字第 3925 号。参见本书第一章。

防止出现卖淫嫖娼、非法同居等行为。"① 当时的《北京市实施〈旅馆业治安管理办法〉细则》第6条规定:"经营旅馆,必须遵守下列治安管理规定:……(八)不得用色相招徕旅客;不得为卖淫、嫖娼提供条件;不得纵容、包庇赌博、卖淫、嫖娼等违法犯罪活动。(九)安置旅客住宿,除直系亲属外,应以男女分别安置为原则。……"这两条连接在一起进行了规定,可以推知该条第9项规定的目的似乎是避免卖淫嫖娼等非法行为,因此,该规范并非保护性规范。

其次,即使认为该规定具有防止性侵害的保护他人目的,其物的保护范围也应当是个人性自主方面的人身权益,而在本案中,受害人被其男友杀害,这一损害也不属于该规范的物的保护范围。②

因此,按照本书的思路,被告违反除直系亲属外男女应当分别安置的规定,并不能依据表见证明推定被告存在过错,被告违反该规范仅能作为判定被告存在过失的证据之一,而这时如果要证明被告过失的存在,就需要法官进行更为细致的理由陈述。

在我国的一些案例中,判决理由也表明法院考虑了所违反的规制性规范是否具有保护他人之目的。例如在"王某香等因其子在登山时突遇恶劣天气遇难诉登山队领队刘某鹏未采取适当措施救助赔偿案"中③,原告之子参加被告组织的凯图登山队的登山活动时遇难死亡,原告要求被告赔偿,

---

① 程啸. 侵权行为法总论. 北京:中国人民大学出版社,2008:362. 但程啸博士接着认为:"因此,受害人的生命权并非这些法律规定所保护的权益范围,本案不能依被告的违反行为而视为具有过失。"似乎将问题转移到规范的保护范围之上。但按照本书思路,该问题的重点并非规范的保护范围,而是规范是否是保护性法律。

② 相同观点,王文胜. 违反成文法义务在我国侵权法中的地位及具体规则之构建. 北京:清华大学,2009:62. 但是,他认为:"《旅馆业治安管理办法》中有关旅馆接待旅客住宿必须登记的规定,其立法目的应是实现该《办法》第9条的规定,即,确保旅馆能够及时发现违法犯罪分子、形迹可疑的人员和被公安机关通缉的罪犯;这一规定的立法目的应该不包括防止抢劫、杀人等犯罪行为的发生,因此,这一规定不应属于保护性法律。"这一结论似乎稍显武断,即使该规范具有王文胜所说的效果,但保护性法律只需以保护个人作为部分目的即可,因此,无法排除本规范具有保护他人的目的。

③ 最高人民法院应用法学研究所编. 人民法院案例选,2002年第3辑。本书对于该案例的分析部分地参考了王文胜. 违反成文法义务在我国侵权法中的地位及具体规则之构建:62页以下。

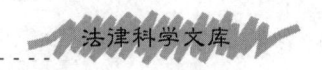

其理由之一就是，被告未按《国内登山管理办法》的规定办理相关的事项及有关批准备案手续，因而被告的行为是一种违法行为。法院对此认为：

> 凯图登山队在玉珠峰的登山活动未按《国内登山管理办法》的规定办理相关的事项及有关批准备案手续。另外，《国内登山管理办法》仅为部门规章，未明确业余登山爱好者组织登山活动是否应当遵守该办法，以及未按办法规定进行登山活动所应承担的责任。办法的规定不能证明凯图登山队的行为具有违法性。……虽然该登山队的登山活动不符合《国内登山管理办法》规定的程序要求，但根据办法的有关规定，对不经申报、擅自进山进行登山活动的，其后果是登山成绩不予确认，对其组织者处以取消申报资格三年。按该办法的规定，并不禁止业余登山爱好者自发组织登山队开展登山活动。因此，王某香、任某南所诉刘某鹏未按该办法的要求组织登山活动是一种违法行为，该违法行为直接导致任某昆参加登山活动后遇难，没有事实和法律依据，本院不予采信。

虽然法院讨论的是凯图登山队的行为是否具有违法性的问题，但是，法院同时认为："当事人承担民事责任应当具备以下要件：第一，由于行为人的行为导致损害后果的发生；第二，行为人的行为与损害后果的发生具有法律上的因果关系；第三，行为人对损害后果的发生具有主观过错。"在此，法院并不认为构成侵权责任必须存在"违法性"，因此，也可认为法院在讨论违法性的同时也涉及被告是否存在过错的问题。

在法院的理由陈述中，有两点颇为值得注意：第一，法院考虑了被违反规定的目的。根据体系解释，法院认为规范仅仅具有管理目的，而不具有保护他人的目的，因此，并不能根据违反该规范的行为就推定被告存在过错。且法院似乎进一步认为，违反该规范对于证明被告过错的存在并无证明力。在这一点上，法院充分地注意到了规范目的，颇值赞同。

第二，法院考虑了被违反规范的效力层级。法院似乎认为，被违反的规范仅属部门规章的规定，故并不能作为推定过错存在的法律规范。如前所述，违反规制性规范能够一般推定行为人存在过错，其唯一的标准在于被违反规范是否属于保护性规范。最高人民法院《关于裁判文书引用法律、法规等规范性法律文件的规定》第 6 条规定："对于本规定第三条、第四条、第五条规定之外的规范性文件，根据审理案件的需要，经审查认定为合法有效的，可以作为裁判说理的依据。"如前文所述，部门规章虽然不得在裁判文书中直接被引用，但可以作为裁判说理的依据，因此，否认被违反规范是保护性规范的理由并不包含该规范仅属部门规章。

再以"田某国与深圳市科伟业实业发展有限公司名誉权纠纷上诉案"① 为例，该案中，在被告（被上诉人）所开设的网站法律论坛中出现大量有损原告（上诉人）名誉的帖子，原告认为被告允许他人在论坛肆意发表侮辱、诽谤其的文章且不予删除具有过错。上诉人上诉理由之一为："根据全国人民代表大会常务委员会《关于维护互联网安全的决定》、《互联网信息服务管理办法》、《互联网电子公告服务管理规定》等，深圳科伟业公司负有保证所提供的信息内容合法，防止并及时发现电子公告服务系统中出现侮辱或诽谤、侵害他人合法权益信息的义务。如深圳科伟业公司不具备对电子公告服务实施有效管理的能力，或者怠于履行实施有效管理的职责，则可以认定深圳科伟业公司没有尽到对上述违法信息的'合理注意义务'，存在过错，应承担相应的侵权民事责任。"二审法院对此认为：

> 虽然根据《全国人大常委会关于维护互联网安全的决定》的相关规定，从事互联网业务的单位要依法开展活动，发现互联网上出现违法犯罪行为有害信息时，要采取措施，停止传输有害信息，并及时向有关机关报告。但这种监督和报告义务并非侵权法意义上的注意义务，不能因未尽到上述义务而导致侵权赔偿责任。《互联网信息服务管理办法》第十三条、第十五条等规定为行政管理部门对互联网进行行政管理的行政法规、规章，亦不能直接作为判断深圳科伟业公司是否构成民事侵权的依据。②

---

① 广东省广州市中级人民法院（2010）穗中法民一终字第538号民事判决书。
② 《互联网信息服务管理办法》第13条规定："互联网信息服务提供者应当向上网用户提供良好的服务，并保证所提供的信息内容合法。"第15条规定："互联网信息服务提供者不得制作、复制、发布、传播含有下列内容的信息：（一）反对宪法所确定的基本原则的；（二）危害国家安全，泄露国家秘密，颠覆国家政权，破坏国家统一的；（三）损害国家荣誉和利益的；（四）煽动民族仇恨、民族歧视，破坏民族团结的；（五）破坏国家宗教政策，宣扬邪教和封建迷信的；（六）散布谣言，扰乱社会秩序，破坏社会稳定的；（七）散布淫秽、色情、赌博、暴力、凶杀、恐怖或者教唆犯罪的；（八）侮辱或者诽谤他人，侵害他人合法权益的；（九）含有法律、行政法规禁止的其他内容的。"

事实上，按照上述的论证框架，《互联网信息服务管理办法》第13条的规定仅仅要求提供良好服务和信息内容合法的保证，在规范特征上体现为"对人类行为的指引作用"而未确定具体的行为义务；而第15条的规定保护的利益主体是抽象的国家、民族和社会，而非个人。① 因此，在二审法院看来，《互联网信息服务管理办法》第13条、第15条的规定并不具有保护个人的目的，"为行政管理部门对互联网进行行政管理的行政法规、规章"，且仅"具有行政管理上的指导作用"，因此，根本无法据此推定被告具有侵权责任成立要件意义上的过错。

---

① 同样观点，请参见贾媛媛. 行政规范对侵权责任认定之规范效应研究. 政法论坛，2012(5). 在该文作者看来，对民事侵权责任认定产生规范效应的行政规范，当为可以在平等主体间创设具体法律关系的裁判规范。但在本书看来，如何认为某规范在平等主体间创设了具体的法律关系，仍应从规范是否具有保护个人目的且规定了明确的行为义务方面予以分析。

第六章 规制性规范违反与侵权责任其他构成

一、分析结构之初步建立

由于我国并没有就违反规制性规范情形下之侵权责任构成的问题作出特殊规定，因而在解释论上而言，应将此类型归属于过错侵权责任之下，即《民法通则》第106条第2款或者《侵权责任法》第6条第1款之下。这样，违反规制性规范情形下之侵权责任构成的分析结构，就必须根据过错侵权责任的一般分析结构而被确立。

对于过错侵权责任而言，德国确立了侵权责任的三阶层分析结构：事实构成的符合性（Tatbestandmässigkeit）、违法性和有责性。[1] 可以图示如下。

---

[1] *MünchKomm/Wagner*. §823, Rn. 50；Larenz/Canaris. *Lehrbuch des Schuldrechts*，BT，Bd. II，S. 362.

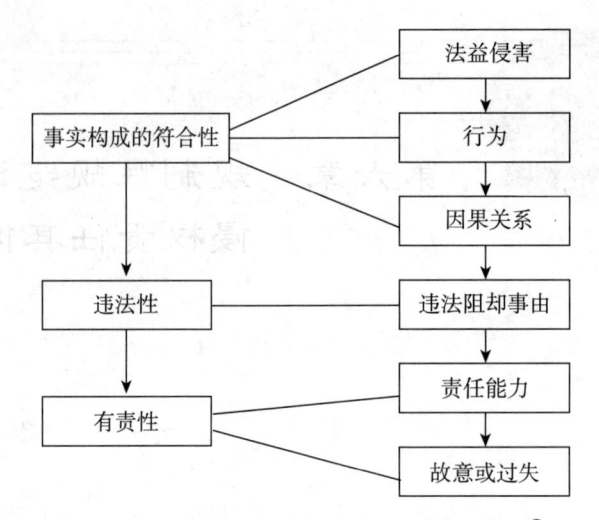

```
                    ┌──────────┐
               ┌───→│ 法益侵害 │
               │    └──────────┘
┌──────────────┐   ┌──────────┐
│事实构成的符合性│──→│   行为   │
└──────────────┘   └──────────┘
       │       │    ┌──────────┐
       │       └───→│ 因果关系 │
       │            └──────────┘
       ↓            ┌──────────┐
   ┌──────┐    ┌───→│违法阻却事由│
   │违法性│────┘    └──────────┘
   └──────┘         ┌──────────┐
       │       ┌───→│ 责任能力 │
       ↓       │    └──────────┘
   ┌──────┐   │    ┌──────────┐
   │有责性│───┴───→│ 故意或过失│
   └──────┘        └──────────┘
```

我国台湾地区侵权法的分析架构与德国的大致相同[1]，故在这里不再进行论述。具体到中国的侵权责任分析结构理论，则通常采用构成要件的表述方法。大致上有"三要件说"和"四要件说"之分。两种学说的共同之处是承认损害、因果关系和过错三个要件，区别之处在于是否承认违法性。[2]

就是否承认违法性而言，观点的分歧在违反规制性规范情形下的侵权责任构成的分析结构中无关紧要。因为即使在承认违法性的德国，通说观点认为[3]，如果规制性规范具有保护个人目的，则违反保护性规范就可以推定违反行为具有违法性，因为保护性规范已经课予行为人义务，如果行为人违反义务，则违法性的要求就已经具备，除非行为人具有违法阻却事

---

[1] 王泽鉴：侵权行为：87.
[2] 详细论述参见本章"附论"。
[3] Larenz/Canaris. *Lehrbuch des Schuldrechts*，BT, Bd. Ⅱ, S. 445；Fikentscher. *Schuldrecht*，Rn. 1273；Esser/Weyers. *Schuldrecht*，BT, Teilband 2, S. 200f.；Pollack. *Schutzgesetzverletzung und "negligence per se"*，S. 72；Knöpfle. *Zur Problematik der Beurteilung einer Norm als Schutzgesetz im Sinne des § 823 Abs. 2 BGB*，NJW，1967，S. 700；Honsell. *Der Verstß gegen Schutzgesetz im Sinne des § 823 Abs. 2 BGB*，JA，1983，S. 107；福克斯. 侵权行为法：153.

由。我国台湾地区也同样如此。① 唯需要注意的是，保护性规范的理念强调违法性与法规目的说的关联，亦即只有在某一法律规则之保护目的范围内，该规则才可以成为判断有无违法性成立的依据，故而，违法性之认定，因有法规目的说之运作而因此相对化，此即被称为"相对化的违法性"（relative Rechtswidrigkeit）②。在初步指示出违法性的前提下，抗辩事由或违法阻却事由与一般过错侵权类型中的抗辩事由和违法阻却事由并无不同，故本书不予以论述。

因此，结合我国侵权法的一般理论和德国法的分析结构，过错侵权责任构成的分析结构可以初步确立如下图所示。③

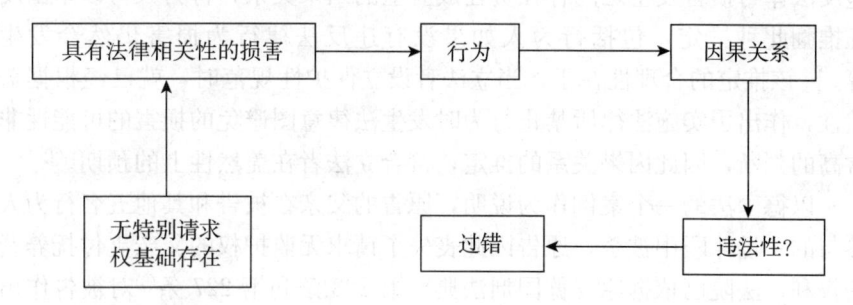

```
具有法律相关性的损害 ──→ 行为 ──→ 因果关系
                                      │
                                      ↓
无特别请求                  过错 ←── 违法性？
权基础存在
```

---

① 王泽鉴. 侵权行为：287；黄立. 民法债编总论. 北京：中国政法大学出版社，2002：286；王泽鉴. 违反保护他人法律之侵权责任//民法学说与判例研究. 第2册. 北京：中国政法大学出版社，1998：197；朱柏松. 论不法侵害他人债权之效力（上）. 法学丛刊，第145期：61；王千维. 民事损失赔偿法上"违法性"问题初探（上）. 政大法学评论，第66期：29页以下；王千维. 民事损失赔偿法上"违法性"问题初探（下）. 政大法学评论，第67期：149页以下；王千维. 相对化的违法性. 月旦法学教室，第27期：66；陈忠五. 论契约责任与侵权责任的保护对象. 台湾大学法律论丛，第36卷第3期：149.

② Deutsch. *Allgemeines Haftungsrecht*，2. Aufl.，Carl Heymanns Verlag KG, Köln, 1996, S. 194ff.；中文资料对此的详细介绍，请参见王千维. 相对化的违法性, 月旦法学教室，2005年第27期。

③ 当然，如下文所述，这个分析结构更为适用于过错侵权损害赔偿责任，而对于侵权责任的其他承担方式而言，该分析结构仍有修正的余地，例如返还财产、停止侵害、排除妨碍、消除危险就无须以过错为构成要件。

二、规制性规范违反与因果关系

(一) 概述

侵权法中的因果关系，可以区分为"责任成立的因果关系"和"责任范围的因果关系"，前者是指责任原因事实与法益被侵害之间的因果联系，后者指法益被侵害与损害之间的因果联系。

通常认为，如果确定存在违反保护性规范的情况，并且由该条文所包含的一个典型危险已经成为现实，则原则上应采用表见证明的原则，推定违反法律与损害发生之间存在责任成立上的因果关系，行为人可以举出反证推翻此种推定，包括行为人如果没有违反法律行为损害仍然会发生等。[1] 该推定的合理性在于，当立法者设立保护性规范时，就已经根据盖然性，作出了实施法律所禁止行为时发生法律意图避免的损害的可能性非常高的判断，因此因果关系的推定，符合立法者在盖然性上的预期。[2]

以德国法的一个案例作为说明，原告的父亲在被告和其他五名行为人参与的一场斗殴中被杀，原告因此丧失了请求无监护权的父亲支付抚养费的权利，法院已依据原《德国刑法典》第 223 条和第 227 条[3]对被告作出了生效判决，现原告要求被告赔偿损失。但在赔偿问题上，被告提出抗辩，即在斗殴中，致原告父亲死亡的刀伤与被告无关。法院认为："当刑法典第 227 条被作为民法典第 823 条第 2 款意义上的保护性规范来运用时，它已包含了一个在参与斗殴，也即侵害行为与严重后果之间的归责关联上的规定"，因此，如果被告对这一推定不能反证，原告便可获得救济。[4]

在其他国家和地区也同样如此。美国的 Haft v. Lone Palm Hotel 案件中[5]，一个汽车旅馆中设有游泳池，但未按照法律规定设置救生员或者张贴没有救生员的告示，导致两位游泳者死亡。法院认为，在违反制定法和死亡之间采取因果关系推定。而欧洲大部分国家的侵权法也都认为违反

---

[1] BGH NJW 1985，1774，1775；NJW 1984，360，362；*Staudinger/Hager*，§ 823，G39；福克斯．侵权行为法：154 页以下．

[2] 朱岩．侵权责任法通论总论．上册：381．

[3] 涉及"参与斗殴罪"的第 227 条即现《德国刑法典》第 231 条。

[4] BGHZ 103，197．

[5] [1970] 478 P. 2d 465 3 Cal. 3d 756, 478 P. 2d 465 (1970).

具有保护目的的规制性规范对因果关系具有推定或确定作用。① 例如在西班牙最高法院判决的一个著名案例中，被非法雇佣的工人在开矿地点死亡，该地点没有取得开采许可证，也没有遵守相应的规制性法律。最高法院最终认为开矿地点的所有者承担责任，运用了过错的举证责任倒置，但是许多研究者指出，这更是一种因果关系的推定，因为死亡事故是如何发生的并不清晰。② 在我国台湾地区，亦采取同样见解，例如"最高法院"在一个判决中表示："张锦洲并无驾驶执照，为上诉人所明知，仍将该小客车交其驾驶，显违道路交通管理处罚条例第二十一条第一项第一款、第二十八条之规定，亦即违反保护他人之法律，应推定其有过失，如其未将该车交张锦州驾驶，殊无从发生撞死陈水木之结果，是其行为与损害之发生，亦难谓无相当之因果关系。"③

同样，能够产生责任成立的因果关系推定作用的规制性规范必须具有保护他人之目的，且受害人和被侵害法益处于该规范的人和物的保护范围之内，否则即不能产生责任成立的因果关系的推定作用。例如，在西班牙最高法院判决的一个案例中，被告违反法律规定让雇员在周日继续在工厂工作，工厂所邻近的一个炸药堆积区域发生爆炸导致雇员的死亡。法院认为，违反禁止在周日工作的规则不足以认定因果关系的存在，因为被违反规范的保护范围是雇员的休息而非安全。④

同样，侵权人可以通过反证推翻上述责任成立之因果关系的推定。例如，在"李某芳不服交通事故责任重新认定决定案"中，虽然李某芳占道行驶违章，但二审法院认为该行为与事故的发生之间不存在因果关系。⑤ 又如，最高人民法院《关于审理证券市场因虚假陈述引发的民事赔偿案件的若干规定》第 18 条规定："投资人具有以下情形的，人民法院应当认定虚假陈述与损害结果之间存在因果关系：（一）投资人所投资的是与虚假

---

① 一个简单的整理，请参见欧洲民法典研究组、欧盟现行私法研究组编著. 欧洲私法的原则、定义和示范规则（第五、六、七卷）. 王文胜等译：458-461.

② Olmo. *Tort and Regulatory Law in Spain*, in：van Boom/Lukas/Kissling ed., *Tort and Regulatory Law*, Springer, Wien/New York, 2007, p. 282.

③ 我国台湾地区"最高法院" 1978 年台上字第 2111 号判决。

④ Olmo. *Tort and Regulatory Law in Spain*, in：van Boom/Lukas/Kissling ed., *Tort and Regulatory Law*, Springer, Wien/New York, 2007, p. 259.

⑤ 最高人民法院公报，2001（5）.

陈述直接关联的证券;(二)投资人在虚假陈述实施日及以后,至揭露日或者更正日之前买入该证券;(三)投资人在虚假陈述揭露日或者更正日及以后,因卖出该证券发生亏损,或者因持续持有该证券而产生亏损。"该规定的基础恰恰是因为《证券法》关于虚假陈述的规范具有保护投资人的目的,而这些具体规定的核心就是证明原告和被侵害的法益属于规范保护的人和物的范围之内。但是,如上文所述,即使符合这些要求,也仅仅能够产生因果关系的"推定",但该条却规定了因果关系的"认定"。

但是,该司法解释的第19条紧接着就规定:"被告举证证明原告具有以下情形的,人民法院应当认定虚假陈述与损害结果之间不存在因果关系:(一)在虚假陈述揭露日或者更正日之前已经卖出证券;(二)在虚假陈述揭露日或者更正日及以后进行的投资;(三)明知虚假陈述存在而进行的投资;(四)损失或者部分损失是由证券市场系统风险等其他因素所导致;(五)属于恶意投资、操纵证券价格的。"具体而言,该条的具体规定是被告反证前述被推定的因果关系的不存在。而在"北京高石创新投资有限公司诉山东京博控股股份有限公司证券虚假陈述责任纠纷案"① 中,法院也认为:

> 在证券市场,对投资者而言股份收购系利好消息,利好消息的披露一般会引发被收购证券价格的增长,从而亦增加收购成本,当收购人为降低其收购成本而隐瞒股份收购的利好消息时,收购人的隐瞒行为即为诱空型虚假陈述行为。在诱空型虚假陈述行为中,利好消息即便未披露,也不会诱使投资者做出积极的投资决定。京博公司虽然存在未及时披露信息的违法行为,但其行为并非采取浮夸、误导的方式公布信息,从而引诱投资人作出积极投资的行为,而是延迟披露重大信息,故京博公司被证监会处罚的行为即为诱空型虚假陈述行为。由此,高石公司的投资交易并不是由京博公司未及时披露信息的行为所决定的,其投资决定并未受虚假陈述行为的影响,与京博公司的虚假陈述行为之间不存在交易的因果关系。

上述司法解释的规定和案例都证明了,最高人民法院《关于审理证券市场因虚假陈述引发的民事赔偿案件的若干规定》第18条规定的仍然是

---

① 山东省济南市中级人民法院(2014)济商重初字第3号民事判决书。

因果关系的"推定"而非"认定",被告仍然可以反证推翻此种推定。

(二) 法规目的理论

法规目的理论（Schutzzweck der Haftungsnorm，Normzweck）是针对相当因果关系的不足而被提出的，它强调侵权行为所生损害赔偿责任应探究侵权法规定之目的而为确定①，也即，只有当损害处于法规保护的范围之内时，损害赔偿的义务才能存在。② 法规目的理论最早由 Rabel 教授阐述，他虽然是以契约法作为主要的研究对象，但他已经通过《德国民法典》第 823 条第 2 款实现了侵权法领域中的法规目的理论解释。③ 之后由 Caemmerer 于 1956 年在他的校长演说中对法规目的理论予以了系统化的阐述，实现了该理论的进一步发展。④ 1960 年第 43 届法学家大会在 Lange 教授所提交论文的基础上对法规目的理论进行了深入的讨论。⑤ 早在 1958 年，德国联邦最高法院就法规目的理论作出了一个基础性的判决，认为刑事防御费用不属于《德国民法典》第 823 条第 1 款所要避免的危险，因为该危险已经不属于规范的保护范围。⑥ 1960 年之后，德国法院通过一系列判决将法规目的理论作为责任限制的一般原则。⑦

对于法规目的理论的合理性，王泽鉴教授认为：

> 依法规目的而判定某项损害是否归于行为人负担，实具有说服力。法规决定法律义务，因违反义务而肇致损害时，其赔偿责任应与法规具有关联性，乃属当然。此在"民法"第 184 条第 2 项关于违反保护他人法律的情形（《德国民法》第 823 条第 2 项），并无争论，即因违反法律而对其所保护之人应予赔偿的，乃该法律所欲防范的危险，因其实现而生的损害。⑧

---

① 王泽鉴. 侵权行为法. 北京：北京大学出版社，2009：210. 关于法规目的理论的介绍，请参见朱岩. 当代德国侵权法上因果关系理论和实务中的主要问题. 法学家，2004 (6).
② 姚志明. 侵权行为法研究（一）. 台北：元照出版公司，2002：147 页以下.
③ Rabel. *Recht des Warenkauf*，Bd. I，1936，S. 496f.
④ Caemmerer. *Das Problem des Kausalzusammenhang im Privatrecht*，1968.
⑤ Pollack. *Schutzgesetzverletzung und "negligence per se"*，S. 21.
⑥ BGHZ 27，137，141.；王泽鉴. 侵权行为法：211 页以下.
⑦ 具体的阐述，Vgl. Lang，*Normzweck und Duty of Care*，1983，S. 18ff.。
⑧ 王泽鉴. 侵权行为法：210.

由此可以看出，我国台湾地区"民法"第 184 条第 2 项和《德国民法典》第 823 条第 2 款所确立的违反保护性规范侵权类型实在是法规目的理论的典范。事实上，Rabel 教授就是以《德国民法典》第 823 条第 2 款作为侵权法领域中法规目的理论的规范工具。"保护目的理论之出发点为民法第 823 条第 2 项之文献资料，此含有指示，从请求权成立之内容每次须调查所考虑之保护规范，究竟透过此保护规范何种利益应被保护。"[①]

法规目的理论提出以后，学者们针对其适用进行了仔细的思考，多认为，保护目的理论在《德国民法典》第 823 条第 1 款的范围内，对责任成立因果关系和责任范围因果关系均应适用。[②] 同时，依据王利明教授的总结，规范目的理论在具体适用中，应当遵循以下步骤：第一个步骤是要确定法规保护目的的依据；第二个步骤是法规保护范围的确定，包含了法益范围、人的范围和损害的限制。[③] 可以看出，法规目的理论的适用方法与本书所研究的保护性规范之适用方法并无太大区别，这也是因为前者的起源就在于后者。

由此，法规目的理论不仅在《德国民法典》第 823 条第 2 款中的责任发生要素中发生影响，而且已经在一般的因果关系理论中具有了重要的地位，其不仅对责任成立的因果关系具有影响，对于责任范围的因果关系也同样具有影响。[④] 例如，《欧洲侵权法原则》第 3：201 条"责任范围"就规定了，在判断损害是否可以及在何种程度上可以被归责于某人时，被违反之规则的保护性目的是一个极为重要的决定性因素。[⑤] 由此，本书的研究就在更大范围内取得了意义。

三、附论：过错侵权责任中违法性与过错的关系

之所以不过多论述规制性规范对违法性要件的影响，除了上述理由之

[①] 姚志明. 侵权行为法研究（一）：225.
[②] Larenz. *Lehrbuch des Schuldrechts*，AT，Aufl. 14，1987，§ 27 Ⅲ；王泽鉴. 侵权行为法：211.
[③] 王利明，周友军，高圣平. 中国侵权责任法教程：245 页以下.
[④] Vgl. Pollack. *Schutzgesetzverletzung und "negligence per se"*，S. 21.
[⑤] 具体请参见欧洲侵权法小组. 欧洲侵权法原则：文本与评注. 于敏，谢鸿飞译：102.

外，也同样涉及违法性和过错之间的关系。简而言之，如果违法性和过错在判断侵权责任构成时应当予以区分，则当然应分别论述规制性规范对违法性和过错的影响；但如果违法性和过错在判断侵权责任构成时无须区分，则仅论述规制性规范对过错的影响就已经足够。

（一）侵权责任法的出发点和侵权责任发生基础之归责体现

侵权责任的发生基础必然会涉及侵权责任法整体的出发点和价值，后两者会内化到侵权责任的发生基础之中。侵权责任法的任务在于"确定最终由何人承担损失"①。霍姆斯对此指出："合理的政策是让损失停留于它们所发生之处，除非存在干涉的特别理由。""我们法律的总体原则是，意外所致之损失必须停留于它们所发生之处。"② 罗马法的基本原则是"所有权人自吞苦果（casus sentit dominus）"，与此种思想相一致，侵权责任法的出发点是，法益享有人自负由此所产生的损失。此出发点的根据是"事物之本质"，享受利益之人（首先）承担损失。③ 它并非一个权宜之计而是一个合理的政策。这首先是因为，此出发点表明了一个基本的正义内容，即在此出发点之中非常明显的是，任何人都应当自己承担"一般生活风险"，而不能简单地转嫁给其他私法主体。④ 其次，如果法律允许受害人享有向第三人请求损失弥补的请求权，而请求的数额是从此第三人处所获得的弥补数额，那么从整体上来看，不仅没有任何东西被获得，甚至还丧失了一些东西，因为无论是弥补过程的规范化（Normierung）还是其实际执行，都会导致资源之浪费和交易成本之产生。⑤

因此，侵权责任法的出发点是法益享有人自负由此所产生的损失，将损失理解为个人命运和不幸事件，反对由法律来阻碍偶然事件的发生，并反对由法律补偿因命运所造成的不平等。⑥ 这一出发点恰恰是行为自由

---

① 福克斯. 侵权行为法：1.
② Holmes. *The Common Law*, Little, Brown, and Company, Boston, 1881, pp. 50, 94.
③ Vgl. Deutsch/Ahrens. *Deliktsrecht*, S. 1.；Kötz/Wagner, *Deliktsrecht*, S. 2 f.；另请参见福克斯. 侵权行为法：2.
④ Vgl. Larenz/Canaris. *Lehrbuch des Schuldrechts*, Bd. II, Halbband. 2, S. 351.
⑤ Kötz/Wagner. *Deliktsrecht*, S. 3；另请参见王泽鉴. 侵权行为法. 第1册. 北京：中国政法大学出版社，2001：12.
⑥ 福克斯. 侵权行为法：2.

（自由）和法益保护（安全）这两个价值之间的衡量结果。"任何侵权法秩序的基本问题在于法益保护和行为自由之间的紧张关系。"① 如果试想两种极端情形，这一点就会清晰地得以显现。一种极端情形是，绝对保护行为自由，即使此自由不合理地侵害了他人的法益，那么结果只可能是"一切人对一切人的战争"，所有人的自由都会被取消。另一种极端情形是，无论何种情况都绝对保护个人的法益，只要存在损失就由造成损失的人弥补，那么每个人在此种情形下最好的选择便是无为。这两种极端情形都是法律所要避免的，因此，法律必须要在这两种情形之间选择一个中点。

以法益享有人自负损失作为侵权责任法的出发点蕴含着一个正当的价值判断，即行为自由是法律的出发点和目标。② 由于行为自由对于个人人格发展是必要的，因而，当法律地位之维护和行为自由发生矛盾时，行为自由优先。③ 在现代，"不幸和不法之间的界限发生了移动，即损害越来越少地被作为不幸接受。损害通常更多地被看做是应得到补偿的，而进行补偿的一个手段就是认为有应予赔偿的不法行为存在"④。但是，这仅仅是将法律地位之维护和行为自由之间的滑轮向前者移动了一些，而并没有从根本上改变上述的价值观。

既然每一损失原则上应自行负担，假如要使他人负担责任，那么就必须具备"特别的理由"⑤，根据此理由能够判定，在受害人日常发生的大量损失之中，哪些损失能够要求他人予以补偿。侵权责任法的处理方式是，他人只有在损失能够以某种方式归责于（zugerechnen）他时，才承担损失弥补责任。换而言之，侵权责任法所认为的"特别理由"是，损失弥补原则上只有在以下情形中才是可以被赋予的，即特定的他人对损失负

---

① Larenz/Canaris. *Lehrbuch des Schuldrechts*, Bd. Ⅱ, Halbband. 2, S. 350.
② 这一点的哲学表达之典范可参见康德和黑格尔。"法的普遍法则是：外在地要这样去行动：你的意志的自由行使，根据一条普遍法则，能够和所有其他人的自由并存。"康德. 法的形而上学原理. 沈叔平译. 北京：商务印书馆，1991：41。"所以法的命令是：'成为一个人，并尊敬他人为人'。"黑格尔. 法哲学原理. 范扬，张企泰译. 北京：商务印书馆，1961：46.
③ Deutsch/Ahrens. *Deliktsrecht*, S. 3.
④ 梅迪库斯. 德国债法总论. 杜景林，卢谌译. 北京：法律出版社，2004：427.
⑤ 黄立. 民法债编总论. 北京：中国政法大学出版社，2002：236.

責（verantwortlich）。① 此种"特别的理由"就是归责事由或归责原则，归责（Zurechnung）所解决的就是侵权责任发生和承担的问题，指归降侵权责任之根源，它体现了侵权责任的发生基础。"在法律规范原理上，使遭受损害之权益，与促使损害发生之原因者结合，将损害因而转嫁由原因者承担之法律价值判断因素，即为'归责'意义之核心。"②

"归责"以行为自由作为出发点，行为自由在侵权责任法中落脚于"归责"之上，这实际上是行为自由的应有含义，"归责"亦与行为自由一致。"人惟有自由（或具自由意志）——依通说，即其不受决定其行为之因果律的支配——方能对其行为负责；人惟有自由，归责方成为可能。其实，反之亦成立，人之行为虽受因果律支配，然报答、告解、监禁之类后果却皆归诸其身，此方显人之自由。一言以蔽之，人之所以自由，皆因其行为乃是归责之终点。"③ 正是在这个意义上，拉伦茨教授宣称："主动承担责任以及被对方要求承担责任，是人的特权，也是人的负担。"④

同时，"归责"恰恰体现了法律的"当为"（sollen）性质。制裁/责任与违法之关联就是"归责"，"归责观念存在于可否归属责任于某人之法学判断中。"⑤ 法律中之归责与自然中之因果的最大区别在于，"归责律中条件与效果之关系的特殊意义恰体现于'应然'一词"。"归责所以有别于因果，其关键就在：人之行为即归责之终点，其乃以规范所确定效果之条件。"⑥ 法律既然具有"当为"性，则在侵权责任法中，最好地体现了此

---

① Kötz/Wagner. *Deliktsrecht*, S. 3.
② 邱聪智. 从侵权行为归责原理之变动论危险责任之构成. 北京：中国人民大学出版社，2006：31.
③ 凯尔森. 因果、报应与归属//纯粹法理论. 张书友译. 北京：中国法制出版社，2008：389. 应注意的是，译者将 Zurechnung 翻译为"归属"，但实际上更为准确的译法似乎应是"归责"，因此，本书在引用这篇译文时，将"归属"统一改为"归责"。
④ 拉伦茨. 德国民法通论. 上册. 邵建东等译. 北京：法律出版社，2003：51页以下.
⑤ 凯尔森. 因果、报应与归属：364.
⑥ 凯尔森. 因果、报应与归属：388，389.

种"当为"性质的"归责"就占据了核心地位。① 侵权责任的发生基础就相应地应当通过最为集中地表现了法律当为性或评价性的归责而得以体现。

(二) 归责评价因素之区分

在罗马的《阿奎利亚法》（Lex Aquilia）中，iniuria 是构成加害人承担责任的核心条件。② 最初，只要加害人没有正当化的事由就构成了 iniuria，这一构成在主要以故意侵权作为侵权方式的早期不会存在太大问题，但是之后，随着罗马共同体的扩大，过失侵权成为侵权的主要形态，这时罗马法学家认为，单纯的 culpa 也能够构成 iniuria③，故 culpa 被解释为是 iniuria 的要求。④ 法国通过《法国民法典》第 1382、1383 条同样将归责的评价因素统一凝结到 faute 这个词之上。⑤ 直至此时，归责仍是一个统一的概念，归责中所蕴含的评价因素并没有相互分离。

而在德国，归责却被进行了分离式的建构分析，违反客观性行为义务被认为是客观不法或"违法性"（Rechtswidrigkeit），而违反主观性注意义务被认为是主观不法或"有责性"（Schuld）。这一分离首先由耶林提出，他比较了所有权人对善意占有人的返还请求和所有权人对小偷的返还请求，认为前者是客观不法，而后者是主观不法，而有责性要素（Schuldmoment）构成了这个区分的决定性动因。⑥ 根据耶林的观点，纯粹的客观不法（bloss objektiven Unrecht）必须结合有责性要素才能导致归责，因此，归责（Zurechnung）就区分为客观不法或违法性（Rechtswidrigkeit）和

---

① 具体的分析，请参见邱聪智. 从侵权行为归责原理之变动论危险责任之构成：31 页以下.

② Vgl. Hattenhauer. *Grundbegriff des Bürgerlichen Rechts*，2. Auflage，Verlag C. H. Beck，München，2000，S. 109.

③ Kötz/Wagner. *Deliktsrecht*，S. 7；王泽鉴. 侵权行为法. 第 1 册：39 页以下.

④ Vgl. Kaiser. *Das römische Privatrecht*，Bd. 1/Ⅱ，2. Auflage，Verlag C. H. Beck，München，1971，S. 620.

⑤ Kötz/Wagner. *Deliktsrecht*，S. 9；王泽鉴. 侵权行为法. 第 1 册：41.

⑥ Jhering. *Das Schuldmoment im Römischen Privatrecht*，in：Jhering，*Vermischten Schriften juristischen Inhalts*，Leipzig，1879，S. 159 ff. 耶林同时认为，此种区分的哲学表现已经由黑格尔提出（第 159 页），另参见黑格尔. 法哲学原理：93 页以下.

有责性（Verschulden）或可责难性（Vorwerfbarkeit）。

在这个区分之中，"违法性"系违反客观性行为义务，是对加害人的行为进行评价，从而回答受害人为何以及在怎样的前提条件下受法律的保护；而"有责性"系主观性注意义务，包括故意和过失，是对作出侵害行为的加害人（的心理状态）进行评价，从而回答加害人为何以及在怎样的前提条件下负担损害赔偿责任。① 这两个要素结合起来共同构成了"归责"中所蕴含的评价。

在这种归责的区分之下，德国确立了侵权责任的三阶层分析框架：事实构成的符合性（Tatbestandmässigkeit）、违法性和有责性。在这个分析框架中，体现了法律评价因素的归责被严格区分为违法性和有责性两个阶段。与此分析框架相适应，德国民法典第一委员会将违法性概念作为预先给定的结构性概念，从而区分了三种违法性类型：违反绝对禁止性之法律、侵害他人的绝对权利和违反善良风俗。以违法性作为出发点，《德国民法典》最终确立了三个小的一般条款。② 因此，这三个基本条款事实上代表了三种不同类型的违法性。由此，在《德国民法典》中，不法行为的核心问题就是对于违法性的确定。③ 具体而言，这三个一般条款的区分主要依据在于判断违法性所依据的法秩序义务的来源之不同，如下表所示。

条文	所违反之义务	违反义务之来源
§823，Ⅰ	保护绝对权之行为义务	私法上之义务
§823，Ⅱ	保护性制定法所确定之行为义务	制定法义务，大量是规制性公法义务
§826	依据善良风俗行为义务	道德义务

因此，《德国民法典》三个小的一般条款确立的前提在于作为归责评价因素之一的违法性的独立，这三个一般条款据此分别建构了自己的违法

---

① 王千维. 民事损害赔偿法上"违法性"问题初探（上）. 政大法学评论, 第66期.

② Deutsch/Ahrens. *Deliktsrecht*, S. 39；关于《德国民法典》不法行为三个一般条款的形成过程，请参见 MünchKomm/Wagner. Vor §823, Rn. 7.。

③ Vgl. Brüggemeier. *Deliktsrecht*, Nomos Verlagsgesellschaft, Baden-Baden, 1986, S. 85.

性概念，借此划定了侵权法的保护范围，也即指明了以下利益，对于这些利益的故意或过失侵犯会导致损害赔偿请求权。① 通过这三个一般条款，侵权责任的三阶层分析框架被确立②，归责评价区分为违法性和有责性也被确立下来。

（三）分离的归责评价因素之再统一

1. 行为违法与结果违法

侵权责任的三阶层分析框架适用于《德国民法典》第823条第1款和第2款③，却不适用于或者只能非常受限制地适用于第826条，因为在违反善良风俗这个特征之中，事实构成和违法性很难如通常那样能够清晰地相互区分。④ 在第823条第2款中，它指示参照作为保护性规范客体的特别制定法的行为义务，没有尽到此等义务始终构成违法，故此条款中的违法性很明显是行为导向的。⑤ 但是，在第823条第1款中，违法性如何判断就产生了极大的理论争议⑥，传统的支配性观点是结果违法说（Erfolgsunrecht）。

依据结果违法说，第823条第1款中的违法性不仅指明了对产生损害结果的指责，也指明了加害行为的不法。只要加害行为与对本款所保护之法益的损害具备相当因果关系，那么加害行为的违法性由此就被征引（indiziert）而不需要进行积极的确定，除非存在违法阻却事由。⑦ 同时，

---

① Kötz/Wagner. *Deliktsrecht*, S. 45.

② MünchKomm/Wagner. §823, Rn. 1.

③ Fikentscher. *Schuldrecht*, S. 289.

④ Larenz/Canaris. *Lehrbuch des Schuldrechts*, Bd. Ⅱ, Halbband. 2, S. 362.

⑤ Fikentscher. *Schuldrecht*, S. 298；MünchKomm/Wagner. §823, Rn. 48；Kötz/Wagner. *Deliktsrecht*, S. 45；福克斯. 侵权行为法：153. 即使认为第826条也适用违法性判断，此违法性也同样是行为导向的，即故意违反善良风俗行为本身就已经确定了行为的违法性，参见MünchKomm/Wagner. §823, Rn. 4.。

⑥ 详细的中文论述，请参见王千维. 民事损害赔偿法上"违法性"问题初探. 政大法学评论，第66，67期；李昊. 德国侵权行为违法性理论的变迁//中德私法研究，第3卷. 北京：北京大学出版社，2007；周友军. 德国民法上的违法性理论研究，现代法学，2007（1）；程啸. 侵权法中的过错与违法性问题之梳理. 中外法学，2004（2）.

⑦ MünchKomm/Wagner. §823, Rn. 5；Jauernig/Teichmann. 12. Auflage, München, 2007, §823, Rn. 50.

可责难的违反注意义务之判断应在有责性阶段进行。①

但是，在违反交往安全义务的情形，例如，甲制造了汽车，乙使用此汽车造成他人伤害，则在甲所制造汽车不具有缺陷的情形下，应认为甲制造并销售汽车并不具有违法性，但如果依照结果违法说，理由构成则非常困难，只能认为鉴于甲的行为既为法律所容许，仅因与其无直接关联之事后权利侵害的单纯可能性，而溯及地认定其为不法，显悖事理。②

基于以上缺陷，Nipperdey等学者将刑法中的"行为无价值论"引入到民法理论中，提出了行为违法说③，主张单纯的损害结果并不足以构成违法性，还需补充要求客观的义务违反行为。④ 违法性的判断基础并非是消极的结果，而是行为强制或禁止之违反（Verstoß gegen ein Verhaltensgebot oder-verbot）。⑤ 也即，被告的行为违反了施加给所有人的应采取注意不对他人造成损害的一般注意义务时才具有违法性。⑥ 如果行为并不违反而且完全符合社会活动上一般之注意义务，尽管该行为与绝对权等法益遭受侵害之消极结果具有因果关系，该行为即具有"社会相当性"（Sozialadäquanz），便不能断然赋予其"违法性"之性格，而应肯认其为一合法之行为。⑦ 在此思考之下，区分故意行为和非故意行为，法益侵害征引违法性仅适用于故意行为。而在非故意行为之中，违法性判断依赖于注意义务之违反，客观的注意义务违反是违法性构成的一部分⑧；因此，违法性必须经过积极的判断才能认定，如果客观的注意义务没有被违反，

---

① Fikentscher. *Schuldrecht*, S. 297.

② Larenz/Canaris. *Lehrbuch des Schuldrechts*, Bd. Ⅱ, Halbband. 2, S. 364；王泽鉴. 侵权行为法. 第1册：230页以下；类似的观点，参见 Markesinis/Unberath. *The German Law of Torts*, p. 70。

③ Vgl. Nipperdey, *Rechtwidrigkeit*, *Sozialadäquanz*, *Fahrlassigkeit*, *Schuld im Zivilrecht*, NJW 1957, SS. 1777ff.；关于刑法上的"行为无价值论"，中文资料参见张明楷. 刑法的基本立场. 北京：中国法制出版社，2002：164页以下；周光权. 违法性判断的基准与行为无价值论. 中国社会科学，2008（4）.

④ MünchKomm/Wagner, §823, Rn. 6.

⑤ Larenz/Canaris. *Lehrbuch des Schuldrechts*, Bd. Ⅱ, Halbband. 2, S. 365.

⑥ Markesinis/Unberath. *The German Law of Torts*, p. 81.

⑦ 王千维. 民事损害赔偿法上"违法性"问题初探（上）. 政大法学评论，第66期.

⑧ *MünchKomm/Wagner*. §823, Rn. 6.

则此行为就具有社会相当性从而不具备违法性。

事实上,德国法实践所采取的主流观点是行为违法和结果违法的折中说。① 此说最早由克默雷尔教授提出,他认为故意侵害和直接侵害适用"法益侵害征引违法性",除此之外,第 823 条第 1 款是一个开放式的构成要件,只有在违反了法秩序迫使个人承担的非成文法上之注意/谨慎义务的情况下,才存在"违法的"侵害行为。② 拉伦茨教授进一步对此观点进行阐发。他与克默雷尔教授的观点不同,认为行为违法也同样适用于故意侵害行为③,"事实上,两种立场都包含了正确的元素,以至于应将它们结合起来适用。在此,出发点在于直接侵害行为和间接侵害行为(unmittelbaren Eingriffen und mittelbaren Beeinträchtigungen)之区分"④。在直接侵害行为中,违法性应依据侵害结果进行判断,如果没有违法阻却事由,则对法益的直接侵害行为就具备违法性。但是,在这里也是违反了一个客观存在的行为义务,即结果避免义务(Erfolgsvermeidungspflicht)。⑤ 最为典型的间接侵害行为是"某人使得危险的产品——例如汽车、武器——进入市场",而侵害权益的最后原因并非由此人所实施,而是由受害人自己或第三人或外部的突发事件所导致。⑥ 对间接侵害行为的违法性判断"仅能建立在行为义务的违反之上——例如,某人使得有瑕疵之产品流通。从教义上观察,这里所涉及的是危险避免义务(Gefahrvermeidungspflicht)"。此种

---

① MünchKomm/Wagner. §823, Rn. 7; Kötz/Wagner, Deliktsrecht, S. 46. 除此之外,Brüggemeier 教授主张建立统一的行为不法理论,不区分故意—非故意侵害和直接—间接侵害,所有侵害的违法性判断都适用行为不法理论,参见 Brüggemeier. Deliktsrecht, SS. 85f.。

② 克默雷尔. 侵权行为法的变迁(上). 李静译. 中德私法研究,第 3 卷. 北京:北京大学出版社,2007:97.

③ "观点上的差异最终归结到以下问题,直接侵害和间接侵害之区分是否有效适用于故意侵害。在拉伦茨看来似乎可以如此,但是克默雷尔认为,故意的法益侵害始终直接就是违法的。" MünchKomm/Wagner. §823, Rn. 7.

④ Larenz/Canaris. Lehrbuch des Schuldrechts, Bd. II, Halbband. 2, S. 365.

⑤ Larenz/Canaris. Lehrbuch des Schuldrechts, Bd. II, Halbband. 2, S. 366.

⑥ Larenz/Canaris. Lehrbuch des Schuldrechts, Bd. II, Halbband. 2, SS. 365, 401f.;"在这里,引致人首先仅是引起了侵害的危险,而这一危险是否能够实现,已经不再由引致人控制。"梅迪库斯. 德国债法分论. 杜景林,卢谌译. 北京:法律出版社,2007:623.

危险避免义务给予了交往安全义务以内在的统一性和理论基础。[1]

　　有责性与违法性按照原初的区分泾渭分明，最为明显的区别在于有责性是对行为人主观之判断，表示行为人的主观可责难性，而违法性是对于行为客观之判断，表示对行为之否定。在这种考虑之下，有责性被认为是主观心理状态的欠缺，并且依据具体行为人和具体状况判断有责性的有无。但是，随着社会的发展，有责性的定义主要并不是以各个债务人所能尽的注意为尺度，民法中的有责性的概念必须作客观的理解[2]，应依据处于和加害人同样的外部环境的假设的理性人的行为，通过具体类型的构建而判断有责性之有无。加害人个人的缺陷不能免除他的责任，霍姆斯对此认为，个人生来的缺陷在上帝的法庭中会得到宽恕，但他的邻人会要求他符合邻人们的标准，法院也会拒绝考虑此人个人的因素。[3] 可以说，适用有责性标准时的客观化和典型化已成为人们的共识。[4] 这一点集中反映在《德国民法典》第276条第2款对于过失的规定之中："疏于尽交易上必要的注意的人，即为有过失地实施行为。"由此，有责性的判断标准是违反了"社会生活上的必要注意"，因而也需要被客观地理解。有责性的客观化使得有责性和违法性之区分开始模糊起来。但如果对违法性采取结果违法说，两者之区分仍可大致维持。

　　在区分故意—非故意侵害的行为违法说以及区分直接—间接侵害的折中说之下，在大量发生的非故意侵害或间接侵害之中，违法性之判断应积极地考察侵害法益之行为是否违反了客观的交往安全义务，而在德国，交往安全义务就被理解为包含所有类型的注意义务，交往安全义务就是《德国民法典》第276条第2款中的一般注意义务的具体化，应根据客观注意义务标准加以确定。[5] 同时，有责性也同样采取客观的违反注意义务这个判断标准，由此违法性和有责性就很难明确区分。行为违法说使得客观违法和可责难的有责性被混同。[6] 此时，在传统的侵权责任三阶层框架之

---

[1] Larenz/Canaris. *Lehrbuch des Schuldrechts*，Bd. Ⅱ，Halbband. 2，SS. 366，402.

[2] 梅迪库斯. 德国债法总论：241.

[3] Holmes. *The Common Law*, p. 108.

[4] 福克斯. 侵权行为法：92.

[5] 克默雷尔. 侵权行为法的变迁. （上）：91.

[6] Fikentscher. *Schuldrecht*, S. 298.

中，本应在有责性阶段所进行判断的大部分内容现在被提前至违法性阶段甚至事实构成要件阶段。①

2. 内在注意与外在注意

为了维持有责性与违法性的区分，在非故意侵害行为中，外在注意与内在注意的区分被一些学者所采纳并得到了德国联邦最高法院的肯定。外在注意涉及外部可以观察到的适当行为，不适当的行为就违反了外在注意；内在注意是指对注意要求的主观认知和避免违反这种要求的主观意识。② 内在注意的核心是危险状况和外在注意义务之法律要求的认识可能性。如果加害人虽然能够认识法秩序的注意要求，却没有认识或者依据此要求而行为，那么就存在有责性。③ 外在注意在违法性层面审查，适用客观标准，而内在注意的审查在有责性层面进行，应当考虑具体参与者的个人能力。④ 过失由此也被分割，违反外在注意就被认为是外在过失，违反内在注意就相应地被认为是"内在过失"。德国联邦最高法院采用了这一区分，同时认为外在注意违反征引了内在注意命令违反。⑤

外在注意与内在注意之区分最为吸引人之处在于其有助于维持有责性与违法性之区分。大量文献借助内在注意和外在注意否认交往安全义务和《德国民法典》第 276 条第 2 款意义上的一般注意义务的同一性。例如，Huber 教授认为，交往安全义务是外在注意的具体化，因而缺乏第 276 条第 2 款的标准，而应当是"最高标准的外在注意"⑥。在此，注意义务会被两次具体化：第一次是在违法构成层面，确定交往安全义务，标准是"最高标准的外在注意"；第二次是在有责性层面，标准是交易上必要的注

---

① 如果依照 Brüggemeier 教授所提出的统一的行为不法理论，所有类型侵害的违法性判断都适用行为不法，则违法性和有责性之间的混同就更为明显。

② Kötz/Wagner. *Deliktsrecht*，S. 52；福克斯. 侵权行为法：92. 例如，如果司机未遵守车速限制，则他违反了外在注意；但如果他根本没有注意到时速限制，则他违反了内在注意；也即，内在注意涉及外在注意对于加害人而言的认识可能性这个问题。

③ Kötz/Wagner. *Deliktsrecht*，S. 52.

④ *MünchKomm/Wagner*. § 823，Rn. 29，34.

⑤ BGHZ，80，186，199. = NJW 1981，1603，1605F. BGH NJW 1986，2757，2758；"违反外在的注意要么指示出违反内心的注意，要么可作为违反内心注意的表象证据。"福克斯. 侵权行为法：92.

⑥ *MünchKomm/Wagner*. § 823，Rn. 62.

意。但是，如果在第二次具体化中依据通说观点坚持客观的过失标准，那么加害人就要对"最高标准的注意"负责，结果就产生了超越第 276 条第 2 款意义上的"交易上必要的注意"这样一种责任，从而偏离了法律的规整计划并超越了法律对注意的要求。如果这种情形应被避免，那么就会导致无意义的过失两次具体化，一次是以最高标准的注意为中心，一次是以交易上必要的注意为中心，但这没有清晰的理由。① 因此，内在注意与外在注意之区分并无充分理由维持违法性和有责性之区分。

况且，外在注意与内在注意之区分本身也颇为可疑。在确定加害人存在义务违反时，对行为要求的客观认识可能性总是会得到暗示。② 为了使行为人能够认识到外在注意的要求，此要求就并非来自天国，而应依据内在注意之标准而被展开。法官也会首先考察，被告应该如何思考和应该知道什么并以此判定行为人应如何行为，这一过程使得对"外在注意"的考察成了考察"内在注意"的不可缺少的、甚至是前置性的组成部分。因此，仅仅存在判断加害人行为的唯一注意命令，外在过失和内在过失是手牵手不可分的。③ 内在注意的客观化使得绝大多数情形下内在注意和外在注意的要求是一致的，因而"外在注意违反征引了内在注意命令违反"，此时，两者区分的实践含义就极小了。因此，可以认为："内在和外在注意仅在纯粹的理论性极端情形中才是可分离的，这两个概念的广泛应用……毋宁说是误导性的。此区分应当被放弃。"④

综上，违法性判断一概采取结果违法说具有极大的缺陷，而在违法性判断采取行为违法说以及折中说的情形下，客观化的有责性与违法性的区分就难以为继，两者出现了部分的统一性；引入内在注意与外在注意的区分对此也回天乏术。归责的分离评价因素于此显现出了再统一之趋势。

（四）通过统一的"义务违反"实现归责

1. 统一的"义务违反"

在日常生活中，我们在许多情况下很容易就形成一个归责的整体直观

---

① *MünchKomm/Wagner*. § 823, Rn. 63, 64.
② Brüggemeier. *Deliktsrecht*, S. 95.
③ Kötz/Wagner. *Deliktsrecht*, S. 52；巴尔. 欧洲比较侵权行为法. 下卷：304 页以下.
④ Kötz/Wagner. *Deliktsrecht*, S. 52.

或感受，例如，我们会通常认为某人承担责任是"活该"，"活该"这个词事实上就生动地体现了归责的整体直观。但是，德国法学家们却通过严密的逻辑分析和评价因素区分从"归责"的整体直观中分离出"违法性"和"有责性"，实现了对于"归责"的概念建构。

直观与概念建构之间存在密切的关联，直观也需要转变为概念建构，需要通过抽象程序从整体直观中祛除有机联系，从而实现这种转变。建构的目的无非就是将"生机勃勃的整体直观"描述（darstellen）出来，在法律适用中又得以将这种结构带入直观之中。① 因此，在法律中，存在着一个直观—建构—直观的科学工作过程，直观既是方法也是目的。概念建构是必要的，但却需要以直观作为界限，从而使得概念建构不会漫无限制。② 而在"归责"的概念建构之中，这种建构是通过"违法性"和"有责性"之间的区分而实现的，但是通过上文的论述可以看出，此种区分已经无法使得"归责"的整体直观顺利达成，模糊了"归责"推理过程的思维重点，从而逾越了"归责"整体直观的界限。

侵权责任是否发生，本质上取决于行为人是否损害了既定的法秩序，这个问题就转变成，加害人是否违反了以维护个人为目标的法秩序所加给他的义务，侵权责任就并非仅仅是被害人权益保护的问题，而是以整体法秩序作为前提的问题③，这就构成了"归责"评价的核心，任何严格的概念建构区分都无法摆脱这种整体性。因此，德国对于"归责"的概念建构必然无法涵盖"归责"评价的整体性，这就会产生诸多问题。但这些问题在不区分违法性和有责性的法体系之中却没有出现。德国法学家自己也承认："如果仔细观察美国《侵权法重述》和追随者 Prosser 所试图呈现的美国侵权法的体系，人们会发现，构成这一体系基础的是'过失（negligence）'这一事实构成。过失案件构成侵权案件的主体。在这些案件中，过失不是被作为过错的形式来理解的，而是被理解为导致他人损害的违反

---

① Vgl. Savigny. System des heutigen römischen Rechts，Bd. 1，Berlin，1840，SS. 9，11，16，44.

② 这也是萨维尼的法学方法与概念法学的法学方法之间的区别之所在。对此的具体论述，请参见朱虎. 法律关系与私法体系. 北京：中国法制出版社，2010：122页以下.

③ 龙卫球. 从撤退开始. 北京：中国法制出版社，2007：253.

注意义务的客观事实构成。……对注意地/谨慎地行为这一义务的违反，在法国法和瑞士法上也构成侵权事实构成的中心，……对它的详细的解释构成了对'过错'和'违法性'事实构成描述的特别重要的部分。"① 英国的经典侵权行为定义就是："因违反法律预先设定的义务而产生的侵权责任。"② 在当前最为重要的"过失侵权"类型中，处于过失侵权中心位置的无疑是注意义务或义务概念，义务概念将违法性、客观过失和保护性规范统一起来。③ 在众多个案中注意/谨慎义务被确定下来，贯穿了过失这一侵权构成的整个范围。④ 违反注意义务在侵权责任构成之中具有核心的位置，这一点似乎已经形成共识，美国《侵权法重述》（第二次）就以此思想作为基础。

在德国的法体系之中，侵权行为所违反的义务被分割为主观性的注意义务和客观性的行为义务，在此基础上构造出了"有责性"和"不法性"。但在"有责性"判断客观化的影响下，尤其在认可了交往安全义务之后，这两个义务之间的区分实际上具有很大的困难，内在注意和外在注意的区分也并不能对此区分加以挽救。⑤ 在此情形之下，以及制定欧洲统一民法典的动因刺激，许多德国学者提出了统一的"义务违反"（Pflichtverletzung，Pflichtwidrigkeit）概念，将之作为侵权责任发生的基础。在克雷默尔教授看来，在所有的案件中，只要可以认定违反注意/谨慎义务的存在，侵权行为的要件就成立了，因此唯一的决定性问题是，侵害行为根据社会交往观念，是否违反了谨慎/注意义务。⑥ Brüggmeier 教授认为，过

---

① 克默雷尔. 侵权行为法的变迁（上）：90.
② Rogers. *Winfield & Jolowicz on Tort*，16th. ed.，London：Sweet & Maxwell，2002，p. 4.
③ 巴尔. 欧洲比较侵权行为法. 上卷. 张新宝译. 北京：法律出版社，2001：359.
④ 克默雷尔. 侵权行为法的变迁（上）：97.
⑤ 坚持此种区分的最重要的学者是 Canaris，Vgl. Larenz/Canaris. *Lehrbuch des Schuldrechts*，Bd. II，Halbband. 2，S. 269. 。对其观点的详细描述，参见王千维. 民事损害赔偿法上"违法性"问题初探（下）. 政大法学评论，第 67 期。但是，上文中对"内在注意"和"外在注意"之区分本身的批评也可同样适用于对 Canaris 之观点的批评。
⑥ 克默雷尔. 侵权行为法的变迁（上）：93 页以下。但是，克默雷尔教授仍然坚持区分"违法性"和"有责性"，在他看来，此种区分可以通过将过失界定为主观性的注意义务违反（即过失认定主观化）得以维持，参见 Kötz/Wagner. *Deliktsrecht*，S. 50.

失概念应从过失的统一有责概念（Einheitsschuldkonzept）中脱离开，并被简化为客观的行为义务违反，由此，行为义务违反和过失就是一回事。① 赞成将统一的"义务违反"作为侵权责任发生基础这个观点的最为重要的德国学者则是 Wagner 教授，他细致地讨论了与此相关的问题。②

与上文中的阐述结合起来，如果要将统一的"义务违反"作为侵权责任发生之基础，需要加以论述的是作为侵权和不作为侵权之区分、直接侵权和间接侵权之区分以及故意侵权和过失侵权之区分，具体观察这些区分是否会影响到统一的"义务违反"成为侵权责任的发生基础。

首先需要考察的是作为和不作为侵权之区分。义务违反是因为作为还是不作为，在很大程度上是重合的。③ 例如，一个安全性技术存在缺陷的汽车被输入市场并最终导致事故发生，此时，可责难性的基础可能在于，生产者违反注意义务地将缺陷汽车输入市场，从而义务的违反是一种作为；但基础也同样可能在于，生产者没有尽到保护第三人利益的标准，从而义务的违反是对这一标准的不作为。④ 但是，人们将重心放在作为还是不作为上面，或者义务违反明显属于作为还是不作为两个中的一个，都在所不问，只要可以认定违反谨慎/注意义务的存在，侵权行为的要件就成立了。⑤ 在上述情形中，只要义务被确定下来，那么注意义务违反之要求和行为不法就可能被认定，行为不法并不取决于作为或不作为这两个范畴的设置。⑥

其次是直接侵权和间接侵权之区分。按照违法性判断之折中说的观点，直接侵权中，注意义务之违反被置于"有责性"层面审查，而间接侵权中，注意义务之违反的大部分内容被置于"违法性"层面甚至"事实构成"层面审查，还有一部分内容要在"有责性"层面审查。但注意义务之违反在哪个阶段进行审查，在结论上并不会存在不同⑦，在这两种侵权中，我们都能够发现注意义务之违反。事实上，直接侵权和间接侵权的正

---

① Brüggemeier. *Deliktsrecht*，S. 96.
② 他对这个问题的集中阐述，参见 Kötz/Wagner. *Deliktsrecht*，SS. 50ff.；auch MünchKomm/Wagner. §823.
③ 克默雷尔. 侵权行为法的变迁（上）：93.
④ Kötz/Wagner. *Deliktsrecht*，S. 46.
⑤ 克默雷尔. 侵权行为法的变迁（上）：93.
⑥ Kötz/Wagner. *Deliktsrecht*，S. 46.
⑦ 王泽鉴. 侵权行为法. 第1册：231.

当化核心并不存在于"违法性"和"有责性"之分离中,而是在于以下观点,即在直接侵权中,注意义务的存在和内容通常很明显,而在间接侵权中就并非如此。① 故此区分只会对于客观注意义务的具体判定产生影响,而对"义务违反"作为侵权责任的发生基础不会有任何影响。②

最后需要加以考虑的是故意侵权和过失侵权之区分。Brüggmeier 教授主张应当将故意侵权和过失侵权区别开来,前者不需要以违反注意义务为前提。③ 但是,这个观念——在故意侵权中,单纯的导致损害(Erfolgsverursachung)就直接可以判定为具有违法性——虽然流行,但却是错误的。这个观念会导致侵权责任的不合理扩大。在刑法理论中已经得到普遍承认的是,故意的致害行为只有在以下情形中才能受到刑事处罚,即行为人逾越了被允许的风险。在故意侵权中也同样需要不被允许的风险这个限制。风险是否被认为是允许的,这同样涉及注意义务的判定。④

因此,所有的上述区分根本不会影响到统一的"义务违反"作为侵权责任的发生基础这个观点。故意和过失侵权在民法中是被统一构造的,将

---

① *MünchKomm/Wagner*. §823, Rn. 22.

② 通常认为,"违法性"除了作为损害赔偿义务之要件的非独立功能之外,还具有独立的"防卫"功能,即对违法行为允许正当防卫和行使防卫权(例如,妨碍预防请求权和妨碍排除请求权),参见 Kötz/Wagner. *Deliktsrecht*. S. 45;周友军. 德国民法上的违法性理论研究. 现代法学,2007(1). 但是,对于这里所产生的特殊问题(经典例子是:护士并未违反注意义务但却要向甲注射致命针剂这种直接侵权行为,甲对此可否进行正当防卫?),可以考虑的是,将思考重点从"甲是否有权进行正当防卫"转变为"甲的防卫行为是否可以原谅从而不承担侵权责任";同时,还可以提出以下问题,即违法性的防卫功能是否只是附属于它的非独立功能,以致防卫权通过单纯的致害或此种危险就已经被触发?换而言之,这些防卫权是否必然以"违法性"的采纳作为前提?参见 Kötz/Wagner. *Deliktsrecht*. S. 45. 对于德国民法中将违法性作为特殊构成的侵权类型(例如雇主责任)而言,也同样可以提出这个问题:此种侵权类型的妥当法效果是否也必然以违法性作为前提。

③ Brüggmeier 教授的这个观点也反映在他与朱岩教授共同起草的"中国侵权责任法学者建议稿"之中,布吕格迈耶尔,朱岩. 中国侵权责任法:学者建议稿及其立法理由:73.

④ Kötz/Wagner. *Deliktsrecht*, S. 48; *MünchKomm/Wagner*, §823, Rn. 24.

"义务违反"作为侵权责任的发生基础。① Wagner 教授因此认为，故意和过失并非有责性的形式（Schuldformen），而是确立了行为不法（Handlungsunrecht），《德国民法典》第 823 条可以被认为是"义务违反的责任"（Haftung für Pflichtwidrigkeit）。

2. 对侵权责任构成分析框架的影响

如果将"义务违反"作为侵权责任发生之基础，那么侵权责任构成的分析框架就应当发生变化。按照 Wagner 教授的观点，分析框架仍然是三个阶层：（1）法益侵害；（2）义务违反；（3）义务违反与法益侵害之间的因果关系。②

在这个分析框架中，居于第二阶层的"义务违反"是最为核心的阶段。而在此阶段，最为重要的问题是确定义务的存在和范围，这需要考虑诸多因素，例如受保护利益的性质和价值、行为的危险性、可期待的行为人的专业知识、损失的可预见性、所涉各方之间的密切关系和依赖关系以及预防措施和其他替代方法的现实可能和费用，而当行为人因年龄、精神病或身体残疾或极其特殊的情况无法期待行为人执行该准则时，可予以适当调整。③ 注意义务的存在和范围本身就是利益衡量的结果，此外，还需要考虑加害人的个人处境或市场地位、交易动机、介入目的或时机、采取手段、影响程度和相冲突法益间的比较衡量等具体个案中的诸多因素。事实上，当我们判断一个行为不具有不法性的同时，其往往同时意味着行为人对此不存在注意义务或未违反注意义务，是否违反注意义务本身就是一个需要结合具体因素予以考量的有待填补的概念，在判断时本就应对包含营业自由在内的行为自由与受损利益之间的平衡作出考量。通过这一要件，本身就足以实现侵权法的平衡。

此分析框架也不会因为直接侵权和间接侵权、故意侵权和过失侵权之区分而复杂化。按照德国传统的三阶层分析框架，违反一般注意义务应置于哪个阶层进行分析，歧义丛生，且依据侵权类型的不同而极为不同，导

---

① MünchKomm/Wagner. §823, Rn. 26；但这并非认为，故意侵权和过失侵权在其他方面不具有法律意义。

② Kötz/Wagner. *Deliktsrecht*, S. 49.

③ 参见 Koziol 教授所主持制定的《欧洲侵权法原则》第 4：102 条第 1 款和第 2 款。

致此三阶层分析框架极其复杂，操作极为困难。①但是，在现在的分析框架中，所有这些问题都不再存在，故而极为清晰，并且使侵权责任的发生基础彰显无疑。②

德国民法上的"违法阻却事由"由于"违法性"的取消，此时应被称为"抗辩事由"③。对于抗辩事由的考察也应被置于"义务违反"阶层，因为抗辩事由的存在表明了义务的不存在，因而也就没有"义务违反"的问题。

（五）《侵权责任法》第 6 条第 1 款解释之核心

《侵权责任法》第 6 条第 1 款之理解和解释必然要以侵权责任发生基础作为背景，并且体现后者。需要明确的是两个前提。第一个前提是，无过错责任和替代第三方的责任（监护人责任，以及更为重要的雇主责任）似乎已经成为与本书主题所讨论的过错责任并列的侵权类型。无过错责任所调整的对象在现代社会中越发凸显出重要性，但无过错责任无论在何种意义上也不能以义务违反作为责任发生基础，其发生基础应当是特殊危险的经营活动所产生的典型风险。而替代第三方（尤其是雇主责任）的责任也同样很难将义务违反作为责任发生基础。因此，侵权责任似乎已大致分化为三个类型：过错责任、无过错责任和替代第三方责任（尤其是雇主责任），这一点在欧洲范围内的最新侵权法草案中都已经有所体现，只是具体

---

① 参见 Wagner 教授对此问题所总结的复杂表格，Kötz/Wagner. *Deliktsrecht*. S. 47.
② MünchKomm/Wagner. §823，Rn. 14.
③ 在危险（无过错）责任中也存在一些事由导致责任不承担，而危险责任的基础并非违法性，德国通说也认为危险责任不具有违法性，因此将这些事由称为"违法阻却事由"就并非合适了。同时，如果在过错责任中，将这些事由称为"免责"事由，就会导致逻辑上的困难，因为这些事由一旦具备，责任就根本不会产生，而并非责任产生之后再"免"责的问题。因此，《侵权责任法》第三章将之命名为"不承担责任和减轻责任的情形"。在诸如正当防卫、紧急避险等传统民法上通过"不法性"要件的欠缺来排除责任类型，在第 30、31 条中是通过对损害"不法性"的欠缺来予以排除的。在这些条文中出现的"不应有的损害"的表述，揭示出我国立法上处理不法性的独特思路。这种思路不从侵害行为或侵害事实是否具有不法性的角度来进行评价，而是结合对侵权后果——损害的考察，来确定法律上的是否提供损害赔偿的救济措施，参见薛军. 损害的概念与中国侵权责任制度的体系化构建. 广东社会科学，2011 (1).

程度有所不同。①

第二个前提是，侵权责任法中的一般条款可能具有一种层次性。位于最顶端的一般条款（"侵权责任的一般条款"）应当是涵盖过错责任、危险责任和替代第三方责任的全面式的一般条款，之后过错责任也应具有一个一般条款（"过错责任的一般条款"）。这两个层次的一般条款不应被混淆，如果侵权责任的一般条款被理解为是过错责任的一般条款，就会导致无过错责任仍然是特殊的侵权责任这种推论，此结论在现代社会中对于危险责任的重要性而言绝对是不妥当的。

在这两个前提之下，对于全部的侵权责任而言，其发生基础就可以通过"归责"而得到体现，并作为侵权责任发生的核心要件，归责的区分导致了侵权责任最为重要的（即使并不是唯一的）类型区分。② 同时，"归责"作为侵权责任发生基础的一般描述，也不应与"不法行为"同时使用，否则仍然会造成归责评价因素的分离。③ 可归责地给他人造成损害的行为人通常应承担此损害的赔偿责任，这个意旨是对侵权责任的一般条款进行理解的基础。因此，《侵权责任法》第 2 条在此意义上似乎不能适格成为侵权责任的一般条款，因其并未体现侵权责任的发生基础，未对"归

---

① 例如，是否将监护人责任和雇主责任共同规定于替代第三方的责任之下，各文本的规定并不完全相同。但在我国《侵权责任法》的外在体系之中，尤其是替代第三方的责任能否被认为是独立类型的侵权责任，这一点会存在很大的疑问。

② Vgl. Bar. *Konturen des Deliktskonzeptes der Study Group on a European Civil Code-Ein Werkstattbericht*，ZeuP 2001, 520f. 在欧洲范围内的最新侵权法和侵权法草案大多使用了"归责"这个概念涵盖过错责任和无过错责任，参见《荷兰民法典》第 6：162 条, Koziol 教授主持制定的《欧洲侵权法原则》第 1：101 条，von Bar 教授领导的 Osnabrück 欧洲民法典研究组所制定的《欧洲民法典共同参考草案》第 6 编第 3 章，《法国民法典 2005 年 Avant 债法改革草案》第 1340 条，《瑞士侵权法草案》第 41 条，《奥地利损害赔偿法学者建议稿草案》第 285 条。这些侵权法草案的中文译本，参见布吕格迈耶尔，朱岩. 中国侵权责任法：学者建议稿及其立法理由：附录二。

③ 《荷兰民法典》第 6：162 条就同时使用了"不法行为"与"归责"，本条第 2 款描述了"不法行为"，体现了对于行为的评价，而本条第 3 款描述了"可归责性"。这种做法似乎仍然将"归责"的评价因素分离开。这事实上已经导致了一些疑问，例如，过失是在认定第 2 款意义上的"对权利的侵犯"就加以考虑，还是在认定第 3 款的"可归责性"时才考察，在荷兰学术界亦有争议，参见巴尔. 欧洲比较侵权行为法. 下卷：289 页注 237.

责"进行具体描述。

在此之下,作为过错侵权责任一般条款的《侵权责任法》第 6 条第 1 款的解释就需要以"归责"作为核心,表明过错侵权责任的发生基础是"义务违反",违反必要行为义务的行为具有可归责性,而"义务违反"在《侵权责任法》第 6 条第 1 款之中就体现为"过错"这个表述,故"过错"就应被解释为"义务违反",从而使适用此条的侵权行为具有可归责性,从而产生损害赔偿责任。[1]

---

[1] 同样的观点,参见王利明. 我国《侵权责任法》采纳了违法性要件吗?. 中外法学, 2012 (1),他认为,我国《侵权责任法》中过错吸收了违法性,应当采用统一的违反注意义务作为认定损害赔偿责任的标准。

第七章 基本结论和结语

一、基本结论

1. 在风险社会语境下,规制性规范和侵权法之间不可能相互区隔,亦无何者应当在一般意义上优位的问题,两者实际上是"相互工具化",两者在目标、手段上的不同,以及在行为标准设定、执行、责任后果、预防和行为诱导方面所存在的诸多差异,导致了规制性规范和侵权法规范之间不会互相替代,也根本不存在何者优位的问题,而是相互协作和接轨,在整体法秩序下相互配合。在许多国家的侵权法中,为实现此种接轨汇流,都设置了相应的转介条款,转介条款的功能绝非引致,而是在适当理解立法者和司法者关系的基础上,通过概括授权容许司法者在侵权法领域作出自主评价。但是,即使不存在转介条款的立法设置,但只要立法者没有明确排除司法者的自主评价可能性,立法者和司法者之间的妥当关系就仍然决定了司法者自主评价空间的存在,因而不能认为转介条款不存在就会导致司法者无自主评价空间。

2. 侵权法中的法益区分保护具有思想和技术两个层面，分别对应着是否要区分保护以及如何区分保护这两个问题。作为一种思想的法益区分保护是一种制度共识，有助于通过社会典型公开性妥当协调行为自由和法益保护的价值，具有体系理性和价值理性的正当基础。在承认法益区分保护思想的前提下，如何区分保护或者实现法益区分保护思想的规范技术是多元化的。德国法的规范技术以制定法实证主义为方法基础，目的在于限制司法者的裁量空间，实现分权体制，但侵权法本身的特点使得司法者的裁量空间必不可少，因此其意图的实际效果不佳，且会带来保护不足的问题。为了解决德国法规范技术所带来的上述问题，更为妥当的方式是以动态系统作为方法基础构建动态、弹性的法益区分保护规范技术。我国《侵权责任法》第6条第1款隐含了"具有法律相关性的损害"这个概念，该概念是解释的规范基础，并且具有两个实质性的论证规则，即"社会典型公开性较强、价值较高的法益一般应受侵权法保护，除非具有充分且正当的理由"和"社会典型公开性较弱和价值较低的法益一般不受侵权法保护，除非具有充分且正当的理由"，而在充分且正当的理由构建过程中，划定多元化的考量因素，授权司法者进行更为动态和弹性化的综合权衡。

在这种动态、弹性化的司法者综合权衡过程中，除法定绝对权中的典型核心法益之外，法定绝对权中的一些法益、非绝对权的法定权利以及非法定利益应否得到侵权法保护，并非显而易见，由于规制性规范所保护的法益具有较强的社会典型公开性和较高的价值，因而规制性规范对界定侵权法保护对象具有重要意义，这是各国侵权法所普遍承认的。在我国侵权法体系中，由于与德国侵权法体系存在重大不同，因而无法像德国侵权法那样构建出独立的侵权责任类型，但是通过规制性规范对《侵权责任法》第6条第1款中所规定和隐含的"具有法律相关性的损害""过错"和"因果关系"这些概念的具体化作用，规制性规范对侵权法保护对象的界定功能仍然能够存在。

3. 规制性规范当然可能会影响到侵权法保护对象的界定，但为了实现行为自由，应区分规制性规范对侵权法保护对象的"影响"作用和"直接界定"作用，并非所有的规制性规范都能够直接界定侵权法所保护的对象。我国现行立法、司法解释和案例之中创造性地将规制性规范作为界定侵权法保护对象的方式之一，但在司法适用中，对上述区分较为模糊，对能够直接界定侵权法保护对象的适格规制性规范缺少一个整体的论证框架，因而在适用时具有诸多疑虑之处。

能够直接界定侵权法保护对象的适格规制性规范具有诸多要件，包括：（1）规范要件，即不能是宪法规范和仅仅与行政机关的内部活动相关的"行政规则"，且其必须是明确规定了或已通过具体行政行为具体化了特定行为义务的强制或禁止规范。（2）目的要件，即其必须是以保护个人为全部或部分目的的规制性规范（保护性规范），而不能仅以保护国家公共利益或公众为目的。在确定该目的时，政策评价具有较大的影响，且具有一定的解释对象、解释立场、解释目标和解释方法；如果涉及纯粹财产损失，界定规制性规范是否具有保护个人的目的时，应具有更加严格的条件。（3）实际违反要件，即被违反规范的构成要件被充足，且受害人和受害人的损失处于该规范的保护范围之内。在我国的侵权法体系之中，可以通过整体类推的方式实现规制性规范对侵权法保护对象的界定功能。

4. 侵权责任成立中的过错判断具有相当的独立性，不承认遵守规制性规范即不成立侵权责任的"合法性抗辩"。但规制性规范的违反会对于过错判断产生重要影响，视规制性规范是否具有保护他人之目的而具有不同的影响。违反保护性规范可通过表见证明规则而推定行为人过错的存在，行为人可反证其就违反保护性规范或法益侵害无过错而推翻上述推定。违反非保护性规范，或者虽违反保护性规范但受害人或被侵害法益处于该规范保护范围之外的，仅能作为证明行为人过错的手段之一，即仅能作为过错之证据。

5. 在确定过错侵权责任的一般分析结构，不承认违法性和过错区分的基础上，还需要注意的是规制性规范违反与因果关系的判断问题。如果被违反的规制性规范具有保护他人之目的，且受害人和被侵害法益处于该规范的人和物的保护范围之内，则能够产生责任成立的因果关系的推定作用，且根据判断因果关系的法规目的理论，该种规制性规范对于确定责任范围的因果关系也具有重要影响。

二、本书所确立之分析结构的适用范围

（一）责任种类的区分

这里所确立的违反规制性规范的侵权责任构成之分析结构对过错侵权的损害赔偿责任的构成最具有分析意义。按照《侵权责任法》第6条第1款结合第15条，过错侵权损害赔偿责任的要件包括具有法律相关性的损

害、行为、过错和因果关系，此时，本书所分析的规制性规范对于侵权法的保护对象，也即"具有法律相关性的损害"的界定作用、对于过错和因果关系的推定作用皆能够予以适用。

但是，这并不意味着本书所确立的分析结构对于过错推定侵权责任、无过错侵权责任以及法定补偿责任①不具有任何意义。毕竟，它们与过错侵权责任之间最为重要的区别是，是否以过错作为要件或过错的举证责任，但仍然需要过错侵权责任的其他要件。这意味着，本书所确立的分析结构之中，除了规制性规范违反对于过错的推定作用，其他方面的分析仍然具有相当的意义。②

(二) 责任方式的区分

1. 损害赔偿

从《民法通则》第 134 条的规定到《侵权责任法》第 15 条的规定，再到《民法总则》第 179 条的规定，我国一直采取一种责任法或者救济法的思路，倾向于以如何救济民事主体为重点，侵权责任方式并不限于损害赔偿，而是采取了多元化的责任方式，包括停止侵害、排除妨碍、消除危险、返还财产、恢复原状、赔偿损失、赔礼道歉、消除影响和恢复名誉。具体来说，可以认为侵权责任承担方式包括损害赔偿（赔偿损失、回复原状③）和非损害赔偿（停止侵害、排除妨害和消除危险等预防性责任，返

---

① 关于法定补偿责任，具体请参见王利明.债法总则研究.北京：中国人民大学出版社，2015：597 页以下；王轶.作为债之独立类型的法定补偿义务.法学研究，2014（2）；张谷.论《侵权责任法》上的非真正侵权责任.暨南学报（哲学社会科学版），2010（3）.

② 如前文所述，无过错责任以及不要求过错的法定补偿责任所保护的对象，除非存在特别规定（例如《侵权责任法》第 41 条规定），本来就不应包括非绝对权的利益在内，否则对行为自由的影响太过剧烈，故当然也就不发生所谓的法益区分保护问题，具体请参见于飞.权利与利益区分保护的侵权法体系之研究：第六章.因此，本书有关规制性规范对侵权法保护对象的界定作用方面的分析，在无过错责任和法定补偿责任中的意义相对而言要受到限缩。

③ 为了与《侵权责任法》第 15 条所规定的"恢复原状"相区别，本书将与金钱赔偿损失（Geldersatz）相对的损害赔偿方式称为"回复原状"，"回复原状"包括但不限于第 15 条所规定的"恢复原状"，还可能包括消除影响和恢复名誉。最高人民法院也做类似理解，参见奚晓明主编.《中华人民共和国侵权责任法》条文理解与适用.北京：人民法院出版社，2010：117 页以下.

还财产，赔礼道歉）。① 必须承认，侵权责任方式的多元化带来了诸多问题，导致规则适用上的困难，例如，《侵权责任法》中哪些条文应当仅适用于侵权损害赔偿责任而非所有侵权责任，如何从形式上区分侵权损害赔偿责任和其他侵权责任，是采取目前的立法方式，还是将损害赔偿责任之外的其他责任形式单独另行规定，等等。② 但是，不可否认的事实是，我国的侵权责任方式不限于损害赔偿责任方式。因此，还需要说明的是，本书所确立之分析结构对于不同侵权责任方式的适用可能性。

本书所确立的分析结构对赔偿损失（金钱赔偿）责任方式最具有意义。但是，回复原状和金钱赔偿都属于损害赔偿。所谓回复原状，是指义务人应当通过经济手段使被侵权人处于假设无致害事件发生时的应有状态，即处于经济上具有等值性的状态，而并非原有状态。其维护受害人的完整性利益，而与维护受害人价值利益的金钱赔偿相对，回复原状和金钱赔偿是损害赔偿的两种方式。③ 回复原状的具体形式多种多样，在物损情形中，回复原状主要指向修理、更换或重作，但并不限于此，还包括在修理过程中或购置新物过程中所提供的供受害人使用的替代物等④；同时包括消除影响和恢复名誉；除此之外，回复原状还具有多种形式，例如通过欺诈手段与受害人签订合同情形中的取消合同，因侵害行为使得受害人对侵害人之债权时效届满情形中的禁止侵害人行使时效届满抗辩，因侵害行为使得受害人对第三人产生债务情形中的由侵害人替受害人偿还债务，侵犯人格权领域中的消除影响和返还资料等⑤；在侵犯名誉和其他人格权领

---

① 具体请参见张谷. 论《侵权责任法》上的非真正侵权责任. 暨南学报（哲学社会科学版），2010（3）.

② 张谷. 作为救济法的侵权法，也是自由保障法. 暨南学报（哲学社会科学版），2009（2）.

③ Vgl. Medicus. *Bürgerliches Recht*，2004，S. 572.；MünchKomm/Oetker. § 249, Rn. 325；德国法中回复原状的损害赔偿方式优先，而我国法原则上由受害人自由选择回复原状和金钱赔偿损失，另有规定的如《国家赔偿法》第 32 条。

④ 回复原状还具有多种形式，例如通过欺诈手段与受害人签订合同情形中的取消合同、因侵害行为使得受害人对侵害人之债权时效届满情形中的禁止侵害人行使时效届满抗辩、因侵害行为使得受害人对第三人产生债务情形中的由侵害人替受害人偿还债务、侵犯人格权领域中的消除影响和返还资料等，Vgl. Lange. *Schadenersatz*，1979，SS. 140ff. 这些大多属于《侵权责任法》第 15 条所规定的"恢复原状"的范畴。

⑤ Vgl. Lange. *Schadenersatz*，SS. 140ff.

域，回复原状可能会包含要求返还可能侵权的资料或照片。① 损害赔偿，无论是回复原状还是赔偿损失，在过错侵权责任中，都需要行为人存在过错，在经由前文所论述的违反适格规制性规范使被侵害的自然人人身权益成为侵权法保护对象、推定过错和因果关系且无反证推翻的前提下，则行为人自然可能会承担损害赔偿责任。因此，本书所确立的分析结构在损害赔偿责任方式中具有最为重要的意义。

即使在惩罚性赔偿责任情形中，依据我国现行法律的规定，往往涉及"缺陷"或"不符合标准"这个客观要件②，此时，对于该客观要件的认定而言，违反规制性规范本身仍具有相当的意义。

2. 预防性责任

需要重点论述的是预防性侵权责任，其包括停止侵害、排除妨碍、消除危险。我国《侵权责任法》第21条规定："侵权行为危及他人人身、财产安全的，被侵权人可以请求侵权人承担停止侵害、排除妨碍、消除危险等侵权责任。"此种责任方式的构成无须以过错作为构成要件。③ 值得注

---

① 巴尔. 欧洲比较侵权行为法. 下册. 焦美华译. 张新宝校. 北京：法律出版社，2001：173.

② 例如，《侵权责任法》第47条规定："明知产品存在缺陷仍然生产、销售，造成他人死亡或者健康严重损害的，被侵权人有权请求相应的惩罚性赔偿。"《食品安全法》第148条第2款规定："生产不符合食品安全标准的食品或者经营明知是不符合食品安全标准的食品，消费者除要求赔偿损失外，还可以向生产者或者经营者要求支付价款十倍或者损失三倍的赔偿金；增加赔偿的金额不足一千元的，为一千元。但是，食品的标签、说明书存在不影响食品安全且不会对消费者造成误导的瑕疵的除外。"《消费者权益保护法》第55条第2款规定："经营者明知商品或者服务存在缺陷，仍然向消费者提供，造成消费者或者其他受害人死亡或者健康严重损害的，受害人有权要求经营者依照本法第四十九条、第五十一条等法律规定赔偿损失，并有权要求所受损失二倍以下的惩罚性赔偿。"最高人民法院《关于审理食品药品纠纷案件适用法律若干问题的规定》第15条规定："生产不符合安全标准的食品或者销售明知是不符合安全标准的食品，消费者除要求赔偿损失外，向生产者、销售者主张支付价款十倍赔偿金或者依照法律规定的其他赔偿标准要求赔偿的，人民法院应予支持。"

③ 最高人民法院公布的《第八次全国法院民事商事审判工作会议（民事部分）纪要》第7条也认为："依据侵权责任法第二十一条的规定，被侵权人请求义务人承担停止侵害、排除妨害、清除危险等责任，义务人以自己无过错为由提出抗辩的，不予支持。"

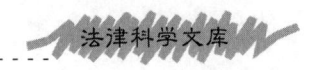

意的是，在侵犯物权领域，排除妨害请求权这种预防性责任要与侵权损害赔偿责任区分开①，具体就要区分妨害和损害，前者无须过错，而后者需要过错，否则可能会完全掏空整个过错侵权责任体系，侵权损害赔偿责任所适用的过错责任将被取消，从而蜕变为结果责任（Verursachungshaftung）。解决这种困扰的出路就是区分损害与妨害，为两种请求权寻找各自的适用领域和要件，具体而言，依据排除妨害请求权，妨害人应排除持续发生影响的初始危险源，无须过错；而排除后续妨害或结果性妨害的责任则应依侵权损害赔偿请求权承担责任，需要过错。②

　　侵权损害赔偿责任是侵权法的事后救济，仅被用来赔偿行为所产生的负效应（即内化外部性），而不是被用来禁止或阻止侵权行为，那么这非常明显地体现出，规制法和侵权法的目标是不同的，前者的目标是（在特定条件下）禁止或允许某些行为，而后者的目标是赔偿受害人。但预防性侵权责任同样涉及侵权法的事前救济，体现了侵权法和规制法目标的重合。"司法在侵权案件中关于禁令救济的能动主义关涉到规制法和侵权法之间的平衡……侵权法和规制法的目标和手段是重合还是不同，这依赖于司法者在侵权案件中提供禁令救济的能力以及该能力在实践中运用的程度。"③ 当然，由于诉讼成本、救济中搭便车的可能性以及信息成本的原因，通过公法的方式实现事前预防可能成本更低，并且，通过这种方式能够在行为的早期阶段进行干预，要求行为的事先许可。但是，私法所提供的预

---

　　① 《侵权责任法》第15条所规定的"排除妨碍"和《物权法》第35条所规定的"排除妨害"在实际意涵上似乎并无区别。

　　② Medicus/Lorenz. *Schuldrecht II*，*Besonderer Teil*，Aufl. 15，2010，Rn. 1440. 当然，区分妨害与损害的方式可能存在不同，德国法通说是区分初始妨害源和已经造成的损害，BGHZ 29，314，317；28，110，113；Larenz/Canaris. *Schuldrecht*，II/2，1994，S. 703；而《欧洲私法共同参考框架》第8-6：101条第3款则将妨害表述为"removal of traces"，即可清除的痕迹，也就是作为结果而遗留于动产上的有形物质，它并未导致对动产实体的损害，从而与施加于动产上的损害区分开来，See Bar/Clive ed.，*Principles*，*Definitions and Model Rules of European Private Law*，vol. 5，Sellier，2009，p. 5173f.。

　　③ van Boom. *On the Intersection between Tort Law and Regulatory Law—A Comparative Analysis*，in：van Boom/Lukas/ Kissling ed.，*Tort and Regulatory Law*，p. 425.

防性救济方式具有灵活性，能够促进效率目标和正义目标之间的妥协。① 由此，预防性责任是对法益的一般保护方式，与侵权损害赔偿请求权和不当得利请求权，三者在功能上相互区分和配合，分别取向于权利实现（Rechtsverwirklichung）、补偿（Wiedergutmachung）和剥夺（Abschöpfung）。②

在确定预防性责任时，首先需要具备"具有法律相关性的损害"发生的危险或迫近。③ 因此，如同侵权损害赔偿责任的构成一样，适格的规制性规范仍然具有界定何为"具有法律相关性的损害"的功能。在德国法中，通说也认为应当将预防性责任的救济方式扩展到非物权的绝对权（如无体财产权、人格权等），甚至扩张至一些特定法益上，例如通过保护性规范所保护的实体性法益④；实践中也采取同样的做法。⑤ 因此，《德国民法典》第823条不仅是损害赔偿请求的法律基础，通过类推第1004条对物权的预防性救济，还可作为停止侵害和排除妨碍的法律基础。这也意味着本书所确立的相关分析框架在此仍然具有非常重要的意义。

同样，在判断排除预防性责任的容忍义务时，相关的规制性规范仍然具有非常重要的意义。在德国法中，规定了不可量物侵入的第906条在1994年被修正，在原第1款中（土地所有权人不得禁止煤气、蒸气、臭

---

① Ogus. *The Relationship between Regulation and Tort Law*：Goals and Strategies，in：van Boom/Lukas/ Kissling ed. , *Tort and Regulatory Law*，p. 385.

② Vgl. Mager. *Besonderheiten des dinglichen Anspruch*，AcP 193 (1993)，71.

③ 具体请参见欧洲民法典研究组，欧盟现行私法研究组编著. 欧洲私法的原则、定义和示范规则（第五、六、七卷）. 王文胜等译：199；同样的观点，薛军. 损害的概念与中国侵权责任制度的体系化构建. 广东社会科学，2011 (1). 必须承认的是，在侵权损害赔偿责任和预防性责任中，"具有法律相关性的损害"的具体界定可能有所不同，但其中的考量因素应当是相同的，参见《欧洲示范民法典》第6-2：101条。

④ Vgl. Medicus. *Bürgerliches Recht*，Aufl. 20，Carl Heymanns Verlag，Berlin，2004，s. 426；Picker. *Der "dingliche" Anspruch*，in：*Im Dienste der Gerechtigkeit：Festschrift für Franz Bydlinski*，2002，SS. 314ff.；Mager. *Besonderheiten des dinglichen Anspruch*，AcP 193 (1993)，71；Henckel. *Vorbeugender Rechtsschutz im Zivilrecht*，AcP 174 (1974)，97-144；Kötz. *Vorbeugender Rechtsschutz im Zivilrecht*，AcP 174 (1974)，145-166.

⑤ RGZ 60，6；RGZ 148，114.；施瓦布. 民法导论. 郑冲译. 北京：法律出版社，2006：266页以下.

气、烟、煤烟、热、噪声、震动以及从另一块土地发出的类似干涉的侵入，但以该干涉不妨害或仅轻微地妨害其土地的使用为限）加入了第 2 句和第 3 句，即"在通常情况下，法律或法规命令确定的极限值或标准值不被依照这些规定算出和评价的干涉所超出的，即为存在轻微的妨害。依照《联邦公害法》第 48 条颁布并反映技术水平的一般行政法规中的数值，亦同"。按照该新加入的规定，未超过规制性规范所规定的数值的排放原则上应被容忍，但因为"在通常情况下"文句的存在，这仅仅是作为一个准则，而非对民事审判的约束力规定，因而尽管排放行为遵守了排放数值，但该排放行为仍可能并非轻微的，所以仍然可能会被课予预防性救济。① 因此，一般认为，第 906 条第 1 款第 2 句确定了侵权法自治的原则。

这种观点是合理的。诚如前文所述，区分符合国家规定的环境污染行为和不符合国家规定的环境污染行为仍具有非常重要的意义，至少前者更有可能导致侵权损害赔偿，但却更有可能不承担预防性责任。反过来同样有可能的是，虽然法律施加了一定的环境保护标准，但因该标准太高而是无效率的，那么，虽然违反该标准可能会产生侵权损害赔偿的责任，但是却拒绝通过预防性责任方式予以保护。② 因此，一般可以认为，可以通过行为人违反规制性规范而推定相对人不存在容忍义务，因而行为人可被课予预防性责任。③ 虽然该结论不可绝对化，但是该结论仍然具有论证责任上的意义，即推翻此种推定者应承担论证责任，论证其具有充分且正当的理由。

我国《物权法》第 89 条规定："建造建筑物，不得违反国家有关工程建设标准，妨碍相邻建筑物的通风、采光和日照。"第 90 条规定："不动产权利人不得违反国家规定弃置固体废物，排放大气污染物、水污染物、噪声、光、电磁波辐射等有害物质。"这些规范并未规定法律后果，但这些规范直接援引了规制性规范，在司法实践中，采用了技术标准等规制性

---

① 1994 年之前的判决有 BGH NJW 1995, 132, 133; BGHZ 121, 248, 252f.; 120, 239, 254ff.; 111, 63, 65f.; 92 143, 151ff.; 1994 年之后的判决有 BGH, NJW 2004, 1317, 1318; NJW 1999, 1029, 1030。

② Ogus. *The Relationship between Regulation and Tort Law*: *Goals and Strategies*, in: van Boom/Lukas/ Kissling ed., *Tort and Regulatory Law*, p. 385.

③ 许宗力. 行政法对民、刑法的规范效应//葛克昌，林明锵主编. 行政法实务与理论. 台北：元照出版公司，2003.

规范来认定预防性责任的存在。例如，在"陆某东诉永达公司环境污染损害赔偿纠纷案"中[①]，上海市浦东新区人民法院通过援引上海市质量技术监督局于 2004 年 6 月 29 日发布、自 2004 年 9 月 1 日起在上海市范围内实施的《上海市城市环境（装饰）照明规范》，认定被告所设置路灯的数量足以改变居室内人们夜间休息时通常习惯的暗光环境，且超出了一般公众普遍可忍受的范围，已构成由强光引起的光污染侵害，因此判决被告应排除对原告造成的光污染侵害。

3. 赔礼道歉和返还财产

首先，赔礼道歉作为民事责任形式在理论上仍然存在争议[②]，但是作为法律所规定的责任形式，其主要适用于人身法益受侵害的情形，只有自然人才可以请求赔礼道歉，加害人的过错是一个适用条件，但是并非必须达到严重的程度。[③] 因此，如果违反规制性规范造成自然人人身权益受侵害，在经由前文所论述的违反适格规制性规范使得被侵害的自然人人身权益成为侵权法保护对象、推定过错和因果关系且无反证推翻的前提下，则行为人自然可能会承担赔礼道歉的民事责任。

其次，返还原物（返还财产）的责任承担方式无须以过错作为要件。虽然其与《物权法》第 34 条之间的关系仍需厘清[④]，但无论如何，在行为人违反规制性规范占有他人之物的情形中，有可能会构成无权占有，此时即使行为人无过错，也自可请求返还原物。

（三）别无特别请求权基础存在

仅在无特别请求权基础的情形下，才可适用本书所确立之一般分析结

---

① 最高人民法院公报，2005（5）.

② 反对观点，参见姚辉，段睿."赔礼道歉"的异化与回归. 中国人民大学学报，2012（2）；周友军. 我国侵权责任形式的反思. 法学杂志，2009（3）；吴小兵. 赔礼道歉的合理性研究. 清华法学，2010（6）. 肯定观点则坚持赔礼道歉作为民事责任的形式，但均从不同方面进行限制，例如葛云松. 民法上的赔礼道歉责任及其强制执行. 法学研究，2011（2）；黄忠. 赔礼道歉的法律化：何以可能及如何实践. 法制与社会发展，2009（2）；张红. 不表意自由与人格权保护——以赔礼道歉民事责任为中心. 中国社会科学，2013（7）.

③ 葛云松. 赔礼道歉民事责任的适用. 法学，2013（5）.

④ 具体论述请参见朱虎. 物权请求权的独立与合并. 环球法律评论，2013（6）.

构。德国学者和我国台湾地区学者通常如此认为。① 在美国法中，同样要区分规定特定行为标准的规制性规范和创设了新的诉因的规制性规范，后者创设了一整套有关行为或审判的规则，最为典型的是《联邦雇主责任法》（Federal Employers Liability Act，FELA），该法废除了共同过失和自担风险的抗辩，使得受害人获得赔偿更为容易，因此，就适用范围的案件而言，该法直接成为请求权基础。② 原因不外乎是避免架空既有侵权责任的特殊规范设计，使特别法上侵权责任规定成为具文；且既然立法者已经作出决定，自然就各特殊构成要件已有特别的立法考量，司法者即无须有自主评价空间。此观点可资赞同，其在我国的规范基础为《侵权责任法》第5条："其他法律对侵权责任另有特别规定的，依照其规定。"本书所确立的违反规制性规范的侵权责任构成之分析结构仍处于过错侵权的大类型之下，规范基础是《民法通则》第106条第2款或者《侵权责任法》第6条第1款，依据《侵权责任法》第5条规定，自然须以其他法律并未作出特别规定为前提。

举例言之，我国《公司法》第184条至第188条具体规定了清算组在公司清算期间应当具体履行的义务，第189条第1款和第2款规定了"清算组成员应当忠于职守，依法履行清算义务"，以及"清算组成员不得利用职权收受贿赂或者其他非法收入，不得侵占公司财产"。第189条第3款明确规定："清算组成员因故意或者重大过失给公司或者债权人造成损失，应当承担赔偿责任。"此时，第189条第3款适足作为一独立的请求权基础，且其以"故意或重大过失"作为特殊构成，凸显了立法者的特殊考量，自然不可再迂回适用《民法通则》第106条第2款或者《侵权责

---

① Knöpfle. *Zur Problematik der Beurteilung einer Norm als Schutzgesetz im Sinne des § 823 Abs. 2 BGB*, NJW, 1967, S. 700；Spickhoff. Gesetzverstoß und Haftung, S. 138f.；苏永钦. 再论一般侵权行为的类型：311页以下；颜佑紘. 民法第一百八十四条第二项侵权责任之研究：339页以下. 基本观点在于：特别侵权法规定往往规定了特殊的责任成立要件、举证责任和法律效果，而作为一般侵权类型之一的违法侵权类型的存在意义是对其他民事侵权责任规定的补充或补强，因此，无论是民法还是特别法规定的侵权责任，只要立法者已经直接规定了特殊的请求权基础或侵权责任，就没有必要加以迂回。

② 多布斯. 侵权法. 马静等译：275页以下.

任法》第 6 条第 1 款。①

《证券法》中也同样存在许多特别的请求权基础。例如，第 69 条规定："发行人、上市公司公告的招股说明书、公司债券募集办法、财务会计报告、上市报告文件、年度报告、中期报告、临时报告以及其他信息披露资料，有虚假记载、误导性陈述或者重大遗漏，致使投资者在证券交易中遭受损失的，发行人、上市公司应当承担赔偿责任；发行人、上市公司的董事、监事、高级管理人员和其他直接责任人员以及保荐人、承销的证券公司，应当与发行人、上市公司承担连带赔偿责任，但是能够证明自己没有过错的除外；发行人、上市公司的控股股东、实际控制人有过错的，应当与发行人、上市公司承担连带赔偿责任。"这一条规定就足以构成特别的请求权基础。

但是，对于一个规范是否构成了特别的请求权基础，仍然需要谨慎细致的思考。例如，《公司法解释（二）》第 18 条第 1 款规定："有限责任公司的股东、股份有限公司的董事和控股股东未在法定期限内成立清算组开始清算，导致公司财产贬值、流失、毁损或者灭失，债权人主张其在造成损失范围内对公司债务承担赔偿责任的，人民法院应依法予以支持。"这是否确立了一个特别请求权基础呢？这里并未规定责任人的过错问题。如果最高法院的意图就是确立一个无过错责任且理由充分并正当，那么该条规范构成一个特别的请求权基础是没有问题的；但是，如果最高法院的意图并不清晰或者确定无过错责任的理由是不充分和正当的，那么该条规范就是一个不完全法条，更无法构成一个特别的请求权基础，仍然要结合《侵权责任法》第 6 条第 1 款予以解释适用，因此仍然需要过错要件，即使存在过错的举证责任减轻的可能性。

---

① 此时，《公司法解释（二）》中的许多规定就值得思考。例如，该解释第 23 条第 1 款规定（"清算组成员从事清算事务时，违反法律、行政法规或者公司章程给公司或者债权人造成损失，公司或者债权人主张其承担赔偿责任的，人民法院应依法予以支持"）、第 11 条第 2 款规定（"清算组未按照前款规定履行通知和公告义务，导致债权人未及时申报债权而未获清偿，债权人主张清算组成员对因此造成的损失承担赔偿责任的，人民法院应依法予以支持"）等，是否需要结合《公司法》第 189 条第 3 款规定予以再次解释，需要清算组成员的故意或重大过失，从而司法解释中的这些规定是否为不完全性法条呢？

三、违反规制性规范之侵权责任构成的分析结构：简单图示

违反规制性规范既可能会侵犯法定绝对权中的典型核心法益，也可能会侵犯非法定利益、非绝对权的其他权利或不确定是否属于法定绝对权保护范围的法益。这两种情形差异很大。因为在后一种情形中，只有在被违反的规制性规范满足了一定条件的情形下，才能直接界定被侵犯的法益应当受到侵权法保护，由此所产生的损害应当受到侵权法的保护，且因果关系和过错此时可直接因表见证明而推定存在；其他类型的规制性规范则不能直接界定被侵犯的法益受到侵权法保护，"具有法律相关性的损害"这个要件既然无法直接满足，就不必然因为违反该类规制性规范而导致承担侵权责任。

但在前一种情形中，进行"受保护法益"或"具有法律相关性的损害"分析这个阶段没有太大必要，因此，规制性规范只会对分析结构中其他要件是否充足的认定发生作用，无论何种类型的规制性规范都不会对法益是否应当被侵权法保护这个问题产生影响，满足一定条件的规制性规范能够缩短过错和因果关系的认定过程，但违反其他类型的规制性规范，仍然可能会使侵犯绝对权的行为人承担侵权责任。因此，在确定分析结构时，应将这两种情形分开进行讨论，以最终具体确定两种情形下各自所适用的分析结构。

由此，在区分这两种情形的基础上，以过错侵权损害赔偿责任作为核心类型，违反规制性规范的侵权责任构成可以简单图示如下。

前提：无特别的请求权基础规定，且无特别的举证责任规定
规范基础：《侵权责任法》第 6 条第 1 款

情形1：违反规制性规范侵犯法定绝对权中的典型核心法益

要件　　　　　　　　　　　　　　　举证责任

```
┌─────────────┐
│  法益被侵害  │---------------┐  ┌──────────────────┐
└──────┬──────┘               └--│ 原告承担举证责任，│
       │                         │ 且并无举证责任减  │
       ▼                         │ 轻之机制          │
┌─────────────┐                  └──────────────────┘
│ 违反规制性   │
│ 规范的行为   │
└──────┬──────┘
       │                         ┌──────────────────┐
       ▼                         │ 原告承担举证责任，但│
┌─────────────┐                  │ 可因规范意欲避免之典│
│  因果关系    │---------------- │ 型风险实现而通过表见│
└──────┬──────┘                  │ 证明推定因果关系存在│
       │                         └──────────────────┘
       │        ┌──────────────┐
       │        │规范具保护个人│
       ├────────│目的，其具有明│
       │        │确行为义务规定│       ┌──────────────┐
       │        └──────┬───────┘       │ 原告承担举证责│
       │               │        -------│ 任，但可因表见│
       │               ▼               │ 证明而推定过错│
       │        ┌──────────────┐       │ 存在          │
       │        │保护范围：人、物│----- └──────────────┘
       │        └──────────────┘
       ▼
┌─────────────┐
│    过错     │
└──────┬──────┘
       │        ┌──────────────┐       ┌──────────────┐
       │        │规范不具保护个│       │原告承担举证责任，│
       └────────│人目的，或不在│-------│且违反该等规范仅│
                │保护范围之内  │       │可作为认定过错存│
                └──────────────┘       │在的证据之一    │
                                       └──────────────┘
```

情形 2：违反规制性规范侵犯非法定利益、非绝对权的其他权利或不确定是否属于法定绝对权保护范围的法益

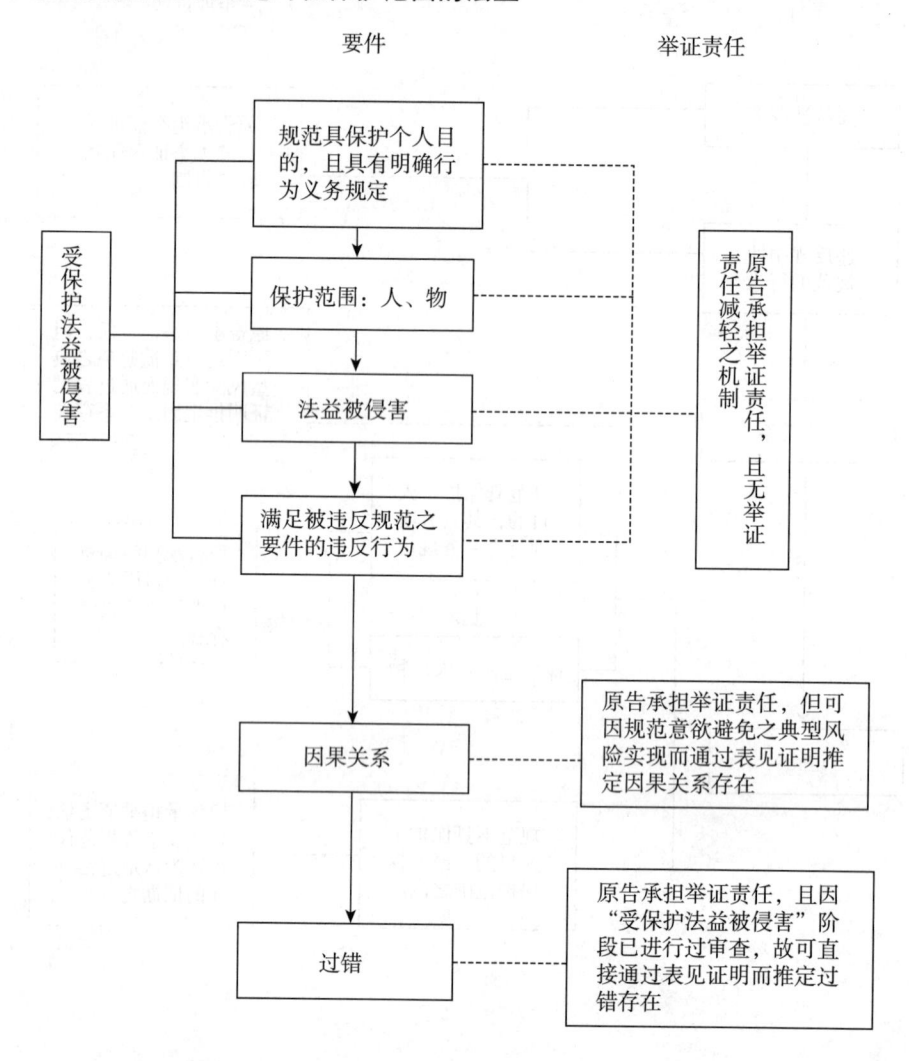

要件　　　　　　　举证责任

```
                    ┌─────────────────┐
                    │ 规范具保护个人目 │
              ┌─────┤ 的，且具有明确行 ├──────┐
              │     │ 为义务规定       │      │
              │     └─────────┬───────┘      │
              │               │              │
  ┌────────┐  │     ┌─────────┴───────┐      │   ┌─────────┐
  │受保护  │  │     │ 保护范围：人、物 ├──────┤   │原告承担 │
  │法益被  ├──┤     └─────────┬───────┘      │   │举证责任，│
  │侵害    │  │               │              ├───│责任减轻 │
  └────────┘  │     ┌─────────┴───────┐      │   │之机制，  │
              │     │ 法益被侵害       ├──────┤   │且无举证 │
              │     └─────────┬───────┘      │   └─────────┘
              │               │              │
              │     ┌─────────┴───────┐      │
              │     │ 满足被违反规范之 │      │
              └─────┤ 要件的违反行为   ├──────┘
                    └─────────┬───────┘
                              │
                    ┌─────────┴───────┐        ┌──────────────────┐
                    │                  │        │原告承担举证责任，但可│
                    │  因果关系        ├────────│因规范意欲避免之典型风│
                    │                  │        │险实现而通过表见证明推│
                    └─────────┬───────┘        │定因果关系存在        │
                              │                 └──────────────────┘
                              │
                    ┌─────────┴───────┐        ┌──────────────────┐
                    │                  │        │原告承担举证责任，且因│
                    │  过错            ├────────│"受保护法益被侵害"阶│
                    │                  │        │段已进行过审查，故可直│
                    └──────────────────┘        │接通过表见证明而推定过│
                                                │错存在                │
                                                └──────────────────┘
```

四、结语

在民法典创制中，重要的问题之一就是民法典如何实现法秩序之下的

第七章 基本结论和结语

统一和分立。如果将民法典作为民法系统[①]，那么民法系统如何实现规范闭合性和认知开放性的统一，既独立又开放，民法系统如何回应外部环境，并且保证外部环境对于民法系统不能够直接介入，而只能以基因解码的方式实现系统之间的结构性耦合，而所有的基础都是民法系统的自我学习，应实现民法系统的形式性和社会实质性的统一，实现民法系统适度复杂的内部构建。民法的功能和价值取向不同于民法典的功能和价值取向，不可否认，在当代社会，民法具有诸多的价值变迁，但是是否所有这些价值变迁都必须要成为民法典的价值取向？这些价值取向的变迁是否要通过民法典之外的特别私法予以实现？所有这些仍然是值得深思的问题。[②]

但无论如何，三个层面的问题非常重要：第一，宏观层面，将私法系统作为法律系统的一部分，探讨其与其他社会系统之间的关联，例如，私法系统与政治系统之间的关联，如何摆脱政治系统对私法系统的殖民，实现一种多中心的治理结构；第二，中观层面，也即法律系统的内部子系统之间的关系，最为重要的是公法系统和私法系统之间的关系；第三，微观层面，例如私法系统内部民法、商法和知识产权法的关系，物权法和债权法，家庭法和财产法之间的关系。

本书的研究即上述意义上的中观层面的研究，主要着眼于公法系统和私法系统之间的关系，同时涉及民法典中自治和规制之间的关系，而切入点则是规制性规范与侵权法规范之间的整体关系和具体框架。在本书看来，私法系统内部的适度复杂有助于回应复杂的系统外环境，由此，应当在私法系统内部设立相应的回应机制，作为私法体系中的自我反省机制之一，这有助于实现公法系统和私法系统的结构性耦合。私法系统必须适度简单化，但为了回应社会的复杂性，私法系统内部又必须具有适度的复杂性，无简单的复杂是盲的，无复杂的简单是空的。

就本书议题而言，侵权责任的成立独立于规制性规范违反，但又受到后者的影响，整体上，公法系统与私法系统要实现结构性耦合，司法者应

[①] 当然，私法系统并非卢曼意义上的独立社会系统，本书仅仅是借用卢曼的术语予以说明。

[②] 这些问题涉及民法典与特别私法之间的关系，请参见苏永钦教授的系列文章，也请参见谢鸿飞. 民法典与特别民法关系的构建. 中国社会科学，2013（2）；茅少伟. 寻找新民法典："三思"而后行. 中外法学，2013（6）.

具有自主评价空间,私法系统应具有一种独立前提下的开放性,同时兼备立法开放和司法开放,实现私法系统的形式性和社会实质性的统一,确立私法系统适度复杂的内部构造,达致民法典中自治和规制之间的妥适平衡。唯有如此,才能通过民法典实现社会转型,实现"作为立宪时刻的民法典时刻"。

参考文献

一、中文著作

1. 蔡守秋. 环境法教程. 北京：法律出版社，1995
2. 陈忠五. 契约责任与侵权责任的保护对象. 北京：北京大学出版社，2013
3. 程啸. 侵权行为法总论. 北京：中国人民大学出版社，2008
4. 耿林. 强制规范与合同效力. 北京：中国民主法制出版社，2009
5. 黄立. 民法债编总论. 北京：中国政法大学出版社，2002
6. 黄忠. 违法合同效力论. 北京：法律出版社，2010
7. 李昊. 交往安全义务论. 北京：北京大学出版社，2008
8. 李艳芳. 环境损害赔偿. 北京：中国经济出版社，1997

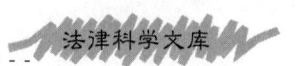

9. 梁慧星主编. 中国民法典草案建议稿附理由（侵权行为编、继承编）. 北京：法律出版社，2004

10. 龙卫球. 从撤退开始. 北京：中国法制出版社，2007

11. 马维麟. 民法债编注释书（一）. 台北：五南图书出版公司，1997

12. 梅仲协. 民法要义. 北京：中国政法大学出版社，1998

13. 邱聪智. 从侵权行为归责原理之变动论危险责任之构成. 北京：中国人民大学出版社，2006

14. 邱聪智. 新订民法债编通则（上）. 北京：中国人民大学出版社，2003

15. 沈建峰. 一般人格权研究. 北京：法律出版社，2012

16. 史尚宽. 债法总论. 北京：中国政法大学出版社，2000

17. 苏号朋. 合同的订立与效力. 北京：中国法制出版社，1999

18. 王伯琦. 民法债篇总论，编译馆，1985

19. 汪劲. 环境法学. 北京：北京大学出版社，2006

20. 王利明. 合同法研究（第一卷）. 北京：中国人民大学出版社，2002

21. 王利明. 侵权行为法研究（上）. 北京：中国人民大学出版社，2004

22. 王利明. 债法总则研究. 北京：中国人民大学出版社，2015

23. 王利明主编. 中国民法典学者建议稿及立法理由：侵权行为编. 北京：法律出版社，2005

24. 王利明，周友军，高圣平. 中国侵权责任法教程. 北京：人民法院出版社，2010

25. 王胜明主编. 中华人民共和国侵权责任法解读. 北京：中国法制出版社，2010

26. 王泽鉴. 侵权行为. 北京：北京大学出版社，2009

27. 王泽鉴. 侵权行为法（第一册）. 北京：中国政法大学出版社，2001

28. 吴定富主编.《中华人民共和国保险法》释义. 北京：中国财政经济出版社，2009

29. 奚晓明主编.《中华人民共和国侵权责任法》条文理解与适用. 北京：人民法院出版社，2010

30. 奚晓明主编. 最高人民法院关于会计师事务所审计侵权赔偿责任司法解释理解与适用. 北京：人民法院出版社，2007

31. 徐国栋主编. 绿色民法典. 北京：社会科学文献出版社，2004

32. 杨立新. 侵权责任法. 北京：法律出版社，2010
33. 杨立新主编. 中华人民共和国侵权责任法草案建议稿及说明. 北京：法律出版社，2007
34. 杨立新. 中华人民共和国侵权责法条文释解与司法适用. 北京：人民法院出版社，2010
35. 姚志明. 侵权行为法研究（一）. 台北：元照出版公司，2002
36. 于飞. 权利与利益区分保护的侵权法体系之研究. 北京：法律出版社，2012
37. 于敏. 日本侵权行为法. 2版. 北京：法律出版社，2006
38. 张红. 基本权利与私法. 北京：法律出版社，2010
39. 张民安. 过错侵权责任制度研究. 北京：中国政法大学出版社，2002
40. 张翔. 基本权利的规范建构. 北京：高等教育出版社，2008
41. 张翔主编. 德国宪法案例选释. 第一辑. 北京：法律出版社，2012
42. 张新宝. 侵权责任法原理. 北京：中国人民大学出版社，2005
43. 郑玉波. 民法债编总论. 台北：三民书局，1962
44. 周友军. 交往安全义务理论研究. 北京：中国人民大学出版社，2008
45. 周友军. 专家对第三人责任论. 北京：经济管理出版社，2014
46. 朱广新. 合同法总则. 2版. 北京：中国人民大学出版社，2012
47. 朱虎. 法律关系与私法体系. 北京：中国法制出版社，2010
48. 朱岩. 侵权责任法通论：总论（上册）. 北京：法律出版社，2011
49. 最高人民法院行政审判庭编. 《关于执行〈中华人民共和国行政诉讼法〉若干问题的解释》释义. 北京：中国城市出版社，2000

二、中文论文

1. 本刊编辑部. 中国民法学科发展评价（2010—2011）. 中外法学，2013（1）
2. 陈聪富. 论违反保护他人法律之侵权行为//侵权归责原则与损害赔偿. 北京：北京大学出版社，2005
3. 陈锦华. 论刑事不法与行政不法的界限. 中正大学犯罪防治研究所硕士论文
4. 陈景辉. 捍卫预防原则：科技风险的法律姿态. 华东政法大学学

报，2018（1）

5. 陈伟. 环境标准侵权法效力辨析. 法律科学，2016（1）

6. 陈现杰. 人格权司法保护的重大进步和发展. 人民法院报，2001-03-28，3版

7. 陈现杰. 侵权责任法一般条款中的违法性判断要件. 法律适用，2010（7）

8. 陈新民. 宪法基本权利及对第三人效力之理论//宪法基本权利之基本理论.（下册）. 台北：三民书局，1990

9. 陈忠五. 论契约责任与侵权责任的保护对象. 台湾大学法律论丛，第36卷第3期

10. 程啸. 侵权法中的过错与违法性问题之梳理. 中外法学，2004（2）

11. 董春华. 论产品责任法中的符合强制性标准抗辩. 重庆大学学报（社会科学版），2015（4）

12. 窦海阳. 法院对医务人员过失判断依据之辨析. 现代法学，2015（2）

13. 杜仪方. 从侵权法的局限性看合规药品致害之国家责任. 政治与法律，2013（7）

14. 方新军. 利益保护的解释论. 华东政法大学学报，2013（6）

15. 方新军. 权益区分保护的合理性证明. 清华法学，2013（1）

16. 方新军. 私法和行政法在解释论上的接轨. 法学研究，2012（4）

17. 傅蔚冈. 合规行为的效力：一个超越实证法的分析. 浙江学刊，2010（4）

18. 葛江虬，余小伟. 未成年人模仿侵权相关问题探讨——对"喜羊羊案"判决的评论与展开. 交大法学，2014（4）

19. 葛云松. 纯粹经济损失的赔偿与一般侵权行为条款. 中外法学，2009（5）

20. 葛云松. 民法上的赔礼道歉责任及其强制执行. 法学研究，2011（2）

21. 葛云松. 赔礼道歉民事责任的适用. 法学，2013（5）

22. 葛云松.《侵权责任法》保护的民事权益. 中国法学，2010（3）

23. 贺栩栩. 侵权救济四要件理论的力量. 华东政法大学学报，2016（5）

24. 黄松有. 宪法司法化及其意义——从最高人民法院今天的一个《批复》谈起. 人民法院报，2001-08-13，B01 版

25. 季卫东. 依法的风险管理. 中国改革，2010（1、2）

26. 简资修. 违反保护他人法律之过失推定//经济推理与法律. 北京：北京大学出版社，2006

27. 梁慧星. 电视节目预告表的法律保护与利益衡量. 法学研究，1995（2）

28. 廖焕国. 侵权构成要件的不法性功能论. 现代法学，2010（1）

29. 林美惠. 侵权行为法上交易安全义务的保护对象——以纯粹经济上损失为主. 政大法学评论，第 70 期

30. 刘宗德，赖恒盈. 日本行政法学之现状分析——译者代序//盐野宏. 行政法 I. 刘宗德，赖恒盈译. 台北：月旦出版社股份有限公司，1996

31. 刘昭辰. 侵权行为法体系上的"保护他人之法律". 月旦法学杂志，第 146 期

32. 龙俊. 权益侵害之要件化. 法学研究，2010（4）

33. 龙卫球. 人格权立法面面观：走出理念主义与实证主义之争. 比较法研究，2011（6）

34. 满洪杰. 论纯粹经济利益损失保护. 法学论坛，2011（2）

35. 茅少伟. 寻找新民法典："三思"而后行. 中外法学，2013（6）

36. 梅夏英. 侵权法一般条款与纯粹经济损失的责任限制. 中州学刊，2009（4）

37. 邱琦. 纯粹经济上损失之研究. 台湾大学 2002 年博士论文

38. 邱琦. 过失不当陈述之研究. 台湾大学 1992 年硕士论文

39. 宋春雨. 齐玉苓案宪法适用的法理思考. 人民法院报，2001-08-13，B01 版

40. 宋华琳. 风险规制与行政法学原理的转型. 国家行政学院学报，2007（4）

41. 宋华琳. 论行政规则对司法的规范效应——以技术标准为中心的初步考察. 中国法学，2006（6）

42. 宋华琳. 论政府规制与侵权法的交错——以药品规制为例证. 比较法研究，2008（2）

43. 宋华琳. 迈向理性的风险规制//布雷耶. 打破恶性循环——政府

如何有效规制风险. 宋华琳译. 北京：法律出版社，2009

44. 宋亚辉. 风险控制的部门法思路及其超越. 中国社会科学，2017
（10）

45. 宋亚辉. 环境管制标准在侵权法上的效力解释. 法学研究，2013
（3）

46. 宋亚辉. 食品安全标准的私法效力及其矫正. 清华法学，2017
（2）

47. 苏永钦. 从动态法规范体系的角度看公私法的调和//民事立法与公私法的接轨. 北京：中国人民大学出版社，2005

48. 苏永钦. 合同法§52（5）的适用和误用：再从民法典的角度论转介条款. http：//fxy. buaa. edu. cn/dispnews. php？newsid＝902&pntid＝95&sntid＝96，2014－12－20

49. 苏永钦. 民事立法者的角色//民事立法与公私法的接轨. 北京：北京大学出版社，2005

50. 苏永钦. 侵害占有的侵权责任//私法自治中的经济理性. 北京：中国人民大学出版社，2004

51. 苏永钦. 违反强制或禁止规定的法律行为//私法自治中的经济理性. 北京：中国人民大学出版社，2004

52. 苏永钦. 以公法规范控制私法契约//寻找新民法. 北京：北京大学出版社，2012

53. 苏永钦. 再论一般侵权行为的类型//走入新世纪的私法自治. 北京：中国政法大学出版社，2002

54. 孙良国. 违反保护他人的法律的侵权责任及其限度——以"儿童模仿《喜羊羊与灰太狼》烧伤同伴案"为例. 法学，2014（5）

55. 税兵. 涉罪合同的效力认定. 澳门法学，2014（11）

56. 孙鹏. 论违反强制性规定行为之效力. 法商研究，2006（5）

57. 孙鹏. 私法自治与公法强制——日本强制性法规违反行为效力论之展开. 环球法律评论，2007（2）

58. 谭启平. 符合强制性标准与侵权责任承担的关系. 中国法学，2017（4）

59. 童之伟. 宪法司法适用研究中的几个问题. 法学，2002（11）

60. 王成. 环境侵权行为构成的解释论及立法论之考察. 法学评论，

2008（6）

61. 王成. 侵权之"权"的认定与民事主体利益的规范途径. 清华法学，2011（2）

62. 王军. 比较法语境下的我国侵权责任法第2条. 政法论坛，2011（5）

63. 王利明. 关于无效合同确认的若干问题. 法制与社会发展，2002（5）

64. 王利明. 侵权法一般条款的保护范围. 法学家，2009（3）

65. 王利明. 侵权责任法与合同法的界分. 中国法学，2011（3）

66. 王利明. 试论人格权的新发展. 法商研究，2006（5）

67. 王利明. 统一合同法制定中的若干疑难问题探讨（上）. 政法论坛，1996（4）

68. 王利明. 我国《侵权责任法》采纳了违法性要件吗?. 中外法学，2012（1）

69. 王千维. 民事损失赔偿法上"违法性"问题初探（上）. 政大法学评论，第66期

70. 王千维. 民事损失赔偿法上"违法性"问题初探（下）. 政大法学评论，第67期

71. 王千维. 相对化的违法性. 月旦法学教室，第27期

72. 王千维. 由"民法"第一八四条到第一九一条之三//苏永钦等. "民法"七十年之回顾与展望论文集（一）. 北京：中国政法大学出版社，2002

73. 王胜明. 侵权责任法的立法思考（一）. http：//www.civillaw.com.cn/article/default.asp？id=47193，2014-08-15

74. 王文胜. 论侵权法中的违反成文法义务//梁慧星主编. 民商法论丛. 第46卷. 北京：法律出版社，2010

75. 王文胜. 违反成文法义务在我国侵权法中的地位及具体规则之构建，清华大学2009年硕士论文

76. 王炎，王卫华，吴剑平. 行业标准能否成为免责事由. 中国质量监督，2005（5）

77. 王轶. 强制性规范及其法律适用. 南都学坛，2010（1）

78. 王轶. 作为债之独立类型的法定补偿义务. 法学研究，2014（2）

79. 王泽鉴. 比较法与法律之解释适用//民法学说与判例研究. 第 2 册. 北京：中国政法大学出版社，1998

80. 王泽鉴. 契约关系对第三人之保护效力//民法学说与判例研究. 第 2 册. 北京：中国政法大学出版社，1998

81. 王泽鉴. 违反保护他人法律之侵权责任//民法学说与判例研究. 第 2 册. 北京：中国政法大学出版社，1998

82. 吴庚. 基本权的三重性质//"司法院"大法官释宪五十周年纪念论文集. "司法院大法官"书记处，1998

83. 吴小兵. 赔礼道歉的合理性研究. 清华法学，2010（6）

84. 奚晓明. 当前民商事审判工作应当注意的几个法律适用问题. 法律适用，2007（7）

85. 解亘. 论管制规范在侵权行为法上的意义. 中国法学，2009（2）

86. 解亘. 论违反强制性规定契约之效力——来自日本法的启示. 中外法学，2003（1）

87. 谢鸿飞. 论法律行为生效的"适法规范"——公法对法律行为效力的影响及其限度. 中国社会科学，2007（6）

88. 谢鸿飞. 民法典与特别民法关系的构建. 中国社会科学，2013（2）

89. 谢铭洋. 侵害专利权是否构成民法第一八四条第二项之违反保护他人之法律. 月旦裁判时报，创刊号

90. 许宗力. 行政法对民、刑法的规范效应//葛克昌，林明锵主编. 行政法实务与理论. 台北：元照出版公司，2003

91. 薛军. 揭开一般人格权的面纱. 比较法研究，2008（5）

92. 薛军. 损害的概念与中国侵权责任制度的体系化构建. 广东社会科学，2011（1）

93. 颜佑紘. 民法第一百八十四条第二项侵权责任之研究. 台湾大学2009 年硕士论文

94. 杨佳元. 论违反保护他人法律之侵权责任. 月旦法学杂志，第 58 期

95. 杨立新. 判决动画制作方承担侵权责任值得商榷. 新京报，2013 - 12 - 21，B02 版

96. 杨雪飞. 反射型纯粹经济损失的赔偿问题. 云南民族大学学报

（哲学社会科学版），2010（3）

97. 姚辉，段睿."赔礼道歉"的异化与回归. 中国人民大学学报，2012（2）

98. 姚辉，周云涛. 关于民事权利的宪法学思维——以一般人格权为对象的观察. 浙江社会科学，2007（1）

99. 姚明斌."效力性"强制性规范裁判之考察与检讨. 中外法学，2016（5）

100. 叶名怡. 论违法与过错认定. 环球法律评论，2009（5）

101. 叶名怡. 涉合同诈骗的民法规制. 中国法学，2012（1）

102. 于飞. 论德国侵权法中的框架权. 比较法研究，2012（2）

103. 俞祺. 正确性抑或权威性：论规范效力的不同维度. 中外法学，2014（4）

104. 张谷. 论《侵权责任法》上的非真正侵权责任. 暨南学报（哲学社会科学版），2010（3）

105. 张谷. 作为救济法的侵权法，也是自由保障法. 暨南学报（哲学社会科学版），2009（2）

106. 张红. 不表意自由与人格权保护——以赔礼道歉民事责任为中心. 中国社会科学，2013（7）

107. 张红. 论基本权利作为法律行为无效的判断标准. 法学家，2009（6）

108. 张家勇. 合同保护义务的体系定位. 环球法律评论，2012（6）

109. 张家勇，昝强龙. 交通管制规范在交通事故侵权责任认定中的作用——基于司法案例的实证分析. 法学，2016（6）

110. 张敏纯. 论行政管制标准在环境侵权民事责任中的类型化效力. 政治与法律，2014（10）

111. 张清波. 自我规制的规制：应对科技风险的法理与法制. 华东政法大学学报，2018（1）

112. 张巍. 德国基本权利第三人效力问题. 浙江社会科学，2007（4）

113. 张翔. 基本权利的双重性质. 法学研究，2005（3）

114. 张翔. 基本权利在私法上效力的展开——以当代中国为背景. 中外法学，2003（5）

115. 张新宝. 侵权法立法模式：全面的一般条款＋全面列举. 法学

271

家，2003（4）

116. 张新宝. 侵权行为法的一般条款. 法学研究，2001（4）

117. 张新宝，李倩. 纯粹经济损失赔偿规则：理论、实践和立法选择. 法学论坛，2009（1）

118. 张新宝，张小义. 论纯粹经济损失的几个基本问题. 法学杂志，2007（4）

119. 张新宝. 行政法规不宜规定侵权责任. 法学家，2007（5）

120. 郑贤君. 作为客观价值秩序的基本权. 法律科学，2006（2）

121. 周翠. 从事实推定走向表见证明. 现代法学，2014（6）

122. 周江洪. 惩罚性赔偿责任的竞合及其适用. 法学，2014（4）

123. 周友军. 德国民法上的违法性理论研究. 现代法学，2007（1）

124. 周友军. 我国侵权责任形式的反思. 法学杂志，2009（3）

125. 朱柏松. 论不法侵害他人债权之效力（上）. 法学丛刊，第145期

126. 朱虎. 过错侵权责任的发生基础. 法学家，2011（1）

127. 朱虎. 萨维尼法学方法论述评. 环球法律评论，2010（1）

128. 朱虎. 物权请求权的独立与合并. 环球法律评论，2013（6）

129. 朱芒. 论行政规定的性质. 中国法学，2003（1）

130. 朱庆育. 权利的非伦理化：客观权利理论及其在中国的命运. 比较法研究，2001（3）

131. 竺效. 论环境污染赔偿责任的特殊要件. 政治与法律，2009（12）

132. 朱晓喆. 比较民法与判例研究的立场与使命. 华东政法大学学报，2015（2）

133. 朱晓喆，徐刚. 民法上生育权的表象与本质——对我国司法实务案例的解构研究. 法学研究，2010（5）

134. 朱岩. 当代德国侵权法上因果关系理论和实务中的主要问题. 法学家，2004（6）

135. 朱岩. 违反保护他人法律的过错责任. 法学研究，2011（2）

三、中文译著和译文

1. 阿斯曼. 秩序理念下的行政法体系建构. 林明锵等译. 北京：北京

大学出版社，2011

2. 奥格斯. 规制：法律形式与经济学理论. 骆梅英译. 苏苗罕校. 北京：中国人民大学出版社，2008

3. 巴尔. 欧洲比较侵权行为法（上）. 张新宝译. 北京：法律出版社，2001

4. 巴尔. 欧洲比较侵权行为法（下）. 焦美华译. 张新宝校. 北京：法律出版社，2001

5. 贝克. 从工业社会到风险社会（上篇）. 王武龙编译. 马克思主义与现实，2003（3）

6. 贝克. 风险社会. 何博闻译. 南京：凤凰出版集团，译林出版社，2003

7. 贝克，威尔姆斯. 自由与资本主义. 路国林译. 杭州：浙江人民出版社，2001

8. 伯林. 自由论. 胡传胜译. 南京：译林出版社，2011

9. 布雷耶. 打破恶性循环——政府如何有效规制风险. 宋华琳译. 北京：法律出版社，2009

10. 布吕格迈耶尔，朱岩. 中国侵权责任法学者建议稿及其立法理由. 北京：北京大学出版社，2009

11. 布萨尼，帕尔默主编. 欧洲法中的纯粹经济损失. 张小义，钟洪明译. 北京：法律出版社，2005

12. 茨威格特，克茨. 比较法总论. 潘汉典等译. 北京：法律出版社，2003

13. 大木雅夫. 比较法. 范愉译，朱景文审校. 北京：法律出版社，1999

14. 多布斯. 侵权法. 马静等译. 北京：中国政法大学出版社，2014

15. 范博姆，卢卡斯，基斯林. 侵权法与规制法. 徐静译. 北京：中国法制出版社，2012

16. 福克斯. 侵权行为法. 齐晓琨译. 北京：法律出版社，2006

17. 弗里曼. 合作治理与新行政法. 毕洪海，陈标冲译. 北京：商务印书馆，2010

18. 黑格尔. 法哲学原理. 范扬，张企泰译. 北京：商务印书馆，1961

19. 吉登斯. 失控的世界. 周红云译. 南昌：江西人民出版社，2001

20. 凯尔森. 因果、报应与归属//纯粹法理论. 张书友译. 北京：中国法制出版社，2008

21. 康德. 法的形而上学原理. 沈叔平译. 北京：商务印书馆，1991
22. 考茨欧主编. 侵权法的统一：违法性. 张家勇译. 北京：法律出版社，2009
23. 考夫曼，哈斯默尔主编. 当代法哲学和法律理论导论. 郑永流译. 北京：法律出版社，2002
24. 克默雷尔. 侵权行为法的变迁（上）. 李静译//中德私法研究. 第3卷. 北京：北京大学出版社，2007
25. 克默雷尔. 侵权行为法的变迁（中）. 李静译//中德私法研究. 第4卷. 北京：北京大学出版社，2008
26. 库齐奥. 动态系统论导论. 张玉东译. 甘肃政法学院学报，2013（4）
27. 库齐奥. 欧盟纯粹经济损失赔偿研究. 朱岩，张玉东译. 北大法律评论，2009（1）
28. 库齐奥. 替代因果关系的解决路径. 朱岩，张玉东译. 中外法学，2009（5）
29. 拉德布鲁赫. 法学导论. 米健，朱林译. 北京：中国大百科全书出版社，1997
30. 拉伦茨. 德国民法通论（上）. 邵建东等译. 北京：法律出版社，2003
31. 拉伦茨. 法学方法论. 陈爱娥译. 北京：商务印书馆，2003
32. 罗森贝克等. 德国民事诉讼法. 李大雪译. 北京：中国法制出版社，2007
33. 毛雷尔. 行政法学总论. 高家伟译. 北京：法律出版社，2000
34. 梅迪库斯. 德国民法总论. 邵建东译. 北京：法律出版社，2000
35. 梅迪库斯. 德国债法分论. 杜景林，卢谌译. 北京：法律出版社，2007
36. 齐默尔曼. 罗马法、当代法与欧洲法. 常鹏翱译. 北京：北京大学出版社，2009
37. 欧洲民法典研究组，欧盟现行私法研究组编著. 欧洲示范民法典草案. 高圣平译. 北京：中国人民大学出版社，2012
38. 欧洲侵权法小组. 欧洲侵权法原则. 于敏，谢鸿飞译. 北京：法律出版社，2009
39. Quint. 宪法在私法领域的适用：德、美两国比较. 余履雪译. 蔡

定剑校. 中外法学，2003（5）

40. 萨科. 比较法导论. 费安玲等译. 北京：商务印书馆，2014

41. 桑斯坦. 权利革命之后：重塑规制国. 钟瑞华译. 李洪雷校. 北京：中国人民大学出版社，2008

42. 山本敬三. 民法中的动态系统论//梁慧星主编. 民商法论丛. 第23卷. 香港：金桥文化出版（香港）有限公司，2002

43. 施瓦布. 民法导论. 郑冲译. 北京：法律出版社，2006

44. 瓦格纳. 当代侵权法比较研究. 高圣平，熊丙万译. 法学家，2010（2）

45. 维尔伯格. 私法领域内动态体系的发展. 李昊译. 苏州大学学报（法学版），2015（4）

46. 星野英一. 私法中的人. 王闯译. 北京：中国法制出版社，2004

47. 圆谷峻. 判例形成的日本新侵权行为法. 赵莉译. 北京：法律出版社，2008

四、外文著作

1. Bar/Clive ed.. *Principles, Definitions and Model Rules of European Private Law*. vol. 5. Sellier, 2009

2. Bengen. *Die Systematik des § 823 I BGB im Deliktsrecht*. Frankfurt am Main/Berlin/Bern/Bruxelles/New York/Oxford/Wien/Lang, 2000

3. Bistritzki. *Voraussetzungen für die Qualifikation einer Norm als Schutzgesetz im Sinne des § 823 Abs. 2 BGB*. Diss. jur. München, 1981

4. Boom/Lukas/Kissling ed.. *Tort and Regulatory Law*. Springer, Wien/New York, 2007

5. Brüggemeier. *Deliktsrecht*. Baden-Baden, 1986

6. Caemmerer. *Das Problem des Kausalzusammenhang im Privatrecht*. Tübingen, 1968

7. Deutsch. *Allgemeines Haftungsrecht*, 2. Aufl.. Carl Heymanns Verlag KG. Köln, 1996

8. Deutsch/Ahrens. *Deliktsrecht*. KG/Köln/Berlin/München, 2002

9. Dobbs. *The Law of Torts*. Minnesota：West Publishing Co., 2000

10. Endemann. *Lehrbuch des Bürgerlichen Rechts*, Bd. 1, Aufl. 3.

Berlin，1898

11. Endres. *Nomen des Umweltrechts als Schutzgesetz im Sinne des § 823 Abs. 2 BGB*，1993

12. Esser/Weyers. *Schuldrecht*，BT，Teilband 2，8. Aufl.．Heidelberg，2000

13. Fabricius. *Zur Dogmatik des "sonstigen Rechts"* gemäss，1899

14. Fikentscher. *Schuldrecht*，Aufl. 8. Berlin/New York，1992

15. Fleming. *Torts*，6. ed.．Sidney：The Law Book Company Limited，1983

16. Gierke. *Die soziale Aufgabedes Privatrechts*. Berlin，1889

17. Hattenhauer. *Grundbegriff des Bürgerlichen Rechts*. 2. Auflage. Verlag C. H. Beck. München，2000

18. Heck. *Grundriß des Schuldrecht*. Tübingen，1929

19. Holmes. *The Common Law*. Little，Brown，and Company：Boston，1881

20. Karollus. *Funktion und Dogmatik der Haftung aus Schutzgesetzverlezung*. Wien/New York，1992

21. Kötz/Wagner. *Deliktsrecht*. 10. Auflage. Luchterhand，2006

22. Koziol/Bydlinski/Bollenberger hrsg.．*Kurzkommentar zum ABGB*，Aufl. 2. Springer，2007

23. Lang. *Normzweck und Duty of Care*. München，1983

24. Larenz/Canaris. *Lehrbuch des Schuldrechts*，Bd. II：Besonderer Teil，Halbband. 2，13. Auflage. C. H. Beck. München，1994

25. Larenz. *Allgemeiner Teil des Deutschen Bürgerlichen Rechts*，7. Auflage. Verlag C. H. Beck. München，1989

26. Liszt. *Die Deliktsobligationen im System Bürgerlichen Gesetzbuchs*. Berlin，1898

27. Markesinis/Unberath. *The German Law of Torts*. 4th ed.．Hart Publishing，2002

28. Markesinis/Deakin. Tort Law，5th ed.．New York：Oxford University Press，2003

29. Medicus/Lorenz. *Schuldrecht II*，*Besonderer Tei*l. Aufl. 15，2010

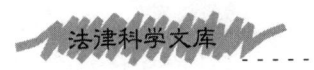

30. Medicus. *Bürgerliches Recht*, Aufl. 20. Carl Heymanns Verlag. Berlin, 2004

31. Münchener Kommentar zum Bügerlichen Gesetzbuch, Band 5: *Schuldrecht*, Besonderer Teil III (§§ 705 – 853), 4. Aufl.. München, 2001

32. Mugdan. *Die gesammten Materialien zum bürgerlichen Gesetzbuch für das deutsche Reich*. Bd. 2. Berlin: Decker's Verlag, 1899

33. Pollack. *Schutzgesetzverletzung und "negligence per se"*. Frankfurt amMain/Berlin/Bern/Bruxelles/New York/Oxford/Wien, 2003

34. Prosser. *Handbook of the Law of Torts*. Minnesota: West Publishing Co., 1941

35. Prosser. *Handbook of the Law of Torts*, 4th ed.. Minnesota: West Publishing Co., 1971

36. Rabel. *Recht des Warenkauf*. Bd. I. Berlin, 1936

37. Reimann/Zimmermann ed.. *The Oxford Handbook of Comparative Law*. Oxford University Press, 2006

38. *Restatement of the Law*, First, *Torts*. The American Law Institute. Vol. II: Neglience (§§ 281 – 503), 1959

39. *Restatement of the Law. Second. Torts*. Tentative Draft No. 4. The American Law Institute, 1959

40. *Restatement of the Law. Second. Torts*. Vol. 2. The American Law Institute, 1964

41. *Restatement of the Law. Third. Torts*. General Principles, Discussion Draft. April 5, 1999

42. Rogers. *Winfield and Jolowicz on Tort*. 17th ed.. London: Sweet & Maxwell, 2006

43. Savigny. *System des heutigen römischen Rechts*. Bd. 1. Berlin, 1840

44. Soergel. Kommentar zum Bürgerlichen Gesetzbuch, 13. Aufl.. Band. 12. Stuttgart, 2005

45. Schmiedel. *Deliktsobligationen nach deutschen Kartellrecht. Erster Teil: Zivilrechtsdogmatische Grundlegung: Untersuchungen zu § 823 Abs. 2 BGB*. Tübingen, 1974

46. Spickhoff. *Gesetzverstoß und Haftung*. KG/Köln/Berlin/Bonn/

München，1998

47. Stanton. *Breach of Statutory Duty in Tort*. Sweet & Maxwell. London，1986

48. Stanton. *Statutory torts*. Sweet & Maxwell. London，2003

49. Staudinger Kommentar zum Bügerlichen Gesetzbuch，Buch 2. *Recht der Schuldverhältnisse*，§§ 823-825，13. Bearb.. Berlin，1999

50. Zimmermann. *The Law of Obligations：Roman Foundations of Civilian Tradition*. Oxford University Press，2005

五、外文论文

1. Bar. *Konturen des Deliktskonzeptes der Study Group on a European Civil Code-Ein Werkstattbericht*. ZeuP，2001

2. Benöhr. *Die Redaktion der Paragraphen 823 und 826 BGB*. in hrsg. Zimmermann. *Rechtsgeschichte und Privatrechtsdogmatik*. C. F. Müller Verlag. Heidelberg，1999

3. Canaris. *Grundstrukturen des deutschen Deliktsrechts*. VersR，2005

4. Canaris. *Schutzgesetz-Verkehrspflichten-Schutzpflichten*. in：Festschrift für Karl Larenz zum 80. Geburtstag. München，1983

5. Cane. *Using Tort Law to Enforce Environmental Regulations*，41 Washburn L. J.（2002）

6. Dörner. *Zur Dogmatik der Schutzgestzverletzung*. JuS，1987

7. Henckel. *Vorbeugender Rechtsschutz im Zivilrecht*，AcP 174（1974）

8. Honsell. *Der Verstoß gegen Schutzgesetz im Sinne des § 823 Abs. 2 BGB*. JA，1983

9. Jhering. *Culpa in contrahendo*，Jahrbücher für die Dogmatik des heutigen römischen und deutschen Privatrechts. 4，1861

10. Jhering. *Das Schuldmoment im Römischen Privatrecht*. in：Jhering. Vermischten Schriften juristischen Inhalts. Leipzig，1879

11. Knöpfle. *Zur Problematik der Beurteilung einer Norm als Schutzgesetz im Sinne des § 823 Abs. 2 BGB*. NJW，1967

12. Kötz. *Vorbeugender Rechtsschutz im Zivilrecht*，AcP 174（1974）

13. Mager. *Besonderheiten des dinglichen Anspruch*，AcP 193（1993）

14. Morris. *Relation of Criminal Statutes to Tort Liability*, 46 Harvard L. Rev. (1933)

15. Nipperdey. *Rechtwidrigkeit, Sozialadäquanz, Fahrlassigkeit, Schuld im Zivilrecht.* NJW, 1957

16. Peters. *Zur Gesetzestechnik des § 823 II BGB.* JZ, 1983

17. Picker. *Der "dingliche" Anspruch.* in: Im Dienste der Gerechtigkeit: Festschrift für Franz Bydlinski, 2002

18. Rümelin. *Die Verwendung der Causalbegriffe im Straf-und Zivilrecht*, AcP 90 (1900)

19. Stanton. *New Forms of the Tort of Breach of Statutory Duty.* in: Law Quarterly Revie. Vol. 120, 2004

20. Thayer. *Public Wrong and Private Action*, 27 Harvard L. Rev. (1914)

21. Williams. *The Effect of Penal Legislation in the Law of Tort*, 23 Modern L. Rev. (1960)

后 记

一

本书的写作和出版断断续续延宕了近九年，最初来源于我在中国人民大学法学院撰写的博士后出站报告，后来以此为基础又得到了中国人民大学科研基金项目、国家社会科学基金青年项目的资助，得以做进一步的研究。在2016年项目结项之后，我对其再次进行了进一步的修改。在出版过程中，本书得到了中国人民大学法学院的资助。

在此期间，人工智能、网络技术等科技的飞速发展使得这个主题的意义更为凸显，国内外的研究在广度和深度两个维度上都进一步延伸，本书中所涉及的规范也有所变化，我也尽力予以反映。但是，由于写作时间过长，导致资料没有完全来得及更新，而且也无法完全反映我现在的观点，例如对于风险社会，我只是提到了风险规制的必要性，但这仍然是国家所进行的规制，对于风险的事前预防、事后救济和剩余风险的社会分配，在一些领域中，国家直接面对个人的治理方式提高了治理的成本，但却降低了治理的效益，目前越来越需要国家、社会和个人全方位的、立体式的社会共治；如何避免因为对风险的规制所产生的规制措施的简单化倾向，避免政治过分侵入法律之中而导致政治系统的过度殖民；社会性规制和经济性规制中所可能产生的细致区分和不同影响；以及宪法对私法的直接效力和间接效力区分意义的证成与质疑，不一而足。

但是，之所以还要出版这本书，主要是出于人的自利动机。一方面当然是因为在数目字管理的时代，基于为稻粱谋的功利主义考虑，增加一本专著可能是有些许用处的；另一方面也是敝帚自珍，毕竟研究这一专题这么多年，整理了这么多资料，也提出了自己的一些观点，并且其中的核心观点目前并没有太大改变，将之出版，表明我还是尽到了一个研习者的本分，留下我个人的思考印迹，有些立此存照的意味。这也可从反面看出，钱穆的"内无空寂之诱，外无功利之贪"要真正践行起来，还是不易的。

二

这种思考不仅是技术意义上的，也蕴含了对整体的一些想法。民法学的较多研究具有技术性，看起来不那么高大上，但高大上的言辞也需要接地气，细节之处自有天籁。毕竟，过去、现在、未来的时间维度，自我与他者的空间维度，我、你、他的人际维度，所有这些都孕育和助推了人造性的系统风险，在这种社会图景中，每个人都必然会形成自己心目中的民法学研究的理想图景。在价值多元化的时代，由于不同研习者价值观、世界观、人生观的三观前见差异，其心目中的民法学理想图景也个个不同，因而产生了无休止的争论。

但这又如何？本来也无所谓对错，也许最终的解决方案只能是相互理解，相互尊重，各美其美，"和因义起，同由利生。义者宜也，各适其宜，未有方体，故不同。然不同因乎义，而非执己之见，无伤于和"，这类似于王国维所说的"学无新、旧也，无中、西也，无有用、无用也"。这恰恰是对价值多元化的尊重，是对不同价值的宽容。

当然，最后还得"是骡子是马，拉出来遛遛"，需要将整体图景的想法深入到对具体问题的细节之中，避免用对抽象事物的偏好掩盖对具体事物的无知。研究者往往是盲人摸象，横看成岭侧成峰，追求片面的深刻，这也与实践者对整全的中庸的追求形成对照,沉思的生活和行动的生活都是有意义的。但这绝非理论和实践的两张皮,如果两者相互疏离,只能证明理论是低层次的理论,实践是低层次的实践,理论无实践是空的,实践无理论是盲的。

私以为,所谓理想图景,基础在于"理",关键在于"想"。知识和见识的丰富使得理想取得了"理"的基础,根本不可能实现的理想也许根本就不是理想;但仅仅着眼于理,很容易向现实完全妥协,故还需要对自己、社会和世界的想象。在某种程度上,法教义学和法史学共享着同一立场,都是通过对过去(无论是过去发生的史实还是过去制定的规范)的研究来取得对未来意义的可能性,毕竟现在是过去的未来,也是未来的过去,所以鲁迅说:"将来是现在的将来,于现在有意义,才于将来有意义。"

本书也部分体现了我个人心目中私法的理想图景。2015年,适值中国人民大学法学院院庆,我受命做本院民商法学科的发展整理,在整理的基础上我表述了我心目中私法的理想图景,目前仍没有改变,兹照录如下。

(一) 自转与公转

无论民商法学科包含何种内容,其最为重要的整合基点在于私法。不言而喻,私法首先为法律,由此私法体系具有相当的自主性。在私法的研究中,以现行法律规范作为研究对象,采取实践立场和规范立场,着眼于规范的解释、发展和体系的形成,实现知识的理性化和科学化,注重教义基础,这些无疑应当处于最为重要的位置。但是,不断发展的社会图景对于私法提出了诸多新问题和新挑战,诸如信息社会、互联网+时代、科技社会、知识社会、商业社会、消费社会、全球化时代、风险社会等概念,皆在某一层面对当代社会图景进行了描绘,私法自然也应当成为"回应型的法",进行社会回应。私法体系和私法制度、规则也应产生相应变革,诸如成年监护、人格商业化利用、个人信息和数据、金融消费者和社会保障等制度皆是如此。妥当平衡私法的社会回应和私法的自主性,避免私法成为私法社会学,丧失其对社会的独立价值,同时避免私法过分刚性和默守陈规;如何在教义基础中,统合演绎和归纳,融贯体系思维、论题思维和语境思维,注重价值体系和规则体系的统一,妥当平衡体系的稳定性与体系的开放性和弹性;目光流转于法律内和法律外,在研究时,如何避免学科方法的简单堆砌而实现有机融合,所有这些皆成为重要的议题。

(二) 独立与沟通

基于上述法律的社会回应,私法和宪法、公法之间应形成合力,形成统一的法秩序和社会的整体保障。在形成此种合力的过程中,私法与宪法、公法之间有必要进行相当的沟通,在诸多问题上形成重叠共识,进而实现法秩序内部的价值统一和规则统一。例如,管制规范与合同效力、财产权的社会管制、强制缔约、管制规范违反和侵权责任、补偿与多元救济机制、刑民交叉、监管与自治等议题,都要求私法与其他法律部门之间进行良性的互动,以实现私法的独立和开放。

(三) 统一与分离

传统私法具有较强的统一性,而社会图景的变化和价值变迁,导致私法内部出现了分离,知识产权法、商法、劳动法、消费者权益保护法、社会保障法等皆是如此,此种分离甚至已经是一种现实的存在,如何在价值、体系、制度和规则上回应此种分离现象,也同样是较为困难的问题。商事法的特殊性、社会法概念的提出、财产法和家庭法的差异、价值的多元化,所有这些使得私法内部的离心力逐渐增强。但是,这些离心力是否导致向心力的完全丧失,领域立法的现象是否导致私法基础规则的完全无益,多元价值或政策导向与私法传统规则的目的中立是否完全矛盾,私法基础规则是否完全无法回应商事法的效率、外观主义等价值理念,如何平衡法典化和解法典化现象,如何构建适宜的原则规定与例外规定,如何兼顾抽象规则的注重和适度情境的考量,这些问题在夫妻共有财产的善意取得、公司对外担保、侵权救济和社会保障之间的关系、民法总则和商事通则的关系、法人制度的构建、财产法总则是否设立、保险合同的特殊规制、融资租赁的特殊处理、信托规则的确立等问题上皆反映出来,而这些无一不是私法内部的统一和分离这一议题的具体展开。

(四) 解释与实践

随着立法体系和规范的不断完善,私法研究围绕规范的解释和适用而展开,以法官作为立法者的原型,注重司法实践,对案例进行研究,提炼出司法实务问题,检视既有的理论方案,提供解释方案,申述利弊得失,最终得出最优方案。但是,法律实践除了司法实践之外,还有立法(政策制定)实践和律师实践。单纯的规范解释适用对这两种实践无法充分地参与,立法和政策制定当然需要相当的规范教义基础和科学基础,但其所需要的考量面更广,更需要政治决断;律师实践也更需要实体和程序的结合、事实(证据)和规范的兼顾、争端的事后解决与风险的事先避免。所有这些实践虽然具有共同的规则基础,但毕竟着重点显有不同,因此,规则解释与法律实践之间的关系仍然会成为私法研究的重点,以妥当平衡私法的科学理性和实用主义。

(五)基点与借鉴

随着中国法体系和规范的逐步完善,私法研究逐渐具有鲜明的中国特色和中国元素,不再局限于单纯的外国法介绍,而往往将中国法规范作为研究对象和研究基点,同时借鉴国外的先进经验。但中国仍然需要参与到世界经济中,在具有中国眼光的同时,也同样需要积极地对重要公约的制定与修改进行参与,这需要对外国法律制度进行深入的研究。因此,妥当处理总体比较和制度比较之间的关系,在法源多元化的前提下对立法、判例和学说进行整体观察,协调功能主义和其他理论之间的关联,探寻不同国家制度背后的共同价值和不同价值,进行价值正当化的论证,在价值和技术二分的前提下注重价值的不同技术实现方式,辨析不同技术的规范前提、配套制度和非法律因素,实现具有世界眼光的中国法立场,仍然是值得进一步研究的重要议题。

写了这么多,其实就是以既有规范为基础,省思既有实践和研究,吸取比较经验,体察社会图景,其整体价值和具体规则多根据理性予以确定和展开,力图统一价值理性和规则理性,使得其中的价值决断具有正当性,推进法秩序内部的价值融贯和规则融贯。立法是法秩序发展的中点而非终点,良好法治社会的构建,需要立法、法学、司法、行政乃至全体公民携手并行,"苟日新,日日新,又日新",唯其如此方能促使"民主并有决断,多元兼有方向"的良善社会形成。

三

本书也同样涉及我对教义学体系的一些观感。虽然我在本书研究方法中表明,主要使用的是教义学方法,但是我心目中的教义学,是一种弱势意义上的教义学,前提和落脚点是规范和体系,但中间过程可以无限开放。

无论是法律的组成包括功能性概念、类型,还是教义学的利弊争论,抑或内在体系和外在体系的区分、动态体系的提出等,其实都存在一个共识，就是教义学体系在独立的同时应当保持开放。体系的开放性意图体现丰富性以及多种观点的竞争，意味着多种方法视角的论证、叠加和重合，这同时也需要保持一种抽象和具体的协调。如果过分具体，采取一种"苍蝇之眼"的个案列举式风格，就事论事地决疑，则更类似于一种论题思维，法律世界与生活世界的疏离程度较低，但不具备体系效益，漏洞就会越来越多，无法回应社会发展，"直观无概念是盲的"；反之，如果过分抽象，采取一种"苍鹰之眼"的抽象概括式风格，则更类似于一种体系思维，生活事实丧失了多样性和差异性，只留下了法律关注的共性，但是规则将生活中各类不同的事实概括在一个共同的特征之下，因而构成的事实非常不直观，并且对某些本属必要的区分未予区分，放弃了变化多端的生活关系本身所要求的细致化，过分的抽象化经常切断意义关联，因最高概念的空洞性，其常不复能表达出根本的意义脉络，法律世界与生活世界的疏离程度较高，此时必然需要一般条款以及与之相适应的取向论题情境的方法论予以补充，否则体系就很容易走向封闭，"概念无直观是空的"。所以，这就需要给教义体系适当松绑，体系统一而又内部多元，体系的多元性和贯通性能够融合；在当代社会中实现对论题与体系的统合，达到"体系不僵化，论题不分散"的真正融贯。

如果涉及民法典，当代中国的民法典要发挥民众的自治、政策的引导、立法的倒逼、执法的指导、司法权衡的导向、进一步规范发展的价值框架和法学研究的规范聚焦等多种功能，必然面临着要以解决问题为导向的诱惑，只要将民法典作为实现社会治理和转型的工具，必然会在体系取向和论题取向之间存在一些张力，民法典的编纂要在解决和回应中国的现实问题和体系完美之间做妥当的平衡，处理好自治与管制、传承与创新、普通法与特别法等各种关系。论题思维和体系思维的结合会导致对既有民法典体系的反思。通过论题思维对每个问题作出妥当的回答，隐藏的体系自然会渐渐地浮现出来，论题是对点的突破，体系则将点上升为面，进而予以深化，将点连接到深层次的基本理论，达到以面带点，实现更大范围的突破与融贯。

在具体问题上，这就意味着教义学中间论证过程的开放和与其他社会科学研究连接的可能性。首先是价值与规范，教义研究透过规范发现价值，实现价值抽取，而其他研究可以对价值本身的正当性予以更多层面的思考和批判，并且对意图实现价值的规范的实际效果进行多维度检视，促使教义研究的反思，促进内部体系形成。其次是抽象与复原，其他研究可以发现规则和体系形成中舍弃掉的因素，通过教义研究将这些因素在具体适用过程中予以复原，避免生活世界与法律世界的过分疏离。再次是不确定与论辩，其他研究有助于对法律中的不确定概念和规范予以具体化和清晰化；还有发现和证成，其他研究有助于在规范适用中形成一个结论，而这个结论需要通过教义予以证成。当然还涉及立法和释法，教义结构，尤其是内部价值体系，能够避免立法的恣意，立法也要尊重教义结构，立法论和解释论并非截然二分，而是共享着同一方法，仅仅是立场和侧重点不同而已；但是，在涉及重大公共政策和价值判断的立法政策问题方面，立法首先是一个政治决断的过程，立法行为作为政治行为需要有民主基础上的政治决断，而其他学科对此意义重大。

无论如何，仅仅从单一价值出发对于规则进行评价是容易的，但难题恰恰在于出发点可能并非单一而是多元化的，需要在价值之网中相互配合和相互限制。每一个价值都是有温度的，但绝对贯彻单一价值的规则却是冷冰冰的，所以往往需要注视着生活世界，根据其他价值，通过案例等方式不断地柔化和温化规则，让生活世界和法律世界避免过分疏离而应不断沟通，让规则更接地气、更有温度。即使价值决断已经作出，也还需要考虑实现这一目的的规范手段，如果目的是 100 步，有的规范手段可以实现 60 步，再通过判例尽力再向前走 10 步，但由于既有规范框架的限制，继续前行的空间已经不大了；而有的规范手段可以实现 70 步，且容纳了未来 30 步的可能，并通过规范能够实现规范框架和规范聚焦功能，在划定价值框架的同时，该框架又保留了未来继续发展的可能性，不轻易地设置承重墙，而是尽量设置非承重墙或者推拉门。因此，价值决断和规范手段恰恰构成了目前规则设计和解释中最为困难的问题，这就导致规则的设计和解释东瞻西顾、南来北往、左顾右盼、上求下索、中西贯通、古今结合、前后兼顾，而在此过程中，学者并无立法决策的政治权力，最好无政治的目的，但必须要有政治的责任，故其真正的任务是审查社会运行的内在机理，明确未来的整体方向，以避免摸着石头过河所可能带来的成本，清晰不同的策略选择所可能产生的优劣。

四

说了这么多可能不适宜自己身份的话，目的仅仅在于表明自己——仅仅是自己——的一些整体观点。但是，我总是觉得，法律不足以慰藉心灵，反而是心灵丰满才可以让法律更丰满。帕斯卡尔说过，人只不过是一根芦苇，是自然界最脆弱的东西，但是，人是一根会思想的芦苇。人是理性的，但理性能够洞悉世界的奥秘吗？理性具有固有的限度，没有信仰的知识是空虚的，无限度的理性总会导致生命的空虚和人性的孤独，对自由和个体尊严的信念总是离不开信仰，这也是耶路撒冷与雅典的区别。

现代化的发展是理性化的发展，将多元化变得更为单一和多向度，但还好有情感，情感凸显出生命的多样性和多元性，历史的丰富性恰恰是因为历史是诸多个体历史的聚集。个人理性具有时间维度的限制以及场域的限制，我之所以是我，还在于个人的非理性的情感层面。理性使得世界更有秩序，但也许情感才是人类世界力量的源泉。因理性而认知，认知后仍因情感而行动，这大概就是尼采所说的生命意志吧。每个人一生就是一部微观的社会史，人们历经个人层面的喜怒哀乐，在生命的荒原中依然执着地踽踽前行。

在前行过程中，人往往通过爱得到支撑。爱有多种，有师生之爱、朋友之爱、家庭之爱，等等，这些类型都是独一无二、不可相互取代的。这些爱塑造了个人，个人则在不同的关系中塑造和发展自身，"关系"虽往往被冠以不同的表述，但实质仍可能是情感层面的爱。我的诸位老师和朋友，如果一一列举大名，可能会变成一个长长的名单，不仅存在遗漏而使我心有愧疚甚至遭人质问的可能性，还可能会有拉虎皮做大旗的嫌疑。所以，请原谅我不一一列举大名，就如周星驰的一部电影里说的那样，爱是放在心里的，不需要总是挂在嘴边，所以爱你在心口难开。我的家人，让我更为体会到家庭是对不完整个人的完整，家也并非寓意有房子有猪等财产，而是个人在家之中可以做一头不理性但却幸福的猪，个人在家中也更多采取情感导向而非计算理性导向的行为，家如果没有了爱，则空无一物。无论如何，爱是不永恒之人对永恒的追求，是转瞬即逝的日常细作中的不朽的美，是因为爱，才有了缘分的惊喜、选择的纠结、分离的痛苦、放弃的不舍、相守的沉静，你们对我的爱和我对你们的爱，塑造了现在的我，使得我之所以是我，同样也使得未来的我成为可能。谢谢！！

朱　虎

2018 年 10 月

图书在版编目（CIP）数据

规制法与侵权法/朱虎著. —北京：中国人民大学出版社，2018.12
（法律科学文库）
ISBN 978-7-300-26513-1

Ⅰ.①规… Ⅱ.①朱… Ⅲ.①法学-研究-中国 ②侵权法-研究-中国 Ⅳ.①D92

中国版本图书馆 CIP 数据核字（2018）第 281615 号

"十三五"国家重点出版物出版规划项目
法律科学文库
总主编 曾宪义
规制法与侵权法
朱 虎 著
Guizhifa yu Qinquanfa

出版发行	中国人民大学出版社		
社 址	北京中关村大街 31 号	邮政编码	100080
电 话	010-62511242（总编室）	010-62511770（质管部）	
	010-82501766（邮购部）	010-62514148（门市部）	
	010-62515195（发行公司）	010-62515275（盗版举报）	
网 址	http://www.crup.com.cn		
	http://www.ttrnet.com（人大教研网）		
经 销	新华书店		
印 刷	北京七色印务有限公司		
规 格	170 mm×228 mm 16 开本	版 次	2018 年 12 月第 1 版
印 张	18.75 插页 2	印 次	2018 年 12 月第 1 次印刷
字 数	305 000	定 价	58.00 元

版权所有　　侵权必究　　印装差错　　负责调换